現場に役立つ日本語教育研究 ③

わかりやすく書ける作文シラバス

シリーズ監修 山内博之　編者 石黒圭

くろしお出版

CONTENTS

現場に役立つ日本語教育研究 3　目次

まえがき　石黒圭　iii

第一部　正確で自然な日本語で書く

第1章 正確で自然な立場の選び方（庵　功雄・張　志剛）.....................3

第2章 正確で自然な時間の示し方（庵　功雄・宮部真由美）...........19

第3章 正確で自然な判断の表し方（永谷直子）.................................37

第4章 正確で自然な複文の組み立て方（庵　功雄・宮部真由美）..57

第5章 正確で自然な句読点の打ち方（岩崎拓也）.........................75

第二部　流れがスムーズな日本語で書く

第6章 流れがスムーズになる指示詞の選び方（金井勇人）.........99

第7章 流れがスムーズになる情報構造の作り方（劉　洋）...........119

第8章 流れがスムーズになる接続詞の使い方（俵山雄司）...........141

第9章 流れがスムーズになる序列構造の示し方（黄　明侠）.....159

第10章 流れがスムーズになる視点の選び方（末繁美和）...............179

第三部　説得力のある日本語で書く

第11章 説得力のある段落構成の組み立て方（宮澤太聡）...............199

第12章 説得力のある全体構造の作り方（石黒　圭）.........................225

第13章 説得力のある例・根拠・たとえの示し方（新城直樹）....245

あとがき　山内博之　261

執筆者紹介　269

まえがき

石黒　圭

　本書を手に取られた方は、現在作文指導を担当され、苦労されている方、これから作文指導を担当することになり、途方に暮れている方が多いのではないだろうか。本書は、そうした方々を対象に、作文指導の方法について明確な指針をお示しすることを目指す論文集である。

　「私は日本語教育に携わっています」ということを友人に話せる人は多くても、「私は作文指導に携わっています」ということは友人に隠しておきたい人が多いのが現状であろう。「あなた、そんなに文章上手だったっけ」や、「作文の先生なら、あなたの書いた文章を一度見てみたいわ」などといった恐ろしい言葉を引き出しかねないからである。

　文章を書くということについては、私たちはみな、スネに傷を持つ身である。学習者だけでなく、指導する教師も、作文を書くことに不安を抱えている。しかし、教師が作文指導に不安を抱えていると、よい教育はできない。学習者の作文不安を解消するには、まずは教師が自分自身の作文不安を解消する必要がある。

　教師の作文不安を解消するために、本書では三つの考え方を紹介する。

　一つ目の考え方は、学習者の作文の全般的な傾向を知るということである。作文指導を担当する教師は、添削という作業をとおして学習者の作文の実態を把握する。もちろん、それは重要なことであるが、添削はつねに場当

たり的な作業であるため、まとまった作文を一定の観点から総合的に分析するという別の作業が欠かせない。添削は質的な作業なので、学習者の量的な傾向を知るのには不向きである。

　そこで、本書では、日本語母語話者、中国人日本語学習者、韓国人日本語学習者がそれぞれ書いた計 180 本の作文を対象にする。コーパス言語学が発達している現在、大量というほどではないが、それでも、学習者の作文の傾向を知るためには参考になる分量の作文群であろう。これを、13 名の執筆者がそれぞれ専門とする観点から丁寧に学習者の傾向を分析していく。それによって、学習者の作文の全体的な傾向が鳥瞰できると同時に、日々の添削作業で見落としてきた新たな観点に気づくことが期待できる。

　教師の作文不安を解消する二つ目の考え方は、指導のためのシラバスを考えるということである。これまでの作文指導は比較的短い文章のなかで行われることが多く、研究の対象となる学習者の作文コーパスも 400 字や 600 字など、短い作文が多かったのが現状であった。今回、本書の執筆のために構築された JCK 作文コーパス（http://nihongosakubun.sakura.ne.jp/corpus/）は、JLPT の N1 相当以上の力を持つ学習者を対象に、2,000 字以上の分量で書いてもらったものである。また、ジャンルも説明文、意見文、歴史文（正確には時間の流れを意識した時系列文）という三つのジャンルを設けた。こうしたジャンル横断的な長い作文のコーパスを参考にすることで、上級レベルに必要な文章構造の意識やレジスターへの配慮が視野に入るようになり、初級、中級、上級という学習者の成長過程を縦断するシラバスの作成が可能になった。

　私たち教師は、どうしても学習者の「今」とだけ向きあってしまいがちである。それも必要なことであるが、成長過程に沿ったシラバスを私たち教師が心の物差しとして持っていれば、学習者の「今」を相対化し、学習者の将来の長い成長過程を意識しながら、ポイントを絞って集中的に指導することが可能になる。作文シラバスという名の物差しが教師の手に入れば、未来につながる成長過程のなかで、現段階で学習者に指導すべきことが自ずと決まってくるだろう。

　教師の作文不安を解消する三つ目の考え方は、指導の項目を整理すること

である。不慣れな作文教師の場合、学習者の作文教育の最終目標を自然な日本語で書けることに置いてしまいがちである。もちろん、それは一つの見識であり、間違っているわけではないが、狭すぎるように思われる。

本書は、そのタイトル『わかりやすく書ける作文シラバス』が示しているように、読み手に優しい文章が書けるようになることを最終目標に置いている。自然な日本語で書けることは、学習者のみの目標であるが、読み手に優しい文章が書けることは、学習者と母語話者、共通の目標である。自然な日本語で書けることを目指すと、学習者の到達目標は母語話者になるが、実際には学習者のなかでも高い運用能力を持つ者はかなり多く、アカデミックな世界やビジネスの世界など、日本社会のなかで母語話者と伍してやっていく力を持つことを目指している学習者も少なくない。そうした志の高い学習者のさらなる成長を促し、学習者と母語話者に共通の目標を設定することで、日本語教育の作文教育の水準を引き上げたい。私たちはそんな思いで、本書を執筆した。

そのために、本書では「読み手に優しい文章」の条件を三つ設定した。
　①正確で自然な日本語
　②流れがスムーズな日本語
　③説得力のある日本語
　①正確で自然な日本語は、誤解や違和感を与えない日本語で、おもに文法面のルールを考える。②流れがスムーズな日本語は、文連続や文章構成が明快な日本語で、おもにテキスト面の結束性を考える。そして、③説得力のある日本語は、情報の示し方が首尾一貫している日本語で、おもに内容面の一貫性を考える。

この三つの条件を満たす「読み手に優しい文章」を、作文コーパスを生かした日本語学的な分析で明らかにし、それをシラバスとして提示する。こうしてできた物差しが、作文教師のみなさまの指導のよりどころとなることを、執筆者一同、心から願っている。

2017 年 11 月　執筆者を代表して
石黒　圭

第一部

正確で自然な日本語で書く

この第1部では、「正確で自然な日本語を書く」ことを考える。第1部で扱うのは、学習者の作文に出現する文法面の困難点であり、読み手に誤解や違和感を与えない日本語を目指す指導法を検討する。具体的には、ボイス、テンス・アスペクト、モダリティ、複文、句読点を対象にする。

　第1章「正確で自然な立場の選び方」（庵功雄・張志剛）では、学習者の作文に出現するボイスの表現を考える。受身と使役を中心に、使役受身、授受表現、自他動詞などについて検討する。

　第2章「正確で自然な時間の示し方」（庵功雄・宮部真由美）では、学習者の作文に出現するテンス・アスペクトの表現を考える。「ている」「ていた」の考察を中心に、「ている／ていた」「る／ている」「た／ていた」の区別、さらには「てくる」や「受身＋ている」との異同についても検討する。

　第3章「正確で自然な判断の表し方」（永谷直子）では、学習者の作文に出現するモダリティの表現を考える。作文に頻出する「思う」を中心に、無標、「だろう」「思っている」「思われる」「言える」「のではないだろうか」など、広い意味での判断に関わる諸表現について検討する。

　第4章「正確で自然な複文の示し方」（庵功雄・宮部真由美）では、学習者の作文に出現する複文の表現を考える。従属節の基本的な形式について、その使い分けの偏りを検討する。

　第5章「正確で自然な句読点の打ち方」（岩崎拓也）では、学習者の作文に出現する句読点の表現を考える。とくに読点に焦点を当て、「南モデル」を参考に、従属節の独立度の関連で読点の打つべき位置を検討する。

第1章

正確で自然な立場の選び方

庵 功雄・張 志剛

1. はじめに

　この章ではボイスの表し方について述べる。ボイスを「立場」ととらえた場合、通常これに含まれるのは、受身と使役である。ボイスが正確に表せないと、文の内容の把握が困難になることが多い。

　この章では、次の課題について、データの分析結果に基づいて述べる。

　　（1）　日本語学習者にとって、ボイスに関する困難点は何か。

　　（2）　日本語学習者が、日本語習得のどの段階で、ボイスについて何を
　　　　　どのように学べばよいのか。

　以下、**2.**では先行研究とこの章の意義、**3.**では分析方法を述べる。**4.**では日本語母語話者（以下、母語話者）と日本語学習者（以下、学習者）のボイスの使用実態に関する調査結果を示し、いくつかの点に着目し分析する。それに基づき、**5.**ではレベル別のシラバスを示す。**6.**ではこの章のまとめを行う。

2. 先行研究とこの研究の意義

　受身と使役に関する先行研究は非常に多いが、両者の定量的側面について述べたものに、庵（2014）と森（2012）がある。

　庵（2014）は名大会話コーパスと新書コーパスにおける受身の使用頻度を比較したもので、調査結果から次のように述べている。

（3）a. 話しことばの受身は特定の語（特に「言う」）に集中している
が、書きことばの受身にはそうした偏りは見られない。

b. 話しことばの受身には言語による行為が多いが、書きことばの
受身はそうではない。

c. 話しことばの受身の主語は有情物に関するものであるのに対し、
書きことばの受身の主語は無情物に関するものが中心である。

　一方、森（2012）は現代日本語書き言葉均衡コーパス（BCCWJ）2009 コア
を調査対象として、使役の使用実態を調べたもので、次のように結論づけて
いる。

（4）a. 現実の言語使用において使役の使用率は高くない。

b. 日本語教育の初級のような易しい文体で使役は使われにくい。

c. 強制や許容などが使役の典型であるとは言えない。

　（3）（4）は一般的な母語話者の話しことばと、文章のプロによる書きこ
とばというある意味で対照的なコーパスから帰納された結論である。これ
を、一般の母語話者が書いたある程度の長さの文章からなる JCK 作文コー
パス（以下、作文コーパス）のデータと比較することで、一般の母語話者の
ボイスに関する規範意識を探る。さらに、作文コーパスの学習者のデータを
もとに、学習者が受身と使役をどのようにとらえようとしているかを探る。

3.　分析の方法

　この章では、受身に関しては、作文コーパスの全データを形態素解析し、
語彙素「れる、られる」をキーに、それに前接する動詞の語彙素を分析し
た。使役に関しても、同様に、語彙素「せる、させる」に前接する語の語彙
素を分析した。中国語母語話者（以下、中国語話者）、韓国語母語話者（以
下、韓国語話者）のデータについては、私（庵）の内省で誤用と判断される
ものは正用と分けて集計した。

4.　ボイスの分析の結果
4.1　受身に関する全体的な使用状況

　ここでは、受身に関する全体的な使用状況を見る（以下特に断らない限り、

学習者の使用数は正用のもので、誤用は集計から除いている）。

表1　受身の使用数と総形態素数

	母語話者	中国語話者	韓国語話者
受身使用数	451	267	285
総形態素数	77,822	78,202	77,901

　表1は受身の使用数と総形態素数（総形態素数は、母語話者、中国語話者、韓国語話者のそれぞれの全ファイルを、web 茶まめ（unidic-cwj-2.2.0）で形態素解析した形態素数である）を表したものである。ここで、母語話者の受身の使用数は中国語話者の使用数、韓国語話者の使用数のいずれよりも有意に多く、中国語話者と韓国語話者の使用数には有意差がなかった（受身の使用数について1×3のカイ二乗検定を行った結果は $\chi^2(2) = 61.20$、$p<.01$ であり、多重比較にはライアンの名義水準を用いた）。

　次に、ジャンルとの関係を見ておく。

表2　ジャンル別の受身の使用数

	母語話者	中国語話者	韓国語話者
意見文	162 ↑	44 ↓	100 ↑
説明文	184 ↓	138 ↑	134
歴史文	105	85 ↑	51 ↓
合計	451	267	285

　表2はジャンル別の受身の使用数を見たもので、三者とも説明文での使用が最も多いことは共通しているが、中国語話者の意見文、韓国語話者の歴史文での使用数の少なさが目立っている（3×3のカイ二乗分析の結果は、$\chi^2(4) = 39.44$、$p<.01$、Cramer's V = 0.140 で、表中の「↑／↓」は残差分析の結果「有意に多い／有意に少ない」ものを表す）。

　一方、有情物を主語とする受身（益岡（1987）の「昇格受動文」）と無情物を主語とする受身（同じく「降格受動文」）の割合は次のようになっている。

6 | 庵　功雄・張　志剛

表 3　主語の特徴からの分類

	母語話者	中国語話者	韓国語話者
有情物主語	89	63	39
無情物主語	362	204	246
合計	451	267	285

　表3から、三者に共通して、無情物に関する受身（降格受動文）が多いことがわかるが、これは、JCK作文コーパスが（3）で取り上げたプロの書き手による書きことばと類似した特徴を持っていることを示している。

4.2　受身に関する母語話者の使用傾向

　4.1 で見た特徴からは、母語話者と学習者の間にはそれほど顕著な違いは見られない（ただし、後述するように、学習者には明らかな誤用があるので、違いがないとは言えない）。受身に関して、母語話者と学習者の違いを表していると思われるのは、「（ら）れ」に後続する形式の分布である（それぞれには対応する否定形式を含む。例えば、「ない」は「る」に、「ず」は「て／連用形」に含めた）。

表 4　「（ら）れ」の後続形式

	る	た	ている	ていた	て／連用形	その他	合計
母語話者	150	83	101	13	51	53	451
中国語話者	69	72	61	7	46	12	267
韓国語話者	91	82	70	5	28	9	285

　表4の母語話者の「その他」の部分の比率の高さが際立っているが、ここに属すのは具体的には次の通りである（Cは中国語話者、Kは韓国語話者の産出数である）。

（5）　ば・たら 16（C2、K0）、てくる 11（C1、K4）、たり 9（C4、K0）、
　　　てしまう 4（C0、K0）、ていく 3（C1、K0）、つつある 3（C0、
　　　K0）、ながら 2（C0、K3）、ても 2、がち 1、そう 1、てある 1（い
　　　ずれも、C0、K0）

（6）　全ての駅に託児所や保育園が設置されれば、働いている女性も気軽に出産ができるようになり、結婚にも前向きになるだろう。

(j01-2)

（7）　これは一種の国民性のようなものなのかもしれないが、晩婚でも早婚でも子供を産めるチャンスが増えるか減るかだけで本質的には結婚することに変わりはないわけで時期は関係ない。それでも私自身小さい頃から結婚は早すぎるのが良いとは限らないけど遅くならないうちにできればした方が良いと言われてきた。(j12-2)

　表4と（5）から、母語話者は受身を文の一部として述べたり、より細かい時間的関係を表したりすることができるのに対し、学習者はそこまでには至っていないと言えよう。

　これは言い換えると、学習者は次のような定型的な表現でしか受身を使えていないということでもある（表1で見たように、文章全体の総形態素数がほとんど変わらないのに、母語話者と学習者の受身の使用数が大きく異なる理由もこの点に求められるかもしれない）。

（8）　五大連池は、中国の八大地質公園の一つです。火山で形成された地形や自然資料に「火山地質博物館」と呼ばれています。(c26-1)

4.3　受身に関する学習者の使用傾向

　ここでは、受身に関する学習者の使用傾向の特徴を述べる。

　学習者の使用傾向の最大の特徴は誤用である。まず、正用と誤用の比率は次のようである。

表5　正用と誤用（受身）

	母語話者	中国語話者	韓国語話者
正用	451	267	285
誤用	0	38	22
合計	451	305	307

　このように、中国語話者にも韓国語話者にも誤用は見られるが、その内容には共通するものと異なるものがある。

まず、中国語話者と韓国語話者に共通する誤用は、自動詞の代用の失敗と考えられるものである。例を挙げよう。

（9）　鞍山市の観光事業はもうよく<u>発展される</u>に伴って、鞍山市に遊びに来る観光客はますます多くになっていくと考えている。（→発展する）　　　　　　　　　　　　　　　　　　　　　　　　　　　　（c17-1）

（10）　［江南は］オフィス、病院、外国語塾、ショッピングモール、食べ物屋さんが<u>密集された</u>いつもにぎやかなところです。（→密集する）　　　　　　　　　　　　　　　　　　　　　　　　　　　　　（k15-1）

（9）は「発展する」、（10）は「密集する」という自動詞を使うべきところで受身を使ったことによる誤用である。これは、庵（2010）、Iori（2017）の言う「非対格自動詞の受身（unaccusative passive）」の例であるが、このタイプの誤用の背景には、日本語の自動詞表現が学習者には習得が難しいということがあると考えられる（（9）には下線部以外にも誤用がある。特に、イ形容詞に関して、「-い／-くになる」（例：*面白いになる→面白くなる、*多くになる→多くなる）という活用のミスに由来する誤用が中国語話者にかなりの数見られた）。なお、中国語話者の場合、同様の理由によると考えられる誤用が「なる」でも見られた。

（11）　さらに、社会の発展につれて、中国は例外なく、晩婚の現象も広く<u>流行になる</u>。（→流行する）　　　　　　　　　　　　　　（c31-2）

一方、主に中国語話者にのみ観察された誤用は、久野（1978）の視点制約に違反するものである。これも例を挙げよう。

（12）　私は大体5年生の時に『鳥肌』という人気のスリラー小説に溺れた。授業中にも<u>小説が教科書の下に隠されたり、膝の上と机の下に隙間に挟まれたりして</u>、こっそりと興味津津に読み込んでいった。（→小説を教科書の下に隠したり、膝の上と机の下の隙間に挟んだりして）　　　　　　　　　　　　　　　　　（c57-1）

（13）　それに、彼らは小さい時から人間関係の交際能力が欠け、大きくなると背負うこともたくさんあるという恐れがある。大人になる一つの象徴として、<u>婚姻は自然に彼らに抵抗される</u>。（→彼らは自然に婚姻に抵抗する）　　　　　　　　　　　　　　　　　（c06-2）

これらは、影響の与え手が「もの／こと」で影響の受け手が「私／彼ら」であるから、日本語では、久野（1978）の言う視点制約から、「私／彼ら」が主語とならなければならない。しかし、中国語にはこの制約があまり当てはまらないため（張 1995、2001、陳 2014）、中国語話者は（12）（13）のような誤用を産出しやすいのである。

このほか、中国語話者、韓国語話者に共通して見られる助詞の誤りもある。これも文の意味がとりにくくなる原因となるので、注意が必要である。

(14) 大慶の杜尔伯特モンゴル自治県に来るとき、モンゴル族の文化を感じている。同時に、心は草原の魅力をひきつけられる。（→に）

(c27-1)

(15) 「晩婚化」が問題になっている今までもテレビでは依然として独身生活を美化されている。（→が）

(k20-2)

4.4 使役に関する全体的な使用状況

ここまでは受身について見てきたが、ここからはボイスのもう 1 つの柱である使役について見ていく。はじめに全体的な傾向を見る。

表 6　ジャンル別の使役の使用数

	母語話者	中国語話者	韓国語話者
意見文	9	7	18
説明文	22	15	13
歴史文	30	16	6
合計	61	38	37
受身の使用数（正用）	451	267	285

表 6 は使役の使用数をジャンル別に集計したものだが、参考に挙げた受身の使用数（正用のみ）と比べると、母語話者も学習者も使用頻度はそれほど高くないことがわかる。

このように、使役の頻度はあまり高くないものの、興味深い現象も観察された。それは、この作文コーパスのデータにおいては、母語話者、学習者とも、かなりの割合で物主語の使役文を使っているということである。

表 7 は物主語の使役文の割合を表したものだが、母語話者、中国語話者、

韓国語話者の間の分布には有意差がなかった（$\chi^2 (2)$ =0.93、ns.）。

表7　物主語の使役文

	母語話者	中国語話者	韓国語話者
物主語	17	13	8
使役文全体	61	38	37

　特に、日本語では通常、物主語の他動詞文（使役文）は避けられるとされている。実際、名大会話コーパスでは物主語の使役文は観察されなかった。

表8　2つのコーパスにおいて使役で使われた動詞（句）

JCK作文コーパス（母語話者）		名大会話コーパス	
感じる	5	遣る	28
済む	3	する	23
ためらう	3	聞く	19
作る	2	食べる	18
心が通う	2	待つ	18
感動する	2	行く	14
気分にする	2	言う	14
思い出す	2	知る	9

　こうしたところに、話しことばと書きことばにおける話し手／書き手の意識の違いが見られるのは興味深い。

4.5　使役に関する母語話者の使用傾向

　以上は、使役に関する母語話者と学習者の使用傾向の類似点であるが、使役に関して、母語話者と学習者で違いが見られたところもある。それには2つのタイプがある。1つは、次のように、自動詞の他動詞化のために使役が使われる場合である。この用法はほぼ母語話者に限られた。

　　（16）　男女別学制について不満があるとか、そういう私情を挟んでいる
　　　　　わけでは決してありませんが、晩婚化を進展させる要因として
　　　　　は、男女別学制は、百害あって一利なしであると、人生の大半を

第 1 章　正確で自然な立場の選び方 | 11

女子校で過ごしたその人生経験に照らして思うのです。　（j05-2）
もう 1 つは、「（さ）せる」に後接する形式である。

表 9　「（さ）せる」に後接する形式

	母語話者	中国語話者	韓国語話者
使役受身	8	2	4
させてもらう	6	8	3
させてくれる	6	1	1
させてあげる	0	1	0
合計	20	12	8

このうち、使役受身は迷惑性を感じさせる文脈があるため、次のように学習者も使っている。

（17）　［女性は］もし結婚して子どもができたら出産、育児などの理由でキャリアを強制に中断<u>させられる</u>ため、なるべく結婚を延期するのです。　（k21-2）

また、「させてもらう」は定型的な表現である「させていただく」があるため、比較的よく使われている。

（18）　日本という先進国をはじめ、晩婚化が進んでいます。なぜ人々はなかなか結婚しないのでしょう。自分の見解を述べ<u>させていただ</u><u>き</u>ます。　（c30-2）

これに対し、（19）のような「させてくれる」と、（20）のような迷惑性を伴わない使役受身は（ほぼ）母語話者だけが使っている。

（19）　読書は、読んでいる人を現実とは違う別世界に連れていってあの手この手で楽し<u>ませてくれ</u>ます。　（j21-3）

（20）　しかしこの年になってあらためて見てみると、［芝桜には］普通の桜にはない類の情緒といったものがありただただ感動<u>させられ</u><u>る</u>。　（j08-1）

なお、使役受身については、母語話者の用例に迷惑性があるものもある。

4.6 使役に関する学習者の使用傾向

ここでは、使役に関する学習者の使用傾向を見る。受身の場合と同じく、学習者の使用傾向の特徴は誤用であるが、次のように、誤用はほとんど中国語話者に限られている。

表10 正用と誤用（使役）

	母語話者	中国語話者	韓国語話者
正用	61	38	37
誤用	0	12	2
合計	61	50	39

中国語話者に見られる誤用は、表7で見た物主語の使役文と関係がある。次の例を見ていただきたい。

(21) 従って、今までやったのはその目立ちもないバスケットボールのことだ。なぜかというと、私は女の子として、身長が178センチメートルもあるの他に、強そうな感じが人に<u>させられた</u>のだ。

(c50-1)

この例には下線部以外にも修正すべきところはあるが、下線部を含む部分を「強そうな感じ<u>を</u>人に<u>させた</u>」にすれば、理解可能な文になる。JCK作文コーパスには中国語話者が作った物主語の使役文がかなり含まれているが、これはおそらく、中国語において、日本語の「(さ)せる」に当たる「讓、使」の使われる頻度が日本語の「(さ)せる」の頻度より高いためではないかと考えられる。

上述のように、日本語でも書きことばでは物主語の使役文がある程度許容されるが、この場合、「てくれる」を付加することが有効に機能している。

(22) 切符は旅で辿った線路を浮かび上がらせ、降りた駅で感じた様々な感情を思い出させてくれる。

(j17-3)

この例で、下線部を「思い出させる」にしても文法的に間違いとは言えないが、書きことばとしてもいわゆる「バタ臭い」文という印象が強くなる。一方、「てくれる」は視点をニ格に置く表現であるため、「モノが私に〜をVさせる」という構造を書き手への「恩恵」として理解することを可能にし、

第1章　正確で自然な立場の選び方　｜　13

本来この文に存在するはずの「バタ臭さ」を打ち消し、表現として安定させていると考えられる。

　このことから、「させてくれる」という形を用いれば、物主語の使役文もある程度許容されると言える。ただし、この形は形態的に複雑であること、さらに、使役形、受身形、使役受身形は形態的に混同されやすいことや、日本語では本来は物主語の使役文は避けられる傾向が強いことから考えて、(22) のようなやや文学的な表現は積極的に導入する必要はないと考えられる。それよりも、次例のような場合に、【　】で補ったり修正したりした部分を確実に書けるようにすることを優先して指導する必要がある。

　(23)　そのほかの問題【として】はもし晩婚化が続ければ【→続けば】、
　　　　若い年齢の出生率を低下させて【→が低下し】、それにともなう
　　　　晩産化や無産化、少子化が【起こることが】挙げられる。(c23-2)

　なお、使役は自動詞が他動詞用法を欠くときに他動詞の代わりに用いられるが（橋本 1969）、中国語話者の誤用の中には、次のように自動詞の他動詞化のために「させ」を使おうとしていると思われるものも見られた。

　(24)　自分を贈り物にならせて、ほかの人に楽しみをもたらせますように。(→して)　　　　　　　　　　　　　　　　　　　　　　　　　(c17-2)

5.　改善点と指導法

　以上、ボイス（受身、使役）に関わる問題点を見てきた。ここでは、これらの考察を受けて、改善点と指導法を考えてみたい。

5.1　初中級レベルにおける「ボイスシラバス」

　現行の文法シラバスにおいて、受身と使役は初級の終わりにまとめて導入され、十分に定着しないまま、初級が終わってしまう形になっていることが多い。

　これに関しては、本来は、庵 (2015) で提案したような形で、レベルを追って、受身的表現と使役的表現（ともに授受表現と関連する）を導入するようにシラバス自体を変えていくべきである。しかしそれがすぐには難しい現状においては、まず、初中級では、受身と使役、使役受身の形態を確実に

押さえること、その際、助詞にも注意を払うこと、さらに、受身に関しては視点制約について、使役に関しては物主語の使役文は通常使わないことについて、徹底する必要がある。

また、無意志動詞は受身形にも使役形にもならない（例：*割れられる、*（大きく）ならせる）ことにも注意する（これに関して、和語動詞の自他の対応については庵・高梨・中西・山田（2000）を、漢語サ変動詞の自他については張（2014）をそれぞれ参照されたい）。

なお、高橋・白川（2006）が指摘しているように、「（さ）せる」に授受表現がつかない「裸の使役」の形は、主語（使役主）が実際に動作を行う動作主より目上でなければならないという制限がある。

　　(25)○先生は私に本を読ま<u>せた</u>。

　　(26)?私は先生に本を読ま<u>せた</u>。

この意味を述べるためには「てもらう／ていただく」を使う必要がある。

　　(27)○私は先生に本を{<u>読んでもらった</u>／<u>読んでいただいた</u>}。

使役に関してはこのことにも注意が必要である。

一方、受身に関しては、文の主語が自ら行わない行為について、その行為の結果を迷惑だと感じる場合には受身（間接受身）を使い、恩恵だと感じる場合には「てもらう／てくれる」を使うことにも注意が必要である。

　　(28)　私は友だちに服を{○汚<u>された</u>／?汚<u>してもらった</u>}。

　　(29)　私は母に服を{?洗濯<u>された</u>／○洗濯<u>してもらった</u>}。

5.2　中上級レベルにおける「ボイスシラバス」

中上級では、受身、使役が自動詞、他動詞と次のような関係を持っていることを示すことが重要である（野田1991、庵2012）。なお、動詞（厳密には述語になる語）が必須的に必要とする名詞句を「項」または「必須補語」と言う（庵2012）。

第 1 章　正確で自然な立場の選び方　│　15

自他の対応が ある他動詞	他動詞を欠く 無意志動詞	意志動詞 （自動詞／他動詞）	自他の対応がない他動詞
他動詞	使役形 （機能上は他動詞）	使役形	他動詞
↑他動化（項を 1 つ増やす）		↓自動化（項を 1 つ減らす）	
自動詞	自動詞	非使役形 （自動詞／他動詞）	受身形

図 1　自他の対応と受身、使役の関係

自他の対応が ある他動詞	他動詞を欠く 無意志動詞	意志動詞 （自動詞／他動詞）	自他の対応がない他動詞
（糸を）切る	（車を）走らせる	（人を）泳がせる	X を発売する
↑他動化（項を 1 つ増やす）		↓自動化（項を 1 つ減らす）	
（糸が）切れる	（車が）走る	（人が）泳ぐ	X が発売される

図 2　図 1 の具体例

　また、中国語話者、韓国語話者に対しては、図 2 の自動化の際、本来受身にできない自動詞を受身にしないように注意を与える必要がある。

5.3　上級レベルにおける「ボイスシラバス」

　上級では、受身、使役をより自然な形で使えるように指導する。そのためには、「（ら）れ」「（さ）せ」をさまざまな後続形式とともに使う練習をする必要がある。この場合、特に「ている／ていた」「てくる／ていく」などのテンス・アスペクト形式との結びつきが<u>重要</u>である。

　以上をまとめると表 11 のようになる。

　初中級レベルでは、ボイス（受身、使役）の形態的特徴（活用、助詞など）や、構文的制限（視点制約や物主語の使役文など）などの理解に<u>重点</u>を置く。

　中上級レベルでは、図 2 にあるような、自動化（項を 1 つ減らす）／他動化（項を 1 つ増やす）と、受身／使役の関係を理解させる。つまり、機能的には、受身は自動詞に近く、使役は他動詞に近いということである。

　上級レベルでは、「（ら）れ」と「（さ）せ」をさまざまな活用形やテンス・

アスペクト形式との結びつきの中で使えることを目標とする。

表11　レベル別によるボイスシラバス

初中級レベル
・受身、使役、使役受身の形態をしっかり押さえる ・助詞の使い方に注意する ・受身における視点制約、使役における物主語の使役文の不使用という制約を徹底する（母語からの負の転移を避ける） ・「裸の使役」形と「てもらう／ていただく」の関係、および、間接受身と「てもらう／てくれる」の関係をしっかり押さえる
中上級レベル
・受身、使役と自動詞、他動詞の関係をしっかり押さえる（受身は項を1つ減らすものであり、使役は項を1つ増やすものである） ・書きことばでは、(16)のように他動詞化のために「させ」が使われ、自動詞化のために「され」が使われる（無情物受身）のが普通であることを押さえる ・(9)(10)のように、日本語では自動詞用法しかない動詞を受身化しないように注意させる
上級レベル
・「(ら)れ」「(さ)せ」を多様な形で使えるようにする ・「ている／ていた」「てくる／ていく」などのテンス・アスペクト形式との結びつきに注意して練習する ・学習者に余裕があれば、(22)のような「させてくれる」を使った物主語の使役文の使い方を導入してもよい

6.　おわりに

　この章では、ボイスの代表である受身と使役について作文コーパスのデータをもとに考察した。中国語話者と韓国語話者は、ボイスに関して母語の負の転移による誤用が生じやすいことが指摘されている（柴1986、中川2005、庵2010、Iori 2017）。また、受身も使役も授受表現と密接な関係がある。

　受身にしても、使役にしても、書きことばでは、出来事における話し手／書き手の立場を表すというよりも、項の増減に関わるものとして使われることが多い。

　こうしたことから、ボイスに関する教育においては、狭義のボイスである受身と使役だけではなく、自他の対応、授受表現や「なる」を含めた総合的

な教育を行うことが重要である。特に、自動詞的表現（受身を含む）は学習者にとって難しいので、そのことに留意する必要がある。

引用文献

庵功雄 (2010)「中国語話者の漢語サ変動詞の習得に関わる一要因 —— 非対格自動詞の場合を中心に ——」『日本語教育』146, pp. 174–181.

庵功雄 (2012)『新しい日本語学入門 (第2版)』スリーエーネットワーク.

庵功雄 (2014)「日本語母語話者コーパスから見た日本語の受身」『2014年度日本語教育学会春季大会予稿集』pp. 22–32.

庵功雄 (2015)「日本語学的知見から見た中上級シラバス」庵功雄・山内博之 (編)『現場に役立つ日本語教育研究1　データに基づく文法シラバス』pp. 15–46, くろしお出版.

庵功雄・高梨信乃・中西久実子・山田敏弘 (2000)『初級を教える人のための日本語文法ハンドブック』スリーエーネットワーク.

久野暲 (1978)『談話の文法』大修館書店.

柴公也 (1986)「漢語動詞の態をいかに教えるか —— 韓国人学生に対して ——」『日本語教育』59, pp. 144–156.

高橋恵利子・白川博之 (2006)「初級レベルにおける使役構文の扱いについて」『広島大学日本語教育研究』16, pp. 25–31, 広島大学.

張志剛 (2014)『現代日本語の二字漢語動詞の自他』くろしお出版.

張麟声 (1995)「能動文受動文選択に見られる一人称の振舞い方について」『日本学報』14, pp. 95–106, 大阪大学.

張麟声 (2001)『日本語教育のための誤用分析 —— 中国語話者の母語干渉20例 ——』スリーエーネットワーク.

陳林柯 (2014)「日本語と中国語の談話における主語の統一に関する傾向性について —— スポーツ記事を中心に ——」『日中言語研究と日本語教育』7, pp. 1–12, 好文出版.

中川正之 (2005)『漢語からみえる世界と世間』岩波書店.

野田尚史 (1991)「文法的なヴォイスと語彙的なヴォイスの関係」仁田義雄 (編)『日本語のヴォイスと他動性』pp. 211–232, くろしお出版.

橋本進吉 (1969)『助詞・助動詞の研究』岩波書店.

益岡隆志 (1987)『命題の文法』くろしお出版.

森篤嗣 (2012)「使役における体系と現実の言語使用 —— 日本語教育文法の視点から ——」『日本語文法』12 (1), pp. 3–19.

Iori, Isao (2017) The passivization of sino-Japanese verbs by Chinese and Korean speakers. *Proceedings of PacSLAF* 2016, pp. 83–86.

第**2**章

正確で自然な時間の示し方

庵　功雄・宮部真由美

1.　はじめに

　この章では時間の表し方について述べる。時間を表す表現にはテンスとアスペクトがあるが、この章ではアスペクト、その中でも「ている」と「ていた」を中心に分析を行う。それは、「ている／ていた」の正確な使い方は上級（以上の）学習者でも難しいからである（高梨・斎藤・朴・太田・庵 2017）。

　この章では、次の課題について、データの分析結果に基づいて述べる。

　（1）　日本語学習者にとって、アスペクトに関する困難点は何か。

　（2）　日本語学習者が、日本語習得のどの段階で、アスペクトについて
　　　　何をどのように学べばよいのか。

　以下、**2.** では先行研究とこの章の意義、**3.** では分析方法を述べる。**4.** では日本語母語話者（以下、母語話者）と日本語学習者（以下、学習者）のアスペクトの使用実態に関する調査結果を示し、いくつかの点に着目し分析する。それに基づき **5.** ではレベル別のシラバスを示す。**6.** ではこの章のまとめを行う。

2.　先行研究とこの研究の意義

　アスペクトの研究は膨大な数に上るが、学習者言語におけるアスペクトを扱ったものはそれほど多くない。その中で、寺村（1984: 143–146）の議論は

重要である。寺村（1984）は中国語を母語とする日本語学習者（以下、中国語話者）による次の誤用例を挙げている。

（3）［姫路の塩田温泉行きの紀行文。書写山にのぼった後］
「歩いておりましょうか」と于栄勝が提案した。
「よし、その方がいい」とまず私が手をあげて賛成した。（中略）
「どれぐらいの時間がかかるか」ときくと、四十分ぐらいという。
曲がりくねった道にそって、面白い話をしながらおりてきた。ふもとにもどって時計を見ると、二十分しか (a) かからなかった。実は走っておりたのだった。
その夜、山ノ上旅館で (b) 泊っていた。翌日の朝、早く起きて、山にのぼった。　　　　　　　　　　　　　　　　　（寺村 1984: 144）

　これは、おそらく日本語学の研究史上最も有名なアスペクトの誤用例であり、工藤（1995）、江田（2013）などでも取り上げられている。このうち、工藤（1995）はこの例をタクシスの観点から論じている。

　（3）に含まれる2つの誤用のうち、(a) は庵・清水（2016）で言う意味の完了（の否定）なので、「かかっていなかった」とする必要がある。問題は (b) で、この例の筆者は「「泊った」というのは7、8時間の長さを持つ時間内に継続したことだから、〜テイルという継続の形の過去形を使った」（寺村 1984）という。これは「合理的な」解釈であり、特に、「泊まる」を「継続動詞」と考える場合、「継続」というのが何を表すのかを教師が正確に理解していないと、この種の誤用を防ぐことは難しい。

　庵・清水（2016）、庵（近刊）はこの点を踏まえ、「た」と「ていた」の違いについて、学習者への説明を目的とした考察を行っている。

　一方、江田（2013）は「ている」「ていた」「ていない」を学習者にとっての習得困難項目ととらえ、コーパスでの母語話者と学習者の使用傾向の違いを踏まえた議論を行っている。

　これ以外に、結果残存の「ている」については、近年第二言語習得の立場からの議論が盛んに行われている。これについては、張（2001）、崔（2009）、陳（2009）、庵（2010、2011、2017）、稲垣（2013、2015）、トッフォリ（2017）などを参照されたい。また、結果残存の「ている」についての示唆的な研究

として佐藤（2017）も参照されたい。

　この章では、これらの先行研究を踏まえ、JCK 作文コーパス（以下、作文コーパス）の産出例をもとに習得の段階性を設定して議論を行う。なお、この章の内容に関しては、中国語話者と韓国語話者（韓国語を母語とする日本語学習者）の間にはレベル差が認められるので、中国語話者→韓国語話者→母語話者の順にレベル差があるものとして議論を進める。

3.　分析の方法

　この章では、「ている」と「ていた」について分析する。

　分析の方法は以下の通りである。

　まず、作文コーパスの母語話者、韓国語話者、中国語話者のファイルを全て1文単位にしたものを作り、それぞれについて Grep で検索条件＜［てで］い＞を設定して「ている／ていた」を含む文を取り出し、テキストファイルで保存する。次に、そのテキストファイルをエクセルで読み込み、フィルターなどを用いてゴミを排除したものを分析用のデータとした。

4.　分析の結果

　この節では、「ている／ていた」の順に分析結果を述べていく。

4.1　「ている／ていた」に関する全体的な使用状況

　まず、「ている／ていた」の全体的な分布を見ておく。

　表1は「ている／ていた」に関する全体的な分布を見たものである。この後の分析の便宜をかねて、それぞれ、「（ら）れ」を含むものを「受身」、含まないものを「非受身」として集計してある。表中の「総文数」については次節で述べる。

表1 「ている／ていた」の分布

	母語話者			韓国語話者			中国語話者		
	非受身	受身	計	非受身	受身	計	非受身	受身	計
ている	516	86	602	587	77	664	633	73	706
ていない	23	5	28	27	2	29	23	0	23
ていた	144	18	162	60	6	66	111	9	120
ていなかった	8	1	9	8	0	8	1	0	1
合計	691	110	801	682	85	767	768	82	850
総文数		2,221			2,465			3,086	

　表1からも、「ている／ていた」がかなりの割合を占めていることがわかる（表1の総文数には動詞文以外も含まれているので、動詞文に限定すれば、「ている／ていた」が占める割合はさらに大きくなる）。

4.2　「ている」に関する母語話者と学習者の共通の使用傾向

　4.2 と **4.3** で「ている」に限定して、母語話者と学習者の使用傾向を比較する。まずは、両者に共通する使用傾向を見る。

　表2は、「ている」のうち、「（ら）れ」を含まない「非受身」（表1の網掛け部分）についての上位20位に属する語彙素をとったものである（「語彙素」は実際の表記のバリエーションを私たちがまとめ上げたものである）。

　網掛けの語はヲ格をとる他動詞である。ここでは、引用のト格をとるもの（「思う、考える、信じる」など）は他動詞には含めていない。また、「持つ、知る」は他動詞だが、「ている」で使われるのが普通である（すなわち、「る」と「ている」の対立を持たない）ので、網掛けの対象から外している。なお、母語話者の「売る」は、（4）のようにガ格をとる用法を持ち、この用法は自動詞的であると考えられるので、網掛けの対象から外した（この用法については田川（2002）などを参照）。

（4）　ミュージアムショップではよくあるポストカードだけでなく企画展のテーマからかなり派生した市販の商品から、その美術館独自でブランド化した日用品まで様々なものが売っている。　（j12-3）

表2 「ている」全体の使用傾向（非受身）

母語話者			韓国語話者			中国語話者		
順位	語彙素	頻度	順位	語彙素	頻度	順位	語彙素	頻度
1	なる	44	1	なる	39	1	思う	51
2	進む	26	2	思う	29	2	なる	49
3	思う	25	2	持つ	29	3	持つ	42
4	持つ	16	4	住む	28	4	考える	18
5	する	11	5	する	27	5	進む	14
6	増える	10	6	増える	24	5	増える	14
6	住む	10	7	進む	19	7	知る	12
8	覚える	9	8	見る	18	8	見る	8
8	読む	9	9	集まる	14	8	する	8
10	知る	7	10	売る	13	10	生活する	6
10	感じる	7	11	知る	12	10	発展する	6
10	流れる	7	11	残る	12	12	覚える	5
13	入る	6	13	生きる	11	12	書く	5
13	見る	6	14	覚える	10	12	上がる	5
13	残る	6	15	考える	8	12	はっきりする	5
16	考える	5	16	増加する	6	12	信じる	5
16	つながる	5	16	できる	6	12	似る	5
18	続ける	4	16	続ける	6	18	読む	4
18	売る	4	16	楽しむ	6	18	練習する	4
18	働く	4	16	位置する	6	18	わかる	4
18	存在する	4		その他	264	18	働く	4
18	上昇する	4		合計	587	18	結婚する	4
18	溢れる	4				18	憧れる	4
18	位置する	4				18	高まる	4
18	離れる	4				18	残る	4
	その他	275				18	来る	4
	合計	516				18	流行る	4
							その他	335
							合計	633

表2から他動詞が少ないことがわかる（表2からは受身を除いているが、

第1章で見たように、受身は自動詞相当である）が、これは作文コーパスの特性と関係が深いと考えられる。

　今回の作文コーパスの主題は「晩婚化」「ご当地紹介」「個人史」といういずれも「今・ここ」との関わりが薄いものである（「今・ここ・私」は直示中心（deictic center）と呼ばれ、指示詞、テンス、モダリティなどの直示性を持つ語の使われ方を規定する（Levinson 1983）。アスペクトは直示語ではないが、発話者の時間のとらえ方が反映されるという意味で主観性を持つものであり、直示中心との関連は深いと考えられる）。

　表2に他動詞が少ないのは、この作文コーパスが持つ上記の特性に関係していると考えられる。すなわち、今回のコーパスには「今（発話時）」のことを書いた部分は少なく、そのため、発話時に関連する進行中、結果残存という「ている」の基本用法の用例が少なく、その用法で使われる他動詞（および、自他の対応を持つ自動詞）が少ないと考えられるのである。

4.3　「ている」に関する母語話者と学習者の使用傾向の違い

　4.2 では母語話者と学習者の使用傾向が類似している場合を見たが、両者が異なる場合もある。ここでは、そうした場合について見る。

　まず手始めに、「ている」が用いられる文中の位置を見てみよう。

表3　「ている」の文中の位置と形式

位置＼形式	母語話者			韓国語話者			中国語話者		
	非受身	受身	合計	非受身	受身	合計	非受身	受身	合計
文末	155	29	184	232	43	275	361	57	418
文末＋モダリティ	69	8	77	30	2	32	32	2	34
連用修飾節	106	11	117	115	14	129	100	7	107
連体修飾節	186	38	224	210	18	228	140	7	147
合計	516	86	602	587	77	664	633	73	706

　表3は「ている」が文中のどの位置に現れたかを見たものである。「文末」は「〜ている／います。」の形のもの、「文末＋モダリティ」は単文または主節末でモダリティ形式を伴う場合、「連用修飾節」は複文の従属節、「連体修飾節」は名詞を修飾している節（か節、の節、こと節を含む）である。

表3を、「非受身」「受身」「合計」それぞれについて、母語話者（JS）と韓国語話者（KS）、中国語話者（CS）で比較してみると、次のようになる。

表4　「ている」の文中の位置と形式（カイ二乗検定）

	非受身			合計		
	JS	KS	CS	JS	KS	CS
①文末	155 ↓	232 ↓	361 ↑	184 ↓	275	418 ↑
②文末＋モダリティ	69 ↑	30 ↓	32 ↓	77 ↑	32 ↓	34 ↓
③連用修飾節	106	115	100 ↓	117	129	107 ↓
④連体修飾節	186 ↑	210 ↑	140 ↓	224 ↑	228 ↑	147 ↓

（↑：有意に多い、↓：有意に少ない）

非受身：$\chi^2(6) = 112.51$、$p<.01$、Cramer's V = 0.180

合計：　$\chi^2(6) = 137.24$、$p<.01$、Cramer's V = 0.187

受身については、「文末＋モダリティ」の度数が少なく、カイ二乗検定をかけられないため、①と②を合算して、3×3のカイ二乗検定をかけた。その結果は次の通りである。

表5　「ている」の文中の位置と形式（受身）

	受身		
	JS	KS	CS
文末／文末＋モダリティ	37 ↓ (29)	45 (43)	59 ↑ (57)
連用修飾節	11	14	7
連体修飾節	38 ↑	18	7 ↓

（　）内は「文末」だけの度数

受身：$\chi^2(4) = 29.75$、$p<.01$、Cramer's V = 0.251

この結果、母語話者と韓国語話者は「非受身」と「合計」ではほぼ同様の分布を示すが「受身」では差がある一方、中国語話者はどの部分でも母語話者および韓国語話者と差があり、特に、①の割合の大きさが際立っている。

以上の結果を踏まえ、三者に差が見られるものを分析するが、初めに、「受身」の「文末」の用法を取り上げる。

表5から、母語話者よりも学習者の方が文末用法の割合が高いことがわかる。ここで、文末用法における母語話者、韓国語話者、中国語話者の上位

の語彙素を挙げると次のようになる（「その他」は全て頻度1のもの）。

表6　「ている」の受身の文末用法

母語話者		韓国語話者		中国語話者	
行う	4	言う	4	言う	18
取り上げる	2	保存する	3	呼ぶ	8
注目する	2	行う	3	知る	5
言う	2	する	3	思う	5
凝縮する	2	知る	2	その他	21
その他	17	惑う	2		
		予想する	2		
		確認する	2		
		その他	22		
のべ語数	29	のべ語数	43	のべ語数	57
TTP	1.32	TTP	1.43	TTP	2.28

　表6から、中国語話者における特定の語への集中度の大きさが目につく。これは、TTP（のべ語数を異なり語数で割ったもの）の数値からもわかる。

　中国語話者の例を少し見てみよう。

（5）　今日、ゲームに夢中になっていて、インターネットやショッピングにはまっている人は多いのに対して、本を読む人は非常に少ないと<u>いわれている</u>。　　　　　　　　　　　　　　　（c61-1）

（6）　その中に、霊峰、霊岩と大龍湫という三つの風景区が雁蕩山の粋が集まって、雁蕩三絶と<u>呼ばれている</u>。　　　　　　（c06-1）

（7）　泰山の風景は壮麗で<u>知られている</u>。　　　　　　　（c43-1）

　表6から中国語話者が「〜（ら）れている。」で使っている形式はごく限られていることがわかるが、これは、これらがパターンとして認識されているためであると考えられる。今回は教科書の調査は行っていないが、おそらく教材にもこうした表現が多く取り上げられているものと思われる。

　次に、母語話者の使用頻度が高い受身の連体修飾節の例を見てみよう。

（8）　球技界1硬いと<u>いわれている</u>　ボール　を硬いスティックで叩くのだから、ものすごいスピードが出る。　　　　　　　　（j06-3）

（9）　2つ目は県の重要文化財に指定されている松山城です。　　（j03-1）

（10）　それは、現在では当然結婚の前段階として定義されている恋愛と、結婚という制度との関係が、ここ数十年で大きく変化し、そのため晩婚化が進んだのではないかと思うからです。　　（j05-2）

　母語話者でも（8）のように制限的修飾節（制限節）を使うのが普通だが、（9）（10）のように非制限的修飾節（非制限節）を使うこともある。

　制限節は（11）のように「映画」の下位分類を表すのに対し、非制限節は（12）のように主名詞に情報を付加するのに使われる。このため、制限節は省略すると文の真理値が変わるのに対し、非制限節は省略しても文の真理値は変わらない。また、制限節の主名詞は普通名詞であるのに対し、非制限節の主名詞は定名詞（固有名詞または総称名詞）である（三宅 2011）。また、音調も、制限節と主名詞では制限節の方にプロミネンスが来るのに対し、非制限節と主名詞では主名詞の方にプロミネンスが来る（金水 1986）。

（11）　先週見た映画はおもしろかった。

（12）　先週見た『この世界の片隅に』はおもしろかった。

　非制限節は談話のつながりをよくするのに使われる（庵・高梨・中西・山田 2001）が、こうした使い方の習得は上級以上の課題の1つであろう。

表7　「ている」の制限的修飾節（制限節）と非制限的修飾節（非制限節）

	母語話者		韓国語話者		中国語話者	
	非受身	受身	非受身	受身	非受身	受身
制限的修飾節	166	26	190	11	129	4
非制限的修飾節	20	12	20	7	11	3
連体修飾節全体	186	38	210	18	140	7

　表7からわかるように、学習者も非受身では非制限的修飾節を一定の割合で産出している。以下はその例である。

（13）　どうしてもアニメに出てきた歌を歌いたいと思って毎日毎日ノートとボールペンを持ってその歌詞をメモしていました。テレビの前でコツコツと書いている私の姿は既に家の唯一の風景になりました。　　（c51-1）

（14） ［仁川は］また、韓国が世界へ飛翔する跳躍台の役割を果たしている仁川国際空港と仁川港、韓国最初の経済自由区域である松島国際都市・青羅・永宗島が見せてくれる先端未来都市および仁川大橋など、多彩な面を併せ持っており、2014 年には第 17 回アジア競技大会が開催されます。 （k07-1）

4.4 「ていた」に関する使用状況

次に、「ていた」について考察する。表 8 は「ていた」が文中のどの位置に現れたかを見たものである。

表 8 「ていた」の文中の位置と形式

位置＼形式	母語話者			韓国語話者			中国語話者		
	非受身	受身	合計	非受身	受身	合計	非受身	受身	合計
文末	48	10	58	19	2	21	72	5	77
文末＋モダリティ	15	2	17	2	0	2	9	1	10
連用修飾節	37	1	38	12	4	16	8	2	10
連体修飾節	44	5	49	27	0	27	20	1	21
合計	144	18	162	60	6	66	109	9	118

表 8 の「合計」について、母語話者 (JS) と韓国語話者 (KS)、中国語話者 (CS) で比較すると、次のようになる。なお、「受身」の頻度が少ないため、単独では比較しない。「非受身」と「合計」の差も小さいので、「非受身」の比較も行わない。「文末＋モダリティ」は「文末」と合算する。

表 9 「ていた」の文中の位置と形式（カイ二乗検定）

	合計		
	JS	KS	CS
①文末／文末＋モダリティ	75 ↓	23 ↓	87 ↑
②連用修飾節	38 ↑	16	10 ↓
③連体修飾節	49	27 ↑	21 ↓

（↑：有意に多い、↓：有意に少ない）

$\chi^2 (4) =33.23$、$p<.01$、Cramer's V $=0.219$

次に、表9の①の部分について上位の語彙素をとると次のようになる。

表 10　「ていた」全体の使用傾向

母語話者			韓国語話者			中国語話者		
順位	語彙素	頻度	順位	語彙素	頻度	順位	語彙素	頻度
1	思う	10	1	持つ	6	1	聞く	5
2	考える	7	1	見る	6	1	勉強する	5
2	する	7	3	思う	5	1	する	5
4	読む	5	4	なる	4	4	楽しむ	3
5	持つ	4	5	住む	3	4	増える	3
5	感じる	4	5	する	3	4	知る	3
5	聞く	4	7	困る	2	7	努力する	2
5	なる	4	7	はまる	2	7	決まる	2
9	担う	3	7	知る	2	7	読む	2
9	続ける	3	7	認める	2	7	やる	2
9	行う	3	7	言う	2	7	持つ	2
9	住む	3		その他	29	7	言う	2
9	行く	3		合計	66	7	思う	2
14	忘れる	2					その他	80
14	知る	2					合計	118
14	疲れる	2						
14	言う	2						
14	通う	2						
14	のめり込む	2						
14	入る	2						
14	欠ける	2						
14	慣れる	2						
14	参加する	2						
	その他	82						
	合計	162						

「ていた」に関する表10を「ている」に関する表2を比べると、表10の方が実質的な動作・出来事に関する動詞が多いことがわかる。この点を実際の例で確認してみよう。

(15) 小学校時代、僕は完全なるインドア派だった。休みの日はいつも家で本を読んだり、友達に野球やサッカーに誘われても断って過ごしていた。 (j02-3)

(16) 言い換えると、結婚は、'家'という制度を重視していた社会において、ほとんどの人が行う儀式、社会人としての規範のようなものであったのが、するもしないも個人の自由に基づく行動になったということです。 (j05-2)

(17) 私も子供のときを思い出してみると担任の先生と一緒に本を買いに行ったり図書館に毎朝本を読みにいくことを大切にしていました。 (k19-1)

(18) 日本での生活は私の日本語の勉強にも役に立ちましたし、新しいことに挑戦するのを恐れていた私の性格を変わってくれるいい経験になりました。 (k18-3)

(19) 私はほぼ毎日も教科書に没頭していた。 (c60-1)

(20) そのため、今でもその時流行っていた歌が歌えます。 (c51-1)

「ていた」にこうした傾向が見られるのは、「ていた」には「た」というテンスを表す要素があるため、ある時点における出来事・状態を述べるのに使われやすいということがあると考えられる。一方、「ている」の場合は、上述のように、今回の作文コーパスが直示中心から離れたものが多く、「る」がテンスとして機能することが少ないため、「ていた」との間で非対称性が生じたものと考えられる。

4.5 「ていた」に関する母語話者と学習者の使用傾向の違い

4.4 では、「ていた」に関して母語話者と学習者に共通する傾向性を述べたが、両者には違いもある。特に、中国語話者にその点が顕著である。

表8から、「ていた」の使用頻度が韓国語話者は少なく、中国語話者はそれよりかなり多いことがわかる。一方、韓国語話者には「ていた」に関する誤用はほとんど見られないのに対し、中国語話者にはかなりの割合で誤用が見られる。この違いは、おそらく中国語にテンスがないことに起因していると思われる。ここでは、この点について具体例にそくして考えてみたい。

第2章　正確で自然な時間の示し方 ┃ 31

　中国語話者には少なくとも 29 個の誤用が見られたが、その原因として、少なくとも次の 3 つが挙げられる。

1)「ている／る」との混同
　第一のタイプは、次のように、「ていた」を「ている」または「る」と混同していると見られるものである。

　　(21)　最近はよく、ネットでこのような言葉を見かけていた。(→見か
　　　　　ける)　　　　　　　　　　　　　　　　　　　　　　　　(c19-2)

　　(22)　「王安石」は「臨川」で生まれたので、人に「臨川先生」を呼ば
　　　　　れた。(中略) 現在の「臨川」は以前とより、よくかわっていた。
　　　　　でも、「王安石」の偉さを忘れないので、彼の像を立てた。(→か
　　　　　わっている)　　　　　　　　　　　　　　　　　　　　　(c25-1)

　これらは、中国語にテンスがないことに直接起因する誤用と考えられるので、最初期から注意が必要である。

2) 連体修飾節における「た」との混同
　第二のタイプは、連体修飾節において「た」とすべきところを「ていた」とする誤用である。例を見てみよう。

　　(23)　その代表は 2005 年に結婚していた紀宮様だ。(→結婚した)
　　　　　　　　　　　　　　　　　　　　　　　　　　　　　　　　(c31-2)

　　(24)　チチハルは長い歴史を持っていた町である。(→持った、持つ、
　　　　　持っている)　　　　　　　　　　　　　　　　　　　　　(c11-1)

　このタイプには、(23) のように連体修飾節がテンスを持つ場合と、(24) のようにそれを持たない場合がある。後者の場合は「ていた」は不可であるが、前者の場合は次のように「ていた」が使われる場合もある。

　　(25)　公演の日は、私が既に所属していた弓道部の練習もあったし、そ
　　　　　んな退屈に思えるものに一時間も使いたくなかったのである。
　　　　　　　　　　　　　　　　　　　　　　　　　　　　　　　　(j13-3)

　(25) の「所属していた」は「所属した」には置き換えられない。これは、「所属した」のが「公演の日」よりも以前であるからである。こうした庵・

清水（2016）の分類で言う「完了」のうちの「過去完了」の場合は「た」ではなく「ていた」を使わなければならない。なお、（25）では「既に」があるが、これがなくても「ていた」の使用は必須である。

3）「てくる」との混同

　　最後のタイプは、「てくる」との混同と考えられる誤用である。

　　（26）　経済が急速に発展している時代、女性たちは以前のような家庭主婦だけではなく、現代の女性たちは、独立して、社会での地位も大きく<u>向上していた</u>。（→向上してきた）　　　　　　　（c15-2）

アスペクト用法の「てくる」は、（27）からもわかるように、時間の経過の「終点」が発話時の場合は「た」をとる（この場合「てきている」が使われることもある）ため、「ていた」との混同が起こりやすいと考えられる。

　　（27）　インターネットは20世紀末以降、急速に<u>発達してきた</u>。（×発達してくる、○発達してきている）

5.　改善点と指導法

　　以上、「ている」と「ていた」に関する問題点を見てきた。ここでは、これらの考察を受けて、改善点と指導法を考えてみたい。

5.1　初中級レベルにおける「テンス・アスペクトシラバス」

　　初中級レベルで問題となるのは、「テンス」の認識である。

　　このうち、テンスの認識については、**4.5**で見たように、中国語のようなテンスを持たない言語の話者の場合に、テンスの認識が不十分であることがある。次の例を見てみよう。

　　（28）　私は上手になった後、複雑なコーヒーを習った。そのようにして身についたコーヒーが多くなった。私もその中に自分の一番好きなのを求めていた。　　　　　　　　　　　　　　　　（c54-1）

　　（29）　人生とは実にコーヒーのようなものだ。苦しいけど、味があっていいにおいが<u>漂っていた</u>（→漂っている、漂う）。人生というコーヒーを作ったのはまさに私たち自身なのだ。その味とにおいは人

によって<u>違っていた</u>（→違っている、違う）。もちろんそれは独特で、自己に属する。　　　　　　　　　　　　　　　　　　（c54-1）

　この2例は同じ作文からのものだが、(28)では「ていた」が正しく使われているのに対し、(29)では誤用となっている。これは、次のように考えるといいのではないかと思われる。つまり、この作文の筆者はテンスを全体のフレームの中でのみ認識しているため、全体が過去の話になっているときは正しく「た」をつけることができるが、「ていた」がどのように使われるのかが正確に理解されていないため、全体が過去ではないときには「ていた」を正確に使えていないと考えられるのである。

5.2　中上級レベルにおける「テンス・アスペクトシラバス」

　中上級レベルで問題になるのは、結果残存の「ている」の正確な産出である。この点は、今回の作文コーパスではデータ上十分に論証することはできなかったが、これは上で指摘したこのコーパスが持つ内容上の特性に由来することであると考えられる。しかし、**2.** で述べたように、第二言語習得の研究において、結果残存の「ている」の産出が難しいことは明らかになっているので、中上級レベルではこの点を扱う必要がある。

　もう1点は、「完了」の表し方である。庵・清水 (2016) で指摘しているように、「ている／ていた」には、「る／た」が観察時を表すもの（進行中、結果残存）と「る／た」が基準時を表すもの（完了）がある。「ている／ていた」の正確な産出のためには、「観察時」と「基準時」の違いを意識した教育が必要である。

　また、**4.5** で取り上げた「ていた」と「てくる」の区別についても、明示的な指導が必要である。

　さらに、**4.3** で見たように、「受身＋ている」を連用修飾節や連体修飾節で使えるようにすることも必要である。

5.3　上級レベルにおける「テンス・アスペクトシラバス」

　上級レベルで必要になるのは、「た」と「ていた」の関係である。これについては、**2.** で寺村 (1984) の例を紹介したが、もう1つ例を挙げる。

(30)　寺山 [修司] (1972) は随筆集『家出のすすめ』の「お母さんの死
　　　体の始末」一章で「つよい青年になるためには母親から精神の離
　　　乳なしでは、ほかのどのような連帯も得られることはないでしょ
　　　う (p.15)」と強く<u>訴えていた</u> (→訴えた)。「若者は独り立ちでき
　　　る自身がついたら、まず『親を捨て』ましょう」という寺山の主
　　　張に筆者も深く感銘を<u>受けていた</u> (→受けた)。

　これは、超級学習者のレポートの例だが、この下線部の「ていた」は
「た」に変えるべきである。高梨ほか (2017) でも指摘したように、こうし
た誤用は、上級以上の学習者にも多く見られる。庵・清水 (2016) で指摘し
たように、こうした誤用をなくすためにも、「ている／ていた」の用法の違
いを正確に教育することが重要なのである。
　また、**4.3** で取り上げた非制限的修飾節の用法も上級で取り上げるべき内
容であると言える。

表 11　レベル別によるテンス・アスペクトシラバス

初中級レベル
・日本語では各文においてテンスを明示的に表す必要があることに注意させる。これは、特にテンスの表示が義務的でない言語の話者に対して重要である

中上級レベル
・「ている」の結果残存用法、「ている／ていた」の完了用法を正確に理解させる。そのために、「ている／ていた」における「る／た」の意味を正確に把握できるような練習を行う ・「てくる」が通常は「てきた」の形で使われることを踏まえた上で、「ていた」との異同を理解させる ・「受身＋ている」などをより複雑な構造で使えるようにする

上級レベル
・「た」と「ていた」の違いを正確に把握できるような練習を行う ・非制限的修飾節を用いて、長い文章を構成する練習を行う

6.　おわりに
　この章では、正確な時間の表し方という観点から、「ている」と「ていた」
について考察した。

時間の表し方は出来事の流れを構成する重要なものである。この部分がいい加減だと、せっかく面白い主張をしても読者がその内容を読み取るのに苦労し、結果的に文章に対する評価を著しく下げることにつながりかねない。

　しかし、現状では、「ている／ていた」は、他の文法項目同様、「文法は初級で終わり」という文法シラバスの弊害の中に置かれている。これについては、庵（2015）で提案したような形で「ている／ていた」について中級以降でも継続的に扱っていく形にシラバスを変えていくことが望ましいが、それがすぐにはできない現状にあっても、少なくとも、教師側が「ている／ていた」の意味・用法に関して正確な知識を持っておくことは重要である（この点については庵・清水（2016）を参考にしてほしい）。

引用文献

庵功雄（2010）「アスペクトをめぐって」『中国語話者のための日本語教育研究』創刊号，pp. 41–48，日中言語文化出版社.

庵功雄（2011）「テンス・アスペクトをめぐって」『中国語話者のための日本語教育研究』2，pp. 59–67，日中言語文化出版社.

庵功雄（2015）「日本語学的知見から見た中上級シラバス」庵功雄・山内博之（編）『現場に役立つ日本語教育研究1　データに基づく文法シラバス』pp. 15–46，くろしお出版.

庵功雄（2017）『一歩進んだ日本語文法の教え方1』くろしお出版.

庵功雄（近刊）「テンス・アスペクトの教育」庵功雄・田川拓海（編）『日本語のテンス・アスペクト研究を問い直す1「する」の世界』ひつじ書房.

庵功雄・高梨信乃・中西久実子・山田敏弘（2001）『中上級を教える人のための日本語文法ハンドブック』スリーエーネットワーク.

庵功雄・清水佳子（2016）『上級日本語文法演習　時間を表す表現』スリーエーネットワーク.

稲垣俊史（2013）「テイル形の二面性と中国語話者によるテイルの習得への示唆」『中国語話者のための日本語教育研究』4，pp. 29–41，日中言語文化出版社.

稲垣俊史（2015）「中国語話者による日本語のテンス・アスペクトの習得」『中国語話者のための日本語教育研究』6，pp. 50–60，日中言語文化出版社.

金水敏（1986）「連体修飾成分の機能」松村明教授古稀記念会（編）『松村明教授古稀記念国語研究論集』pp. 602–624，明治書院.

工藤真由美（1995）『アスペクト・テンス体系とテクスト』ひつじ書房.

江田すみれ（2013）『「ている」「ていた」「ていない」のアスペクト』くろしお出版.

崔亜珍（2009）「SRE 理論の観点から見た日本語テンス・アスペクトの習得研究 —— 中国人日本語学習者を対象に —— 」『日本語教育』142, pp. 80–90.

佐藤琢三（2017）「知覚されていない〈過程〉とその言語化 —— 「ある／いる」「している」「した」の選択可能性をめぐって —— 」『日本語／日本語教育研究』8, pp. 5–20.

高梨信乃・斎藤美穂・朴秀娟・太田陽子・庵功雄（2017）「上級日本語学習に見られる文法の問題 —— 修士論文の草稿を例に —— 」『阪大日本語研究』29, pp. 159–185, 大阪大学.

田川拓海（2002）「擬似自動詞の派生について —— 「イチゴが売っている」という表現 —— 」『筑波応用言語学研究』9, pp. 15–28.

張麟声（2001）『日本語教育のための誤用分析 —— 中国語話者の母語干渉 20 例 —— 』スリーエーネットワーク.

陳昭心（2009）「「ある／いる」の「類義表現」としての「結果の状態のテイル」 —— 日本語母語話者と中国語を母語とする学習者の使用傾向を見て —— 」『世界の日本語教育』19, pp. 1–15.

寺村秀夫（1984）『日本語のシンタクスと意味II』くろしお出版.

トッフォリ・ジュリア（2017）「ブラジル・ポルトガル語を母語とする日本語学習者の結果残存のテイルの使用傾向に関する一考察」2016 年度一橋大学言語社会研究科修士論文.

三宅知宏（2011）「第 7 章　複合名詞句の統語構造」『日本語研究のインターフェイス』pp. 89–104, くろしお出版.

Levinson, Stephan（1983）*Pragmatics*. Cambridge: Cambridge University Press.

第**3**章

正確で自然な判断の表し方

永谷直子

1. はじめに

たとえば、「彼は来る」ことを断定するときには「彼は来る。」と書き、断定を避けるときには「彼は来るだろう。」と書く、といったように、書き手は自身の判断をさまざまな言語形式を使い分けながら表現する。書き手の判断を表す言語形式はモダリティと呼ばれ、判断を適切に表現するためには、このモダリティを正確に使い分ける必要がある。それでは、日本語学習者が判断をより正確に、かつ、自然に表現するためには、どのような言語形式の習熟を目指すべきなのだろうか。この章はそれを明らかにすることを目的とし、次の（1）（2）について考察を行う。

（1）　学習者と日本語母語話者が用いるモダリティに違いはあるか。

（2）　どのような指導を行えば、より正確に判断を表すことができるか。

ここでいう"正確さ"とは、読み手が理解に過剰な負担を感じたり、書き手の意図を誤解したり、（書き手が意図しない）ネガティブな印象を受けたりせずに、書き手が意図する判断を理解できることを意味する。（1）で学習者が用いるモダリティにはこの"正確さ"を欠く場合があることを示し、それを克服すべく（2）を提案する。

以下、**2.** では、先行研究を概観しこの研究の意義について論じる。**3.** で分析方法について説明し、**4.** でその結果を示す。**5.** ではその結果をもとに

学習者の判断の表し方の問題点とその改善のための提案を行う。**6.** はまとめである。

2.　先行研究の検討とこの研究の意義

　モダリティは「彼は来るだろう」の「だろう」や「きっと彼は来る」の「きっと」など、主に文末形式や副詞が担う。日本語記述文法研究会（編）（2003）はモダリティを「文の伝達的な表し分けを表すもの」、「命題が表す事態のとらえ方を表すもの」、「文と先行文脈との関係を表すもの」、「聞き手に対する伝え方を表すもの」の4種に分けているが、この章はこのうち、「命題が表す事態のとらえ方を表す」文末形式を考察対象とする（考察対象の詳細は **3.** の（3）を参照）。

　ここでは、「命題が表す事態のとらえ方を表す」文末形式について日本語母語話者と学習者の使用実態を比較した先行研究を見てみよう。佐々木・川口（1994）は小学1年生から大学生までの日本語母語話者、中上級日本語学習者を調査対象とし、文末表現の使用実態を比較している。そこでは、学習者の特徴として、文の半分以上（57.4%）を命題で終わらせていること、真偽判断のモダリティ（「かもしれない」、「にちがいない」、「はずだ」、「ようだ」、「そうだ」、「らしい」、「だろう」、「か」）の使用率が7.5%にすぎず、日本語母語話者の14.8%には遠く及ばない（日本語母語話者で言えば小学4・5年程度である）こと、日本語母語話者の大学生と比べ「と思う」の数値が高いことを挙げている。学習者が文を命題で終わらせる傾向があることは大島（1993）でも指摘されている。また、学習者の「と思う」の使用頻度の高さについては橋本（2003）、高（2015）でも言及されている。

　別の観点から、学習者のモダリティ使用の特徴を挙げたものに伊集院・高橋（2004）がある。伊集院・高橋（2004）は「中国人日本語学習者は相手に向かって話しかけているような表現を多用している」との経験的直感を出発点とし、作文（意見文）コーパスを用い、日本語母語話者と中国人日本語学習者の"Writer/Reader visibility"（談話参加者の存在の明示度の関係）の相違を明らかにしている。"Writer/Reader visibility"は「書かれた文章において書き手や読み手の存在が言語表現として示される度合い」と定義され、こ

れが大きいほど「相手に向かって話しかけているような」印象を強く与えることになる。伊集院・高橋（2004）は、中国人日本語学習者が「べきだ」のような「評価のモダリティ」を多用することを明らかにした上で、これらの表現は働きかけの機能を持つことから、「評価のモダリティ」の多用が中国人日本語学習者の作文の"Writer/Reader visibility"を大きくする要因の一つであることを指摘している。なお、「評価のモダリティ」の多用による"Writer/Reader visibility"の大きさには、学習者がいわゆる"裸の形式"を多用していることも関わるとしている。これは、学習者は「文の半分以上（57.4%）を命題で終わらせている」という佐々木・川口（1994）の指摘とも関連する問題であろう。

　佐々木・川口（1994）が示す問題を考えるにあたって難しいのは、命題で終わる文であっても、「と思う」を用いた文であっても、その一文を見る限りは、「誤用」あるいは「不自然な文」ではない可能性が高いという点である。しかし、それが連続して用いられる場合や、他の文（節、または文章）と関係する場合に、「語調の強さ」（佐々木・川口 1994: 1）や「単調さ」といった違和感を抱かせることになるのであろう。それでは、どのような場合にどのような手段を使ってそれを避けるべきだろうか。また、日本語教育の現場ではそれをどのように指導すべきだろうか。

　伊集院・高橋（2004）の主張に関し、作文には様々なスタイルがあることを考えれば、"Writer/Reader visibility"が大きいことは否定的に捉える必要はないとも言える。しかし、学習者が自身の使用した表現が「相手に向かって話しかけているような」印象を与えることに気づいていない可能性はある。書き言葉は話し言葉とは違って情報の受け手（読み手）が眼前にない。その中で書き手と読み手の関係性をどのように書き示すかは、書き言葉ならではの課題の一つであると言える。

　これまでの研究によって学習者の作文の特徴が明らかになっている一方で、その中のネガティブな特徴について具体的な改善につながる提言はなされていない。この章ではそのような特徴について、その要因を探った上で、改善のためのシラバスを提示することを目指す。

3. 分析の方法

ここでは分析対象を「命題が表す事態のとらえ方を表す」文末形式に絞り、調査を行う。「命題が表す事態のとらえ方を表すもの」は「評価のモダリティ」と「認識のモダリティ」に分けられる。日本語記述文法研究会（編）(2003) に挙げられている主な形式を（3）に示す（「評価のモダリティ」のうち名詞由来の形式（「ものだ」「ことだ」等）は実質名詞と形式名詞の区別の困難さから今回の考察の対象としないため、（3）に含めていない）。

> （3） 評価のモダリティ
>
> べきだ、なくてはいけない（ならない）、方がいい、
> てはいけない
> 認識のモダリティ
> 断定：φ
> 推量：だろう
> 蓋然性：かもしれない、にちがいない、はずだ
> 証拠性：ようだ、みたいだ、らしい、（し）そうだ、
> （する）そうだ

日本語記述文法研究会（編）(2003) は「そのほかの認識のモダリティの形式」として「（の）ではないか」や知覚動詞文・思考動詞文も挙げている。それを踏まえ、この調査では（3）の有標形式（φ（断定）を除く13形式）に「（の）ではないか」「と思う」も併せた15形式について JCK 作文コーパス全文を対象に量的調査を行った。なお、調査には日本語 KWIC 索引生成ソフトウェア KWIC2.00 (http://www.tanomura.com/research/KWIC/) を使用している。

4. 分析の結果

4.1 全体の傾向

まず、考察対象である15形式につき日本語母語話者と学習者（以下、中国語母語話者と韓国語母語話者を合わせて「学習者」とする）の使用頻度を表1に示す。その使用頻度に関しカイ二乗検定を行ったところ、日本語母語話者が学習者に対して使用頻度が有意に高かったのは「だろう」「（の）で

はないか」の2形式であった（だろう：$\chi^2(2)$=140.323, $p<.01$、（の）ではないか：$\chi^2(2)$=71.379, $p<.01$）。一方、学習者のほうが日本語母語話者に対して使用頻度が有意に高かったのは「方がいい」であった（$\chi^2(2)$=12.67, $p<.01$）。また、中国語母語話者と日本語母語話者の間では「べきだ」（$\chi^2(2)$=8.883, $p<.05$）、韓国語母語話者と日本語母語話者の間では「なくてはいけない（ならない）」（$\chi^2(2)$=10.660, $p<.01$）に有意差があった。

表1　モダリティ15形式の使用頻度

	日本	韓国	中国
べきだ	5	10	19
なくてはいけない（ならない）(*1)	17	42	29
方がいい	1	10	16
てはいけない	3	2	7
だろう／でしょう	230	76	63
かもしれない	52	71	57
にちがいない	2	1	3
はずだ	12	10	7
ようだ／みたいだ (*2)	18	21	16
らしい (*3)	9	1	2
そうだ（様態）	10	9	13
そうだ（伝聞）	5	13	13
（の）ではないか／だろうか	75	22	8
と思う (*4)	182	265	190

＊1　「なければいけない（ならない）」も含む。
＊2　「ようだ」と「みたいだ」は文体の違いとして合算する。
＊3　「名詞＋らしい」で典型性を表す場合（例：男らしい人）は除く。
＊4　一人称主語で文末及び一部の従属節末に現れているもののみを抽出した。「と思う」の他、「ように思う」も含む。この条件に合う「と思っている」も含む。

　学習者の使用頻度が15形式のうち最も高かったのは「と思う」である。特に韓国語母語話者の使用頻度は、日本語母語話者、中国語母語話者に対し有意に高かった（$\chi^2(2)$=19.748, $p<.01$）。日本語学習者と日本語母語話者の「と思う」の使用傾向の違いは文章のタイプ別の頻度を見たとき顕著である

（表2）。日本語母語話者は文章のタイプによる差が見られない。それに対して、学習者は意見文での使用が説明文、歴史文に比べ圧倒的に多く、意見文における使用頻度は日本語母語話者より有意に高い（$\chi^2(2)$ =24.694, $p<.01$）。

表2　文章のタイプ別に見る「と思う」

	日本	韓国	中国
意見文	67	138	116
説明文	60	62	35
歴史文	55	65	39
合計	182	265	190

4.2 以降では、これらの結果をもとに日本語母語話者と学習者の使用頻度の差が大きかった形式について詳しく見ていくこととする。

4.2 「だろう」の使用傾向

ここでは、日本語母語話者と学習者は「だろう」の使用頻度が異なる点に着目する。ここでは、日本語母語話者の「だろう」の使用頻度の高さは、「と思う」の使用頻度の低さと関係しているものと考え、以下、「と思う」と対比しながら考察することとする。

まず、日本語母語話者の「だろう」の使用傾向について見てみよう。ここでは日本語母語話者の「だろう」と「と思う」の使用傾向の比較を前接語の分析を通して行った（「と思う」は「判断文＋と思う」のみを扱う）。「だろう」と「と思う」の前接語を名詞（形式名詞も含む）、形容詞、動詞、モダリティ類、助詞類に分類したものを表3に示す。表3からは、前接語が動詞の場合に「だろう」を選択する頻度が顕著に高いことが分かる。さらに、動詞について、「継続動詞・変化動詞」「可能動詞」「状態動詞」の三種に分類した結果を表4に示す。表4からは継続動詞・変化動詞の場合に「だろう」を選択しているという特徴が見える。表中（　）内はル形の件数であり、（4）（5）はその例である。日本語母語話者は、特に継続動詞や変化動詞をル形で用いる場合、「だろう」を選択する傾向があるのである。

（4）　年金制度は近い将来に崩壊する<u>だろう</u>。　　　　　　　　　（j01-2）

（5）　その場合、晩婚化はさらに進み、社会の規模自体が縮小する<u>だろう</u>。
(j02-2)

　ここで、継続動詞や変化動詞のル形が表す意味を考えておこう。継続動詞や変化動詞のル形は、一般的な真理を表す場合（例：太陽は東から昇る）や習慣を表す場合（例：毎朝5時に起きる）等を除けば、まだ実現していない事態を表す。継続動詞や変化動詞のル形における「だろう」の頻度の高さは、日本語母語話者はまだ実現していない事態を想像しながら述べる場合に「だろう」を積極的に用いていることを意味しているだろう。

表3　前接語の比較（日本語母語話者）

	だろう	と思う
名詞	51	32
形容詞	32	21
動詞	110	46
モダリティ類	35	49
助詞類	2	3
総計	230	151

表4　動詞の内訳（日本語母語話者）

	だろう	と思う
継続・変化	39 (38)	4 (2)
可能	46	16
状態	25	26
計	110	46

　次に、学習者の「だろう」の使用頻度の低さについて考えてみよう。表5、6に学習者が使用する「だろう」と「と思う」に前接する動詞の内訳を示す。

表5　動詞の内訳（韓国語母語話者）

	だろう	と思う
継続・変化	14 (13)	36 (20)
可能	5	29
状態	15	18
計	34	83

表6　動詞の内訳（中国語母語話者）

	だろう	と思う
継続・変化	12 (9)	25 (23)
可能	5	21
状態	6	9
計	23	55

　表5、6から、学習者は継続動詞や変化動詞のル形において「と思う」をより多く選択していることが分かる。つまり、学習者はまだ実現していない事態を想像しながら述べる場合に「と思う」を用いているのである。学習者の「だろう」の使用頻度が低い要因の一つは「と思う」の多用にあると言え

るだろう。

　学習者の「だろう」の使用頻度が低い理由はもう一つある。それは、断定形（φ）の不適切な使用である。（6）は第三者の感情について、（7）は仮定した事態について述べる文であり、どちらも書き手が断定できないことである。日本語では話し手が断定できない間接的な知識は「だろう」等の言語形式として表さなければならず、断定形（φ）を用いると直接的な知識であることを示すが、学習者はそのことを十分に認識していない可能性がある。

（6）　しかし、<u>彼らも</u>年を取って経済的に自立し、本人の夢を実現したら突然、寂しくなったり悲しくなる。　　　　　　　　　　　（k17-2）

（7）　もし、この五つの問題が改善する動向があったら、少子化の問題も改善する。　　　　　　　　　　　　　　　　　　　　　　　（c18-2）

　そのことは学習者の副詞の使用傾向とも関係している。表7に日本語母語話者、学習者の蓋然性を表す副詞の使用傾向を示す。

表 7　蓋然性を表す副詞の使用傾向

	日本	韓国	中国
おそらく／たぶん	16	14	5
きっと	15	5	26
必ず	5	12	22

　ここから、特に中国語母語話者が「必ず」や「きっと」といった確信の高さを表す表現を積極的に用いていることが分かる（cf.（8）（9））。もちろんその全てが誤りというわけではない。しかし、断定形（φ）で話し手の確信を十分に表せるという認識が足りないために、確信を表す副詞を過剰に使用している可能性もあるだろう。

（8）　お互いに身の上をよく思いやることが容易ではないし、ともに生活するのは<u>必ず</u>がっかりした。　　　　　　　　　　　　　（c17-2）

（9）　最近はよく、ネットでこのような言葉を見かけていた。「本気になったら負け」という一言だ。これが流行語になったのは<u>必ず</u>その根拠がある。　　　　　　　　　　　　　　　　　　　　　　　（c19-2）

　このように学習者の「だろう」の使用頻度の低さには「と思う」の多用、

第３章　正確で自然な判断の表し方 | 45

及び、断定形（φ）に対する認識の低さが関わっていると言えるだろう。

4.3　「と思う」の使用傾向

　次に、「と思う」の使用傾向に目を向ける。**4.2** では日本語母語話者はまだ実現していない事態を想像しながら述べる場合に「と思う」よりも「だろう」を積極的に用いていることを示した。それでは、日本語母語話者は「と思う」をどのような時に用いるのだろうか。それは学習者の使用傾向とどのように異なるのだろうか。

　まず、日本語母語話者の「と思う」の使用傾向から見てみよう。ここでは日本語母語話者の「と思う」の使用実態を見るために、「と思う」の引用内部の文のタイプ（表出文と判断文の別）を調査した。その結果を表 8 に示す。

表 8　「と思う」の引用内部の文のタイプ

		日本	韓国	中国
判断文＋と思う		151	242	167
表出文＋と思う	非メタ	15	15	18
	メタ	16	8	5
計		182	265	190

　日本語母語話者の「と思う」の使用総数が学習者を下回っていることは**4.1** で見た。しかし、「表出文＋と思う」のうち、(10) のように書き手の行動を提示する「メタ表現」としての使用数は学習者を上回っている（なお、「と思う」を伴わない、「たい」の言いきりの形でのメタ表現も［日本：26、韓国：1、中国：1］と、日本語母語話者が学習者をはるかに上回っている）。

　　(10)　そこで今回は東京とは異なる福岡の魅力について述べていきたいと思う。　　　　　　　　　　　　　　　　　　　　　　　　　　　　(j19-1)

　次に、「判断文＋と思う」に目を向けてみよう。ここでは、学習者との頻度の差が最も大きい「意見文」から抽出された「と思う」67 件に焦点を当てて、日本語母語話者の「判断文＋と思う」の使用傾向を見ることとする。

　まず、67 件中 12 件（17.9%）で (11) や (12) のように判断主体を明示する表現を付加するといった特徴が見られた。

(11)　何とかこの傾向に歯止めをかけようとしているが、私の意見としてはこの晩婚化の傾向は当分止まることはないと思う。　（j15-2）

(12)　（略）社会制度もしっかりと整備されれば晩婚化は抑制されるだろうと個人的には思う。　（j10-2）

　また、（13）（14）のように、逆接の表現を伴い、現状や一般の常識と書き手自身の考えを対比的に述べる例が少なからず見られた（15 件（22.4%））。

(13)　これはもう散々議論されてきたことであり、社会的にも女性が子育てしながら働きやすい職場を作ろうという風潮が出てきているが、それでもきっとまだ足りないのだろうと思う。　（j15-2）

(14)　（略）はたまた人々の価値観が変わったことによって晩婚化が進むようになってしまったのか、その順序が極めて見極めがたい。しかし、価値観の変化が、より一層晩婚化を促進していることだけは間違いないと思う。　（j08-2）

　また、数的には多くはないが、問いかけの文で読み手の考えを喚起した後で、「と思う」を用いて書き手の考えを述べるものもあった（4 件（6.0%））。

(15)　では昔であれば早く結婚する意義があるのだろうか。私はあると思う。　（j17-2）

(16)　それではなぜ、女性が社会進出すると結婚しなくなるのだろうか。それには日本型の雇用制度や、日本の保障制度の甘さが関係しているのだと思う。　（j06-2）

　これらは書き手が積極的に書き手自身の存在を示そうとしている例だと思われる。この他、「と思う」文は「私は～と思う」のパターンで「意見文」の冒頭あるいは結尾で用いられやすいとの調査結果もある（cf. 高 2015）。森山（1992）は「と思う」の基本的な意味を「個人情報の表示」としているが、日本語母語話者は文章の中であえて書き手の存在を示すために「と思う」を用いていると言えるだろう。

　また、（17）のように主張を和らげることを意図して「と思う」を用いる場合もある。

(17)　（略）それでも男女平等に近づいてきたのではないかと思う。

（j12-2）

森山（1992）は「主観的情報内容」に「と思う」を用いることで「個人的な意見、主張であることを断り、またそうすることによって主張を和らげる」としている。再び表3に目を向けてみると、「主観的表現」と言える「モダリティ類」に「と思う」が後接する頻度は「だろう」に比べ高い。その内訳も大きく異なり、「だろう」の場合は全て「のだ」「わけだ」等「文と先行文脈との関係を表すもの」であるのに対し、「と思う」の場合は半数以上を「（の）ではないか」（27件）のような「認識のモダリティ」が占めている。

次に、「思われる」のような自発表現や、それに類する表現である「言える」のような可能表現を見てみよう。思考動詞、言語活動動詞の自発表現・可能表現の使用傾向を示した表9からは、日本語母語話者のほうが学習者より積極的に自発表現・可能表現を用いていることが分かる。（中国語母語話者の「思われる」「考えられる」の使用件数は多いが、「思われる」の22件中17件及び「考えられる」の11件中8件は非自発表現を用いていない同一の学習者によるものである。）

自発表現・可能表現はヴォイス表現の一つであり、事態の成立に焦点を当て、事態の引き起こし手を背景化した表現である。書き手が自らの思考や言語行動を書き表そうとしたとき、自発表現・可能表現を用いることで書き手の存在をあえて消すことができるのである。表9からは、日本語母語話者が学習者に比べ自発表現・可能表現を積極的に用いていることが伺える。このように、日本語母語話者は「と思う」を使って書き手の存在をあえて示そうとしたり、「思われる」を用いて書き手の存在をあえて示さないようにしたりしており、文章中における書き手の存在に対して意識的であると言える。

表9　思考動詞、言語活動動詞の自発表現・可能表現

	日本	韓国	中国
思われる	11	11	22
考えられる	15	6	11
言える	41	26	14
挙げられる	26	7	1

*可能表現には「〜ことができる」の分析的な形式も含めている。

次に、学習者の「と思う」の使用傾向を見てみよう。**4.2** で見たように、学習者はまだ実現していない事態を想像しながら述べる場合に「と思う」を用いる傾向がある。上で日本語母語話者が「と思う」を用いる場合には書き手の存在を示そうという意識が働いていることを見たが、学習者はそのような意識を持たないまま「と思う」を用いている可能性がある。

再び表8に目を向け、その他の使用傾向を探ろう。「表出文＋と思う」において、日本語母語話者はその半数以上が言語行動を説明するメタ表現であることは上で述べた。一方、学習者の書く「表出文＋と思う」文の多くは (18)(19) のように書き手の意志や願望が示されている。

　　(18)　(略) その喜びを周りの人と分け合おうと思います。　　　(k13-3)

　　(19)　これからもずっと本と仲良くしていきたいと思う。　　　(c60-1)

また、「と思う」のアスペクトに関し、「判断文＋と思っている」といった形式での使用は日本語母語話者が 16 件、韓国語母語話者が 9 件だったのに対し、中国語母語話者は 31 件と日本語母語話者の二倍近い数値であった。橋本 (2003) は「判断文＋と思っている」は、「信念」「こだわり」といった「話し手の主張を強調する二次的な意味が生じる」としている。学習者の「判断文＋と思っている」の使用例の中にはそのような意図がないにも関わらず「と思っている」を用いていると思われる例が少なからず見られた (cf. (20))。このような使用が「主張の強調」として書き手の存在を必要以上に示している可能性がある。

　　(20)　私のような年齢は晩婚化を話すことが若いと思っている。(c27-2)

また、「思われる」等思考動詞、言語活動動詞の自発表現・可能表現に関しては既に表9で示した。思考動詞の自発表現については学習者の積極的な使用があるものの、その全てが「思う／考える」との対立を意識しているわけではなく、作文を通じて自発表現のみを使っている学習者もいた。また、言語活動動詞の可能表現の使用頻度は日本語母語話者より低く、書き手の存在の示し方を調整する意識が日本語母語話者に比べて薄いことが分かる。

4.4 「評価のモダリティ」・「(の) ではないか」の使用傾向

　ここでは、学習者のほうが日本語母語話者より使用頻度が高かった「方が
いい」などの「評価のモダリティ」、日本語母語話者が学習者より使用頻度
が高かった「(の) ではないか」の使用傾向を見ていく。後述のように、こ
れらの表現に共通するのは、読み手への働きかけの度合いが高い表現である
という点である。

　まず、日本語母語話者の使用傾向について見てみよう。**2.** で示した通り、
「評価のモダリティ」について伊集院・高橋 (2004) は「聞き手に何らかの
行為を促したり、やめさせたりしようとする働きかけの機能が生じる」(日
本語記述文法研究会 (編) 2003: 95) という点で "Writer/Reader visibility"(談
話参加者の存在の明示度の関係) が高いとした上で、これらの日本語母語話
者の使用率は学習者と比して低いことを指摘している。この調査でも、表 1
の通り「方がいい」「べきだ」「なくてはいけない (ならない)」といった「評
価のモダリティ」の日本語母語話者の使用頻度は学習者に比べ低かった。

　「評価のモダリティ」と同様に "Writer/Reader visibility" が高いと考えら
れる表現に「(の) ではないか」がある。「(の) ではないか」は、「だろう」
に接近した意味を持つが、「情報要求機能を本来的機能」(安達 1999: 193) と
する点で疑問文との類似性を持つ。情報要求機能とは疑問文に代表される機
能である。「(の) ではないか」について蓮沼 (2004) は「自らの考えや実感
を直接的に表明し、それを聞き手に訴えかける話し手の態度を表す」としてい
いる。これらの点から、「(の) ではないか」は「だろう」に比べ、読み手の
存在を強く意識した表現であると言えるだろう。**4.1**(表 1) で見た通り、
「(の) ではないか」は日本語母語話者の使用頻度が学習者より有意に高い表
現である。その使用の詳細を見てみると、意見文における「(の) ではない
か」の使用例 54 件のうち 20 件 (37.0%) は、段落の冒頭あるいは段落末で当
該の段落における結論を述べる文で用いられていた。(21) はその一例であ
る。(21) では、a で示した問題について、b〜h でさまざまな可能性を巡り
ながらたどりついた結論を i で「のではないか」を用いて示している。

　　(21)　a. さて、今後この傾向はどうなっていくのだろうか。b. いまま
　　　　　で述べてきた晩婚化の理由を考えれば、男女のさらなる均等が叫

ばれている現代では、晩婚化がさらに進んでいく未来が見える。c. 対策も進んでいくの<u>だろう</u>。d. 考えられる対策とすれば、離婚のリスクを減らすなどだろうか。e. 離婚には養育費や財産分与など、金銭的なリスクがかなり高い。このリスクを減少させれば、同時に結婚へのモチベーションもあがるということである。f. また、結婚して働く女性へのサポートも大事である<u>だろう</u>。g. 子育て休暇の確保などである。h.「子供がいると仕事ができない」という意識を変える必要があるのかもしれない。i. どちらにしても男女平等の流れが止まることはない中で、国を挙げて対策を講じていくの<u>ではないか</u>と思う。　　　　　　　　　　　　(j11-2)

　これらの例から、日本語母語話者は読み手の存在を強く意識した表現を使わないというわけではなく、書き手の主張を読み手に訴えかける手段として効果的に用いていることが分かる。

　また、意見文における「(の) ではないか」の使用例 54 件の後続形式を見たとき、「(の) ではないか。」といわゆる「裸の形式」で用いられるのは 6 件であった。「(の) ではないかと思う」等思考動詞を伴う場合が 26 件、「(の) ではないだろうか」が 20 件、「という＋名詞」((の) ではないかという点、など) が 2 件と、後続形式を伴うことのほうが多く、そのバリエーションも豊かである。日本語母語話者は「(の) ではないか」について、「だろう」と使い分けながら、また、その後続形式を工夫しながら、読み手に訴えかける度合いを調整していると言えるだろう。

　次に、学習者の使用傾向を見てみよう。学習者は日本語母語話者に比べ「評価のモダリティ」を多く使用することは **4.1**（表 1）で示した。また、伊集院・高橋 (2004) に既に指摘があるが、この調査でも中国語母語話者が「べきだ」や「方がいい」の約半数を「裸の形式」で用いており、その結果読み手に強く訴える印象を与えている可能性がある。**4.2** で見た学習者の断定形 (φ) に対する認識の薄さがここにも現れている。

　また、表 1 からは学習者は日本語母語話者に比べ「(の) ではないか」の使用頻度が低いことが分かる。「(の) ではないか」は、判断が未成立であることを示すことから、断定を回避する姿勢を示し得る表現である。この点

で、「断定形」（φ）との使い分けも意識する必要もあるだろう。

　日本語母語話者は「だろう」と「（の）ではないか」を使い分けながら、読み手の存在を示す度合いを調整し、また、「（の）ではないか」を用いる場合、「と思う」等の後続形式によって読み手に訴える度合いも調整していた。学習者は、書き手の意図に沿った程度で読み手の存在を示すことができるよう、「（の）ではないか。」「（の）ではないかと思う」「（の）ではないだろうか」など多様な表現の使い分けを身につける必要があろう。

5.　学習者の判断の表し方の改善点と指導法

　ここでは、今までの議論を元に判断を表す文末表現のシラバスについて4.で取りあげた形式を中心に検討する。以下「判断の表し方シラバス」を、初中級レベルと中上級レベル、上級レベルの3つの段階に分けて提案する。節の最後には全てのレベルの指導案を一覧表にして提示する（表10）。

5.1　初中級レベルにおける「判断の表し方シラバス」

　まず、今回取りあげた15形式が初級レベルでどのように扱われているかを確認しておこう。山森（2006）の6種の初級総合教科書の調査（『みんなの日本語Ⅰ・Ⅱ』、『新日本語の基礎Ⅰ・Ⅱ』、『新文化初級日本語Ⅰ・Ⅱ（新文化）』、『初級日本語げんきⅠ・Ⅱ（げんき）』、『実力日本語』、『SITUATIONAL FUNCTIONAL JAPANESE (SFJ)』）及び今回行った追加調査によれば、今回考察対象とした15形式の多くは初級で導入される。15形式のうち、6種全てで取りあげられていないのは「べきだ」、1種のみ扱っていたのが「（の）ではないか」である。また、「だろう／でしょう」は6種全てで「でしょう」が取りあげられているものの、「だろう」を取りあげていたのは『新文化』『SFJ』のみであった（『げんき』は「でしょう」の文法説明部分で「だろう」に触れている）。

　それを踏まえ、初中級レベルにおいて必要な指導を以下に挙げる。まず、初級レベルにおいては一文レベルでの正確性を身につけることを目指したい。一文レベルでの正確性とは、この章で重点的に扱った「と思う」で言えば、「と思う」と「と思っている」の違いを身につけるといったことである。

また、間接的な認識を表す場合に断定形（φ）を用いない等、断定形の持つ意味を認識することも重要である。

次に、初中級レベルにおいては、話し言葉と書き言葉の違いを身につけたい。それは、「と思う」と「だろう」の使い分けに関わる。庵（2009）は会話において「だろう」の丁寧形である「でしょう」が言いきりの形で推量を表す場合は、発話者が「専門家」であるなど特殊なケースである場合を除き、極めて稀であるとしている。推量の「でしょう」はほぼ確実に「と思います」に置き換えが可能であり、推量の「でしょう」を初級で導入する必要はないとしている（(22) は庵（2009）(1)(2) を統合して引用）。

 (22) 教師 田中君知らない？
     学生 図書館にいる {a.?? でしょう／ b. と思います}。

一般に初級の授業では会話を想定した練習が多くなされるため、学習者は「と思う」を推量表現として強く認識しているだろう。また、初級で学んだ項目については既習項目として中級以降には触れられにくく、初級においては書き言葉と話し言葉の違いについての説明が十分ではないという現状がある。そのような現状にあって、学習者が作文において推量を表すのに「と思う」を多用しているというこの調査の結果は、当然の結果とも言えよう。初中級のレベルにおいては、まず、書き言葉としての「普通体」に慣れるための指導を行った上で、話し言葉と書き言葉によって用いる形式が違う場合があることを示し、「だろう」の導入をする必要があるだろう。このように、初中級レベルでは話し言葉を中心とした初級のシラバスとの連携を深めながら、話し言葉と書き言葉の違いの指導を重視する必要がある。

5.2　中上級レベルにおける「判断の表し方シラバス」

ここでは、長めの作文を書くことになる中上級レベルにおける指導について提案する。複数の段落からなる読みやすい文章を書くためには、書き手が自らの（作文内における）行動を予告・提示しながら読み手をナビゲートしていく必要がある。表 8 の結果から、学習者は日本語母語話者に比べメタ表現を用いる頻度が低いことが分かった。より長い文章を書くためにはこのような行動提示の表現に慣れていく必要があるだろう。

第3章　正確で自然な判断の表し方　│ 53

　また、このレベルで文法項目として導入される（ことが多い）「べきだ」
と「（の）ではないか」等について、読み手の存在を顕在化する形式である
ことを示した上で、学習者が読み手の存在に対する意識の度合いを調整する
力を身につけられるよう指導したい。「評価のモダリティ」や「（の）ではな
いか」は、「と思う」、「だろうか」（「（の）ではないか」の場合）、「（の）では
ないか」（「評価のモダリティ」の場合）、「だろう」（「べきだ」の場合）等を
伴い、読み手に向ける力を和らげることがある。「べきではないだろうか」、
「（の）ではないかと思う」等、複数の形式を重ねた表現に習熟し、書き手の
意図に沿った度合いで読み手への意識を表現できることを目指したい。これ
らの表現との対比を通して改めて断定形（φ）の持つ意味合いに目を向ける
ことも大切であろう。中上級レベルは「（の）ではないか」等の読み手の存
在を意識した形式を身につけ、かつ、その度合いを自在に調整できる力を身
につけるレベルであると言えよう。

5.3　上級レベルにおける「判断の表し方シラバス」

　上級レベルでの指導とは、作文を書く指導というよりは、小論文やレポー
トを作成するための指導と捉えるべきであり、客観的事実と主観的判断との
書き分けが求められる段階である。このうち、主観的判断についてはより説
得力を持つ妥当な判断として示すことが求められる。書き手の主張を主観の
みに基づく判断として示すことは説得力を欠く要因となるため、書き手の存
在をあえて消し、客観性を付与する必要がある。その際に有効な手段の一つ
が思考動詞・言語活動動詞の自発表現・可能表現である。まず、思考動詞
（「思う」、「考える」など）について、自発表現である「思われる」「考えら
れる」の他「予想される」「推測される」等の表現の習熟を目指したい。こ
れらの動詞は、本来動作主を表すことができる動詞であるが、自発表現によ
り「あえて動作主（＝書き手）を示さない」という書き手の態度を示し得る。
さらに、「言える」「挙げられる」など言語活動動詞の可能表現、それに関連
した「と言ってもいい」「と言っても過言ではない」等の表現を学び、客観
性を付与する度合いを調節しながら論述する力を身につけたい。上級レベル
は、この章で調査対象とした15形式を含め、話し手の主観性を表す手段を

使い分けることが求められる一方で、客観性を付与する力を身につけ、書き手の存在の明示／非明示を意識的に書き表すことが求められるレベルだと言えるだろう。

以上の内容を、レベル別による判断の表し方シラバスとして表10にまとめる。

表10　レベル別による判断の表し方シラバス

初中級レベル
・一文レベルでの正確性を身につける（初級） 　　例）「と思う」と「思っている」の違いの認識 　　例）断定形（φ）の持つ意味の認識 ・話し言葉と書き言葉における表現の違いを意識する（初中級） 　　例）書き言葉としての「普通体」の習熟 　　例）「だろう」の導入と「と思う」の意味の再認識

中上級レベル
・読み手の存在を示す表現に対する意識を持つ ・読み手の存在を示す度合いを調整する力を身につける 　　例）「だろうか」「思う」等の「和らげる」機能の認識 　　例）「（の）ではないだろうか」等複数の形式からなる表現の習熟 ・書き手の（作文上の）行動を示す表現を身につける 　　例）「たい」「動詞意向形」等、行動提示の表現の整理

上級レベル
・客観的事実と主観的判断との区別に対する意識を身につける ・客観性を付与するための表現を身につける 　　例）思考動詞の自発表現の習熟 　　例）言語活動動詞の可能表現（及びその関連表現）の習熟

6.　おわりに

この章では、日本語母語話者と学習者の文末のモダリティの使用実態を調査し、日本語母語話者と学習者の間の「だろう」、「と思う」、「評価のモダリティ」、「（の）ではないか」等の使用傾向の異なりから次の三点を指摘した。

・実現していない事態を想像しながら述べる場合に、日本語母語話者は「だろう」を用いる傾向があるのに対し、学習者は「と思う」を用いる傾向がある。

・日本語母語話者はあえて書き手の存在を示す場合に「と思う」、あえ

て書き手の存在を示さない場合に「と思われる」を使うなど、書き手の存在の明示／非明示に対し、意識的である。

・学習者は読み手への働きかけを表す「評価のモダリティ」を積極的に用いる傾向がある。日本語母語話者は、「だろう」、断定形（φ）などと使い分けながら、読み手に訴えかける表現である「（の）ではないか」を効果的に使っている。また、読み手の存在を明示する形式に関し、後続形式にバリエーションをつけることで、その度合いを調整している。

　このような違いから生じる学習者のモダリティ使用の不自然さを解消するために、レベル別に指導項目を示した。各レベルにおける指導を通して、学習者が自身の判断の「伝わり方」に対して意識的になり、自身でモニターする力を身につけることが最終的な目標である。指導項目の洗い出しにとどまらず、そのような力を身につけるための具体的な練習方法を考えることが次なる課題となるだろう。

引用文献

安達太郎（1999）『日本語疑問文における判断の諸相』くろしお出版.

庵功雄（2009）「推量の「でしょう」に関する一考察 —— 日本語教育文法の視点から ——」『日本語教育』142, pp. 58–68.

伊集院郁子・高橋圭子（2004）「文末のモダリティに見られる "Writer/Reader visibility" —— 中国人学習者と日本語母語話者の意見文の比較 ——」『日本語教育』123, pp. 86–95.

大島弥生（1993）「中国語・韓国語話者における日本語のモダリティ習得に関する研究」『日本語教育』81, pp. 93–103.

高恩淑（2015）「上級日本語学習者の意見文における「と思う」系および「と考える」系の使用傾向について —— 日本語母語話者との比較を通して ——」『人文・自然研究』9, pp. 58–68, 一橋大学.

佐々木泰子・川口良（1994）「日本人小学生・中学生・高校生・大学生と日本語学習者の作文における文末表現の発達過程に関する一考察」『日本語教育』84, pp. 1–13.

日本語記述文法研究会（編）（2003）『現代日本語文法④第8巻モダリティ』くろしお出版.

橋本直幸（2003）「「と思っている」について —— 日本語母語話者と日本語学習者の使用傾

向の違いから ── 」『日本語文法』3-1，pp. 35–48.

蓮沼昭子 (2004)「認識的モダリティとレトリック ── 「のではないか」再考 ── 」『日本
　　語教育連絡会議論文集』16，pp. 10–22.

森山卓郎 (1992)「文末思考動詞「思う」をめぐって ── 文の意味としての主観性・客観
　　性 ── 」『日本語学』11(9)，pp. 105–116.

山森理恵 (2006)「認識のモダリティの使用について ── 日本語学習者と日本語母語話者の
　　使用の比較を通して ── 」『東海大学紀要. 留学生教育センター』26，pp. 73–85.

第**4**章

正確で自然な
複文の組み立て方

庵　功雄・宮部真由美

1.　はじめに

　この章では複文の組み立て方について述べる。複文にはさまざまなものがあるが、この章では、それらを大きく意味的に分類し、意味的類型ごとの分布と、類型内の相互の使い分けについて分析する。また、複文は文の長さとも関連するため、この観点からも分析を行う。

　この章では、次の課題について、データの分析結果に基づいて述べる。

　　（1）　日本語学習者にとって、複文に関する困難点は何か。
　　（2）　日本語学習者が、日本語習得のどの段階で、複文について何をどのように学べばよいのか。

　以下、**2.**では先行研究とこの章の意義、**3.**では分析方法を述べる。**4.**では日本語母語話者（以下、母語話者）と日本語学習者（以下、学習者）の複文の使用実態に関する調査結果を示し、いくつかの点に着目し分析する。それに基づき**5.**ではレベル別のシラバスを示す。**6.**ではこの章のまとめを行う。

2.　先行研究とこの研究の意義

　複文の研究の代表的なものに南（1974、1993）がある。ここで提案されたA類〜D類の階層構造は「南モデル」とも呼ばれ、日本語統語論の重要な成果となっている。南モデルをめぐっては、田窪（1987）、野田（1989、

2002)、益岡（1997）などで活発な議論が行われている（これらについて詳しくは Iori (to appear) を参照されたい）。

　一方、各従属節に関しても多くの研究があるが、中でも条件節については、言語学研究会・構文論グループ（1985）、奥田（1986）、仁田（1987）、前田（1991、2009）、蓮沼（1993）、田窪（1993）、有田（2007）など多くの議論がある（この他に、坂原（1985）では条件表現を論理的に分析する観点が示されており有益である）。中でも、前田（1991）は、条件節、原因・理由節、逆接・対比節を「レアリティー」に基づいて表1のように「論理文」として体系的に分析しており、この観点はこれらの従属節相互の関係を見る上で有益である（こうした観点から条件表現の全体像を鳥瞰したものに前田（近刊）がある。また、「レアリティー」の観点からの分析を批判的に発展させた最新の研究に宮部（2017）がある）。

表1　論理文の体系（前田1991）

	順接	逆接
仮定的	条件文	逆条件文
事実的	原因・理由文	逆原因文

　この研究は、これらの先行研究を踏まえ、JCK 作文コーパス（以下、作文コーパス）の産出例をもとに議論を行う。なお、この章の内容に関しては、第2章と同様、中国語話者（中国語を母語とする日本語学習者）と韓国語話者（韓国語を母語とする日本語学習者）の間にはレベル差が認められるので、中国語話者→韓国語話者→母語話者の順にレベル差があるものとして議論を進める。

3.　分析の方法

　この章では、JCK 作文コーパスを用いて複文について分析する。このコーパスは1人の筆者が「意見文、説明文、歴史文」を書いたものであるが、初めに、「意見文」「説明文」「歴史文」それぞれのファイルを茶まめVer.2 で形態素解析し、筆者ごとにジャンル別の形態素解析済みデータをまとめる（この際、品詞が「空白」であるものだけは排除する）。このデータ

をもとに、**4.1** の分析を行う。

　次に、母語別の全ファイルを 1 文単位にしたものを作り、それを複文形式ごとに Grep で検索し、形式ごとの使用頻度などを抽出する。これをもとに **4.2** ～ **4.9** の分析を行う。

4.　分析の結果

　この節では、複文に関する分析結果について述べる。

4.1　文数と形態素数

　ここでは、**3.** で述べた方法で形態素解析したデータをもとに、総文数と平均形態素数を調べた結果を報告する。

　まず、母語別の総形態素数は次のようであった。このデータは、母語別に「意見文」「説明文」「歴史文」それぞれのファイルを 1 文単位にしたものを作り、それを茶まめで形態素解析したものに基づいている。

表 2　母語別の総形態素数

母語	日本	韓国	中国
総形態素数	77,822	77,901	78,202

　次に、母語とジャンルでクロス集計した総文数は次の通りであった。ここで、文数は、形態素解析の結果のファイルで、「文境界」が文頭を示す「B」であるものの行番号から次の B の行番号までの差（差分）を 1 文の形態素数と考えて各文の形態素数を求めた。

表 3　母語×ジャンルの総文数

総文数	意見文	説明文	歴史文	全体平均
日本	839	971	908	906
韓国	1,006	919	995	973
中国	1,139	1,273	1,258	1,223

　また、総形態素数を総文数で割った平均形態素数は次の通りである。

表4　母語×ジャンルの1文当たりの平均形態素数

平均形態素数	意見文	説明文	歴史文	全体平均
日本	31.09	27.55	28.33	28.90
韓国	27.44	26.02	26.05	26.52
中国	21.97	20.26	20.89	21.01

これらをグラフにすると、次のようになる。

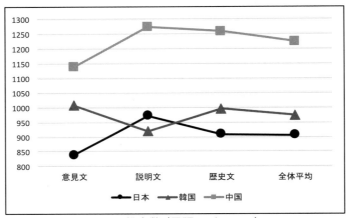

図1　総文数（母語×ジャンル）

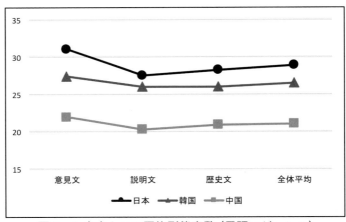

図2　1文当たりの平均形態素数（母語×ジャンル）

第4章 正確で自然な複文の組み立て方 | 61

　上述のように総形態素数はほぼ等しいことを踏まえると、図1、図2から
日本語母語話者（母語話者）→韓国語母語話者（韓国語話者）→中国語母語話
者（中国語話者）の順に、一文が長く、文数が少ないことがわかる。ここで、
平均形態素数について母語×ジャンルの二要因分散分析を行った結果、母語
の主効果は有意であり（F (2,56) =3.26、$p<.05$）、Holm 法による多重比較の
結果、母語話者と中国語話者および韓国語話者と中国語話者の間に有意差が
あった。また、ジャンルの主効果も有意だったが（F (2,112) =3.39、$p<.05$）、
Holm 法による多重比較の結果、各ジャンル間に有意差はなかった。また、
母語とジャンルの交互作用は有意ではなかった。これは、韓国語話者と中国
語話者の間に平均形態素数の差があることと、ジャンルによる差はないこと
を示している。これは、母語話者→韓国語話者→中国語話者の順にレベル差
があることを示唆していると考えられる。

4.2　複文の意味的類型ごとの分布

　次に、複文の意味的類型ごとの分布を見る。この章では、複文の意味的類
型として、並列、継起、条件、原因・理由、逆接・対比、時、目的、その他
という8つの類型を設定した。これらの分布は次の通りである。

表5　複文の全体的分布

	並列	継起	条件	原因・理由	逆接・対比	時	目的	その他	合計
日本	1,016	32	390	185	508	76	23	83	2,313
韓国	851	56	415	203	416	93	56	67	2,157
中国	801	80	418	149	236	107	49	53	1,893

　以下、類型ごとに見ていく。

4.3　並列

　最初に取り上げるのは並列で、ここに含めるのは「て、なく（て）、ず
（に）、しながら、たまま、つつ、たり」である（連用中止節は省略する）。
　全体的な分布は次の通りである。

表6　並列節の分布

	て	なく（て）	ず（に）	し	ながら	たまま	つつ	たり	合計
日本	717	51 ↓	35 ↑	96	43	3	7	64	1016
韓国	431	106	24	99	91	2	3	95	851
中国	547	136 ↑	15 ↓	43	24	3	0	33	801

（↑：有意に多い、↓：有意に少ない（以下、同様））

太線部：$\chi^2 (2) = 32.58$、$p<.01$、Cramer's V = 0.298

　これを見ると、否定の場合、よりフォーマルな文体で使われる「ず（に）」は中国語話者に少なく、よりインフォーマルな文体で使われる「なく（て）」は中国語話者に多いことがわかる。これも、中国語話者の習得レベルが低いという上述の示唆を支持する結果であると言える。

4.4　継起

　次に、継起を見る。ここに含めたのは「てから、たあと、まえ」である。

表7　継起節の分布

	てから	たあと	まえ	合計
日本	21	7	4	32
韓国	35	11	10	56
中国	41	30	9	80

　これに関しては際だった特徴はないが、母語話者の使用数が少ないことは継起的な述べ方がややインフォーマルということを示唆していると言えるかもしれない。

4.5　条件

　続いて、条件を見る。ここに含めたのは「と、ば、たら、なら」と「とすれば」（「とすれば、としたら、とすると」を含む）である。

第4章 正確で自然な複文の組み立て方 | 63

表8 条件節の分布（全体）

	と	ば	たら	なら	とすれば	合計
日本	182	114	40	46	8	390
韓国	209	52	109	25	10	415
中国	162	107	92	56	1	418

　条件節に関しては「と、ば、たら」と「なら」の間に分布上の異なりがあることが庵（2017）で示されている。ここでも、その分析と同じく、「と、ば、たら」と「なら」に前接する語の品詞を見ると、次のようになる（ここで、「形容詞」には「イ形容詞とナ形容詞（形状詞）」を含む。また、「名詞」は「代名詞」を含み、「これ」「それ」「の」は「名詞」に含めた。「助詞」には格助詞ととりたて助詞を含む）。

表9 条件節の分布（品詞別）

	と		ば		たら		なら	
	動詞・形容詞	名詞・助詞・だ	動詞・形容詞	名詞・助詞・だ	動詞・形容詞	名詞・助詞・だ	動詞・形容詞	名詞・助詞・だ
日本	175	7	107	7	40	0	17	29
韓国	201	8	49	3	105	4	7 (0) ↓	18 (4) ↑
中国	161	1	107	0	89	3	34 (9) ↑	22 (5) ↓

（　）内は誤用の数

$\chi^2 (2) = 9.66$、$p < .01$、Cramer's V=0.276

　この表から、「と、ば、たら」については3言語の間に差が見られないのに対し、「なら」では差が見られることがわかる。ここで、日本と韓国の間には差が見られない（$\chi^2 (1) = 0.25$、ns.）のに対し、日本、韓国、中国を比べると有意差があった。このことから、母語話者と韓国語話者のデータは、庵（2017）で見た母語話者のデータ（現代日本語書き言葉均衡コーパス（BCCWJ）と名大会話コーパスに基づく）と同様の分布になっているのに対し、中国語話者のデータは「なら」だけそれとは異なることがわかる。

　ここでは、母語話者と学習者の使い方に大きな違いが見られた「なら」についてやや詳しく見ることにする。「なら」については、韓国語話者、中国

語話者に誤用が見られる。例えば、次のようなものである。

（3）　本はあんまり好きじゃないですが、小説ならすきです。（→は）

（k08-3）

（4）　以前、村といえば多分ほろほろみたい感じが出るかもしれません。でも、今、この町の村なら、びっくりさせるほど、すっかり新しくなりました。（→は）　　　　　　　　　　　　　　（c14-1）

（5）　［晩婚とされるのは］一般的は30歳ぐらいです。30歳になって結婚しないなら、多分忙しくなりました。ほかの人に責められて、いろいろな見合いに参加しなけばならないです。（→と、忙しくなります）　　　　　　　　　　　　　　　　　　　　　（c14-2）

（6）　書中にいる男女の起伏に富んだ運命を思い起こすなら、林黛玉のように寮の廊下の壁に寄りかかって密かに涙をこぼしたことが何回もあった。（→と／ては）　　　　　　　　　　　　　（c57-1）

　このように、学習者の誤用には、1）「は」を使うべきところで「なら」を使う、2）「と」（「ては」）を使うべきところで「なら」を使う、という2つのタイプがある。

　一方、母語話者は、1）恒常的な場合、2）議論のための仮定、として「なら」を使っている。それぞれの例は次の通りである。

（7）　また、鎌倉には寺院が数多く存在し、円覚寺・建長寺・長谷寺・明月院などは寺院好きなら誰もが知っているほど有名な寺院である。（＝であれば）　　　　　　　　　　　　　　　　　（j01-1）

（8）　かつては二十代で結婚するのが当たり前であったようだし、現に私の両親は父親が23歳、母親は21歳の時に結婚したそうだ。私自身も結婚するなら二十代の内に済ませたい。（＝とすれば）

（j17-2）

　また、これ以外に、話しことばでは、3）相手の発話を受ける主題として「なら」が使われることが多い（三上1960、庵2017）。

（9）　A：今朝の朝刊知らない？

　　　B：朝刊 {なら／は}、ソファーの上ですよ。

　上述の（3）（4）の誤用は、この3)の用法が習得されていないことによ

第 4 章　正確で自然な複文の組み立て方　| 65

ると考えられる。

　一方、（5）（6）の誤用は、「と」と「なら」の性質の違いが習得されていないことによると考えられる。すなわち、「なら」は、上記 1) 2) に共通して、「前件が満たされる場合にどのようなことが成り立つか」を述べるものであるのに対し、「と」は、「前件がきっかけになって後件が引き起こされる」ことを表すのが基本である（（6）のように多回性を述べるときには「ては」も使われる）。

4.6　原因・理由

　次に、原因・理由について見る。ここに含めたのは、「から、ので、ために、のだから、からこそ、以上」である。

表 10　原因・理由節の分布

	から	ので	ために	のだから	からこそ	以上	合計
日本	31 ↓	76 ↓	66 ↑	4	7	5	189
韓国	46	126 ↑	22 ↓	0	5	4	203
中国	60 ↑	68	14 ↓	0	7	0	149

$\chi^2 (4) = 69.94$、$p<.01$、Cramer's V=0.262

　表 10 で、「から、ので、ために」と母語の 3 × 3 のカイ二乗検定を行った結果は上記の通りであった。ここで、「から」「ので」「ために」の順に、中国語話者、韓国語話者、母語話者の使用頻度が高まっているのは、この順に書きことば的であること、および、そのことがレベルを追って習得されていることの反映と見ることができよう。

4.7　逆接・対比

　続いて、逆接・対比について見る。ここに含めたのは、「が・けど、のに、ても、ては、ものの、一方」である。

表11 逆接・対比節の分布

	が・けど	のに	ても	ては	ものの	一方	合計
日本	365	10	118	7	5	3	508
韓国	260	22	126	1	6	1	416
中国	141	11	82	1	1	0	236

　表11から中国語話者の「が・けど」の使用頻度の低さがわかる。ここで、「が・けど」には次のような「前置き」や「譲歩」を表す用法がある。

　（10）　お尋ねしますが、一橋大学はどう行けばいいでしょうか。

　（11）　彼の意見は正しいかもしれないが、言い方には問題がある。

　作文コーパスの実例としては次のようなものがある。

　（12）　私の家の目の前には広い畑があるのだが、その畑で野生のキジを
　　　　　何度か見かけた。　　　　　　　　　　　　　　　　　　　（j13-1）

　（13）　韓国で晩婚化が進む原因も複雑、といっても良いほどさまざまな
　　　　　ことが挙げられるでしょうが、私はやはり、金銭的な問題が、今
　　　　　の韓国では一番大きな原因だと思います。　　　　　　　　（k22-2）

　ここで、「が・けど」の中で「前置き」「譲歩」を表すものとして、「だろうが、のだが、と思うが、かもしれないが」を選び、その頻度を調べると次のようになった（これら以外にも「前置き」「譲歩」を表すものはあり得るが、形式的に決めがたいのでここではこれらの形式に限定する）。

表12 「前置き」「譲歩」の形式

	「だろうが」など	「が・けど」全体
日本	89 ↑	365 ↑
韓国	43	260
中国	4 ↓	141 ↓

$\chi^2(2)$ =21.34、$p<.01$、Cramer's V=0.158

　ここで、「だろうが」などの形式と母語の2×3のカイ二乗分析の結果は、上記の通りであった。これから、中国語話者の「が・けど」の使用数の低さの原因は、こうした逆接のプロトタイプから外れた「が・けど」の用法が未習得であることによる可能性が高いと言える。

4.7　時

　次に、時に関する節を見る。ここに含めたのは、「とき、際、場合、と同時に、まで、までに、あいだ、うちに」である。

表 13　時に関する形式の分布

	とき	際	場合	と同時に	まで	までに	あいだ	うちに	合計
日本	30	7	6	3	10	3	1	16	76
韓国	63	1	1	2	7	4	3	12	93
中国	80	0	1	3	11	1	1	10	107

　ここでは、母語話者は「とき」よりもよりフォーマルな形式である「際」や「場合」を用いている（表 13 以外に、母語話者は「折」を 1 例使用している）ことと、学習者は「とき」節を母語話者よりも多用していることがわかる。後者については、中国語話者、韓国語話者、母語話者の順で「とき」の使用率が減ってきていることから、「とき」を使った (14) のような述べ方だけでなく、(15) のような述べ方もできるようになることが必要であると考えられる。

　　(14)　私の考えを聞いた<u>とき</u>、たくさん両親は原因をたずねるかもしれ
　　　　　ない。（「聞くと」も可能）　　　　　　　　　　　　　　　　(c12-2)
　　(15)　「切子」という言葉を聞く<u>と</u>、江戸切子を最初に思い浮かべる人
　　　　　が多いのではないでしょうか。（「とき」も可能）　　　　　　(j20-1)

　宮部 (2017) で指摘したように、今後は、「と、たら、て、とき、場合」などの表現がテキスト内でどのようにすみ分けているかを考察し、学習者に提示していく必要がある。

4.8　目的

　続いて、目的を見る。

表14　目的節の分布

目的	ために	ように	合計
日本	17	6	23
韓国	41	15	56
中国	43	6	49

　ここでは、目的節として、「ために」と「ように」を取り上げた。これに関しては稲垣（2009）などで中国語話者の「ために」の過剰使用が指摘されている。今回のデータでも、中国語話者（および韓国語話者）の「ために」の使用割合は高いが、「ために」に関する誤用はほとんど見られなかった。

4.9　その他

　最後に、その他を挙げる。ここに含めたのは、「ように、たところ、た結果、上（に）、だけで、だけでなく、たび、ほど、より、通り、とともに、限り」である。

表15　その他の節の分布

	ように	たところ	た結果	上（に）	だけで	だけでなく	たび	ほど	より	通り	とともに	限り	合計
日本	18	3	6	1	16	4	6	15	6	3	2	3	83
韓国	23	1	2	1	9	4	5	14	3	3	0	2	67
中国	5	1	2	1	2	13	7	6	2	9	4	1	53

4.10　文の長さとの関連

　以上、複文の意味的類型ごとに特徴を見てきたが、もう1つ今回のデータからわかったのは従属節のタイプと文の長さの関係である。これについて、南（1974）のB類従属節とC類従属節で従属節の種類と文の長さ（平均形態素数）を調べると次のようになった。文の長さは**4.1**と同様の方法で測った。

表16　従属節の種類と文の長さ

	と	ば	たら	なら	ても	のに	から	ので	が・けど	し	全体平均
日本	34.99	38.91	37.70	35.77	37.15	36.88	37.23	40.58	41.96	41.97	39.28
韓国	31.00	37.69	33.45	33.00	34.02	39.82	32.26	36.52	38.10	37.80	35.16
中国	27.82	29.39	30.45	26.49	29.63	40.36	32.95	27.85	35.59	33.98	30.70
全体平均	31.39	35.09	33.02	33.00	33.63	39.39	33.69	35.48	39.58	38.79	35.41

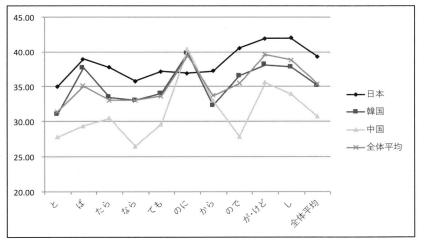

図3　従属節の種類と文の長さ

　表16と図3から、全体として、C類従属節（「が・けど、し」）の方がB類従属節よりも文が長くなっていることがわかる。これは、C類に次のように、他の従属節を含むような例があることにも関連がある。

　　（16）　とはいえ実は私自身は1歳と数か月までしか広島には住んでおらず、それからはずっと東京に住んでいるので広島に住んでいた記憶は無いが母の出身も市は違えど広島県出身であり毎年夏に帰省している。　　　　　　　　　　　　　　　　　　　　（j12-1）
　　（17）　恋愛が進展していくうち、結婚という選択が視野に入ってくるでしょうが、先ほど述べたように、結婚を、他のライフスタイルと

の比較の中で選択する可能性は高いとは言えないでしょう<u>し</u>、今までに交際した人と比較して、現在恋愛している人と結婚するという選択に至らないかもしれない。 (j05-2)

5. 改善点と指導法

以上見てきたことから、複文に関する学習者の習得上の困難点を挙げると、次のようになる。

(18) a. 文体差がある類義表現のうち、フォーマルな場面で使われる形式を使う（「ず（に）」「ために（理由）」）

   b. 異なる意味的類型の表現を含め、表現上のバリエーションを増やす（「とき、場合、て、と、たら」）

   c. 2つ以上の機能を持つ表現について、それぞれの機能を正確に習得する（「なら」「が・けど」）

   d. 複数の従属節を統合して1つの節を作ることを通して、長い文を書く（「が・けど、し」）

このことを踏まえて、以下ではシラバスを提案する。

5.1 初中級レベルにおける「複文シラバス」

初中級レベルでは、(18a) が問題となる。すなわち、まず、類義形式の間に文体差があることを知ること、次に、それぞれの形式を適切なテキストタイプで使えるようになることが重要である。また、「なら」については、まずは「主題」を表す形式として導入することが望ましい。

5.2 中上級レベルにおける「複文シラバス」

中上級レベルでは、(18b)(18c) が問題となる。まず、「なら」については、「議論のために仮定する」という (19) のような用法を習得する必要がある。この意味は「とすれば」類でも表せるが、「と、ば、たら」では表せないので、注意が必要である（庵 2017）。

(19) 私の人生を振り返った時、趣味と呼べるものがあるの<u>ならば</u>、それは読書だけだと思います。 (j09-3)

第 4 章　正確で自然な複文の組み立て方 | 71

(19)′　趣味と呼べるものがある {とすれば／とすると／としたら} 〜

(19)″×趣味と呼べるものが {あれば／あると／あったら} 〜

　また、「とき、場合、て、と、たら」のように、類似の表現間の使い分け
を意識させることが必要となる。

5.3　上級レベルにおける「複文シラバス」

　上級レベルでは、ともに「長い1文」を書くために必要である (18c)
(18d) が重要になる。

　まず、(18c) については、「が・けど」の「前置き」「譲歩」の用法を含
む、次のような文が書けることが目標となる。こうした表現は、自分の主張
についてのコメントとなるため、文全体が長くなるのである。

　(20)　これ [桜島] の火山灰も意外と観光資源になります。地元の人に
　　　　とっては迷惑なものでしかないのですが、観光する人々にとって
　　　　は、普段決して体験できないような貴重な体験ができるというこ
　　　　ともあってか、桜島が噴火していると大喜びします。　　(j20-1)

　一方、(18d) については、1文の中にいくつも従属節を含む (21) のよう
な長い1文が書けるようになることが目標となる。こうした文では、文の
複雑さが増すことによって、文全体が長くなるのである。

　(21)　恋愛が進展していくうち、結婚という選択が視野に入ってくるで
　　　　しょうが、先ほど述べたように、結婚を、他のライフスタイルと
　　　　の比較の中で選択する可能性は高いとは言えないでしょうし、今
　　　　までに交際した人と比較して、現在恋愛している人と結婚すると
　　　　いう選択に至らないかもしれない。　　　　　　　　　(j05-2)

　以上をまとめると次のようになる。

表11 レベル別による複文シラバス

初中級レベル
・文体差がある類義表現のうち、フォーマルな場面で使われる形式を使えるようになる ・「なら」の主題としての用法を習得する

中上級レベル
・「と、ば、たら」では表せない「なら」の用法を習得する ・「とき、場合、て、と、たら」のような機能的に類似する形式間の違いを意識して使い分けられることを目指す

上級レベル
・「が・けど」の「前置き」「譲歩」の用法を用いて、自らの主張にコメントをするといった形で、長い1文を書けるようになることを目指す ・複数の従属節を統合して1つの節を作ることを通して、長い1文を書くことを習得する

6. おわりに

この章では複文について考察した。複文については、文体差、機能差を習得することがまずは必要である。また、機能的に類似した形式間の使い分けや、「条件」と「主題」のように異なる意味的類型に属する形式を使いこなせるようになることも重要である。さらに、複数の節を組み合わせて長い1文が書けることも、論理的な文章を書く上で重要なポイントであることが確認された。

引用文献

有田節子 (2007)『日本語条件文と時制節性』くろしお出版.

庵功雄 (2017)『一歩進んだ日本語文法の教え方1』くろしお出版.

稲垣俊史 (2009)「中国語を母語とする上級日本語学習者による目的を表す「ために」と「ように」の習得」『日本語教育』142, pp. 91–101.

奥田靖雄 (1986)「条件づけを表現するつきそい・あわせ文 —— その体系性をめぐって ——」『教育国語』87, pp. 2–19, むぎ書房.

言語学研究会・構文論グループ (1985)「条件づけを表現するつきそい・あわせ文 (一) —— その1・まえがき ——」『教育国語』81, pp. 19–31, むぎ書房.

坂原茂（1985）『日常言語の推論』東京大学出版会.

田窪行則（1987）「統語構造と文脈情報」田窪行則（2010）『日本語の構造』くろしお出版に再録，pp. 7–18.

田窪行則（1993）「談話管理理論からみた日本語の反事実条件文」益岡隆志（編）『日本語の条件表現』pp. 169–183，くろしお出版.

仁田義雄（1987）「条件づけとその周辺」『日本語学』6(9)，pp. 13–27，明治書院.

野田尚史（1989）「文構成」宮地裕（編）『講座日本語と日本語教育　第1巻日本語学要説』pp. 67–95，明治書院.

野田尚史（2002）「1　単文・複文とテキスト」野田尚史・益岡隆志・佐久間まゆみ・田窪行則『日本語の文法4　複文と談話』pp. 3–62，岩波書店.

蓮沼昭子（1993）「「たら」と「と」の事実的用法をめぐって」益岡隆志（編）『日本語の条件表現』pp. 73–97，くろしお出版.

前田直子（1991）「「論理文」の体系性 ── 条件文・理由文・逆条件文をめぐって ──」『日本学報』10，pp. 29–43，大阪大学.

前田直子（2009）『日本語の複文 ── 条件文と原因・理由文の記述的研究 ──』くろしお出版.

前田直子（近刊）「『基本文型の研究』における条件文の分類」庵功雄・石黒圭・丸山岳彦（編）『時間の流れと文章の組み立て ── 林言語学の再解釈 ──』ひつじ書房.

益岡隆志（1997）『新日本語文法研究2　複文』くろしお出版.

三上章（1960）『象は鼻が長い』くろしお出版.

南不二男（1974）『現代日本語の構造』大修館書店.

南不二男（1993）『現代日本語文法の輪郭』大修館書店.

宮部真由美（2017）『現代日本語の条件を表す複文の研究 ── ト条件節とタラ条件節を中心に ──』晃洋書房.

Iori, Isao (to appear) "5 The layered structure of the sentence." Masayoshi Shibatani, Shigeru Miyagawa and Hisashi Noda (eds.) *Handbook of Japanese Syntax*. Berlin/Boston: De Gruyter Mouton.

付記

　第1章、第2章、第4章は、全て科研費17H02350（研究代表者：庵功雄）の研究成果の一部である。

第5章

正確で自然な
句読点の打ち方

岩崎拓也

1. はじめに

　日本語教育における作文の授業の中で扱われる項目は、作文における表現方法や構成などに関する項目が主であり、句読点が学習項目として取り上げられることはあまりない。また、学習者が宿題として書いた作文に対する日本語教師の添削は、原稿用紙の使い方や文と文のつながり、文法的な誤用に対するものがほとんどではないだろうか。これは、豊富にある語彙や表現の誤用に比べて、句読点は「、」と「。」だけであるため、学習者も日本語教師も重要視していないのだろう。だが、実際に日本語学習者が書いた作文を読むと、句読点が適切でないためか、どこで文が区切れているのかわからなかったり、区切りが多すぎて煩わしさを感じたりすることがある。私の経験から言っても、これらは学習者の個人的な問題ではなく、学習者共通の問題であると考えられる。

　そこで、この論文では句読点の規範性を示すための最初の試みとして、複文を対象に日本語母語話者と日本語学習者がそれぞれ構造的な読点を打っているか、分析を行い、それを指導法に還元することを目指す。具体的には、以下の2点を明らかにすることを目的として分析と考察を行う。

　　（1）　複文において、日本語母語話者と日本語学習者が構造的に句読点
　　　　　を打っているのか。

（2）　読点が構造的に打たれている場合、なぜ読点を打っているところ
　　　　と打っていないところがあるのか。

　その後、学習者のレベル別にどのような指導を行えば、より正確で自然な
句読点が打てるようになるかを提案する。

　以下、**2.** では、まず、先行研究を紹介した上で、作文教育における句読
点の指導の必要性を説明し、この研究の意義について論じる。**3.** で使用し
たデータと分析方法について説明し、**4.** でその結果を示す。**5.** ではその結
果をもとに学習者の読点の打ち方の問題点とその改善法の提案を行う。
6. はまとめである。

2.　句読点指導がなぜ作文シラバスに必要なのか

　句読点に関する研究は古くから行われている。例えば、最も古い句読点研
究であるとされる権田（1895）では、「讀ハ、（中略）文の屬きの長き所を、
誦詠に便きほどに適へて、切るものなれば、一概にハ定め難し。」（p. 13）と
読点の規則を定めることの難しさを指摘しつつ、古書の句読点をもとに句法
一つと読法五つを定めている。他にも、大類の一連の研究（1987、1990、
1998 など）や本多（1982）も有名である。これらの研究は句読点を「呼吸」
だけでなく「論理」として扱っており、この視点はその後の句読点研究に大
きな影響を与えている。

　日本語学の分野においても、句読点を対象とした研究が行われている。し
かし、近年においても村越（2013）が「読点の打ち方に関する問題が混沌と
した状態」（p. 11）であると指摘するなど、問題が山積していることは確か
である。これは、読点を打つ基準には統語論的基準、意味論的基準、語用論
的基準といった様々な変数が混在しているなかで、句読点をどのように示し
たらいいか不明瞭である現状を意味している。実際には、文部省（1963）
「句切り符号の使ひ方〔句読法〕（案）」の中で句読点の打ち方が規定されてい
るが、一般に広まっていないというのが現状である。これは日本語母語話者
であっても、適切に句読点を打つことができない可能性があることを示唆し
ている。また、学習者の立場に翻ってみると、どこに句読点を打つのが適切
なのかがわからない、ということである。

しかし、英語やロシア語のような句読点使用における正書法というものが存在しないと言われている日本語においても、同じく論理的な文章を生成することができる以上、文章構造を基盤とした句読点の打ち方というものが存在しているはずである。主語や副詞節の後に読点を打つことや、連用中止法、接続助詞「が」の後に読点が打たれる傾向があるという石黒 (2004) の指摘は、書き手が句読点を1つの単位として認知し、運用していることにほかならない。つまり、句読点は文章における情報を持つ単位であり、かつ、書き手の意識と読み手の読みやすさを繋ぐ単位であることがわかる。この句読点の研究は、日本語学習者にとっては今まで明示されていなかった傾向を示すことで修飾関係や文のつながり、読みやすさを意識するきっかけになり、適切な句読点を打つことができるようになるであろう。また、日本語母語話者にとっても、直感では気付くことができなかった句読点の打ち方に関する傾向を明らかにすることができ、国語教育への貢献も期待される。

一方で、日本語教育学の立場から見た句読点に関する先行研究は多くない。

中国人日本語学習者を扱った北村 (1995) では、日本語と中国語の「文」とは概念が異なるため、日本語母語話者が「。」を使うところで、中国人日本語学習者は「、」を使用することがあると指摘している。

佐藤 (2000) では、日本語教育の観点を踏まえ、従来の日本語学で言われていた句読点の規則を再検討しているものの、「依然として確たる規則を持つには至っていない」(p. 16) と読点の規則の難しさを述べている。

小林 (2005) では、複数の意味や接続の形がある「ために」と「によって」を例に挙げて読点との関係を調べている。その結果、これらの文型は基本的に読点が付くが、必須ではなく、「この文型には読点が必ず伴う」と一概には言えないことを指摘している。

薄井・佐々木 (2013) では、「中国人学部留学生の場合、手書きでもワープロ打ちでも句点 (。) を打つべきところに読点 (「、」または「,」) を打つ誤用が散見された。」(p. 66) とする一方で、「経験上、韓国人学部留学生にはこのような誤用は見られない。」(p. 66) と中国人・韓国人日本語学習者の作文における句読点の誤用について指摘している。しかし、この章のデータと

同じデータを分析した岩崎（2016）では、日本語母語話者と中国人・韓国人日本語学習者とでは、それぞれ句読点の使用について偏りがあることを明らかにしている（表1）。

表1　日本語母語話者と日本語学習者の句読点使用の多寡

	読点（、）の使用	句点（。）の使用
中国人 日本語学習者	日本語母語話者より 多い	日本語母語話者より 多い
韓国人 日本語学習者	日本語母語話者より 少ない	日本語母語話者と 有意差なし

　このように、句読点の打ち方に関してそれぞれ偏りがあるということは、日本語教育（作文教育）の中において指導項目として取り上げるべきだと私は考える。しかし、日本語母語話者が国語教育において句読点の正しい使用法を学んでいないという現状の中、日本語学習者に一概に句読点の規範性を示すことは困難である。そのためか、学習者に対する句読点を体系的に指導する先行研究は管見の限り見当たらない。そこで、この章で複文における句読点指導の試案を示すことで、現場の日本語教育への提案を行う。

3.　読点の分析の方法
　この章では読点の分析と考察の対象を複文のみに限定する。とりたて助詞や格助詞、接続詞や副詞といった品詞の後にも読点が打たれることが多いことは確かである。しかし、これらの読点の使用は構造的な読点のみならず、意味論的または語用論的な読点としての打たれ方が多く、学習者に対する指導も複雑化するため、今回は考察の対象から外し、別稿に譲ることにする。
　以下、分析の進め方について説明を行う。
　目的（1）を対象にした分析では、まず、JCK作文コーパスの作文データを取り出し、文の構成要素として節を二つ以上含む複文を対象とした。そして今回、従属節を分類するにあたり、南（1974、1993）、田窪（1987）の文の階層性の考え方、いわゆる「南モデル」をもとに、どのレベルでの読点使用が多く見られるのか分析を行った。
　表2は今回対象とした従属節の一覧である。なお、今回D類は考察の対

象から除外した。

表2　この研究で対象とした従属節

A類	ながら（継起）、つつ、ように（目的）、まま、ために（目的）
B類	ながら（逆接）、ように（比況）、ために（理由）、 から（行動の理由）、と、なら、ならば、たら、ば
C類	が（逆接）、ので、から（判断の根拠）、けれど（も）、し

　また、南モデルでは、て形と連用中止の分類をその意味により各類に分類している。しかし、学習者に読点の打ち方を指導する際に、「このて形の用法の場合は、読点を打って…、この場合は打たないで…」という指導は学習者にとっても教師にとっても負担が重く、建設的でないため、また、用法を区別することが難しいこともあり、今回は一元的に扱うことにした。

　検索には、全文検索システム『ひまわり』（ver.1.5.4）を使用した。対象となる表現を入力し、文字列検索を行った後、品詞などから選別を行い、抽出した。その後、抽出したテキストデータを Excel で開き、最終的には例文を目視で判断し、直後の読点の有無を確認しながらカウントした。なお、主節で現れる表現についてはカウント外とした（たとえば「～つつ、～。」を抽出する際、「～つつある。」の形のものは含めなかった）。また、今回は合計頻度が10以下の従属節は対象外としている。

　今回使用するデータにおける句読点の情報を提示しておく。なお、形態素解析は MeCab（ver. 0.996）、辞書には unidic-mecab2.1.2 を使用した。

　表3は、形態素解析結果をもとに、日本語母語話者と中国人・韓国人日本語学習者のそれぞれの句読点の使用頻度を抽出したものである。表4はSPSS（ver. 22）を使用し、母語別による形態素と句読点の総数と平均値と標準偏差を計算したものである。

表3　母語別による形態素と句読点の総数

	形態素数	読点数	句点数
日本語母語話者（以下、日本）	78,206	3,570	2,668
中国人日本語学習者（以下、中国）	78,341	4,554	3,670
韓国人日本語学習者（以下、韓国）	78,532	2,800	2,919

表4 母語別による平均値と標準偏差

		形態素数	読点数	句点数
日本	平均値	1,303.43	59.50	44.47
	標準偏差	58.29	15.84	10.72
中国	平均値	1,305.68	75.90	61.17
	標準偏差	81.25	24.28	15.16
韓国	平均値	1,308.85	46.67	48.65
	標準偏差	59.75	22.31	8.66
全体	平均値	1,305.99	60.69	51.43
	標準偏差	66.91	24.19	13.75

　目的（2）で行う分析では、目的（1）での分析の結果をうけ、日本語母語話者がどの場合に読点を打たずに作文を書いているのか、その傾向を明らかにすることを目指す。その後、学習者の母語別による読点の使用傾向を踏まえ、初級から上級にかけての文型を対象として、どのような指導を行えば、複文において自然に句読点が打てるようになるか提案する。

4. 読点の分析の結果

4.1 そもそも日本語母語話者の句読点は構造的なのか

　ここでは、日本語母語話者の複文における読点の現れ方について結果を示す。表5は読点の有無の実数とその割合である。図1は類ごとに読点の使用頻度順に並び替えたものをグラフ化したものである。

表5 日本語母語話者の従属節における直後の読点の有無

従属節		直後に読点あり		直後に読点なし		合計
A類	ために（目的）	2	10%	18	90%	20
	ながら（継起）	4	13%	26	87%	30
B類	ように（比況）	13	33%	27	68%	40
	から（行動の理由）	6	40%	9	60%	15
	と	86	45%	105	55%	191
	なら	7	21%	26	79%	33
	ならば	8	44%	10	56%	18
	たら	11	24%	34	76%	45
	ば	62	40%	94	60%	156
	ながら（逆接）	8	35%	15	65%	23
C類	が（逆接）	326	89%	41	11%	367
	ので	41	49%	43	51%	84
	から（判断の根拠）	8	62%	5	38%	13
	し	89	98%	2	2%	91

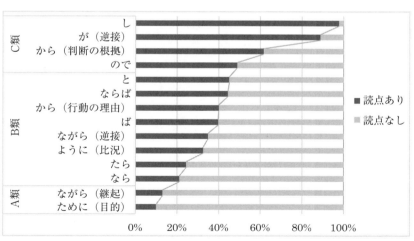

図1 日本語母語話者の従属節における直後の読点の有無

表5と図1から明らかなように、日本語母語話者の複文における読点は、A類が20%までの範囲、B類が20%から50%の範囲、C類は約50%以上で打たれていることがわかった。

　今回対象とした従属節の接続助詞は、基本的には読点を打っても問題がないと言える文節である。しかし、今回の分析結果から見れば、従属節の独立度が高ければ高いほど読点が打たれる、という結果になった。では、なぜ独立度が低い従属節には読点が打たれていなかったのか。実際の例文を観察したところ、3つの傾向が見られた。

　1つ目は、（3）のような名詞修飾に内包される場合である。名詞や代名詞「こと」や「の」などの名詞節に含まれるものには読点が打たれず、続けて書かれていた。

　　（3）　また、晩婚化を止める<u>ために</u>政府ができる<u>こと</u>もあるだろう。

(j01-2)

　2つ目は、（4）や（5）のように、同じ類や他の大きな類の従属節に内包されている場合である。

　（4）ではB類の「ように（比況）」が同じB類の「ば」の中で内包されており、（5）ではB類の「たら」がD類の「と」に内包されて使用されていることがわかる。

　　（4）　男性と同じ<u>ように</u>自分で自分の身を立ててキャリアアップを目指せ<u>ば</u>、結婚しなくてもお金に不自由することはないでしょう。

(j21-2)

　　（5）　部活の同期や後輩とは、就活が終わっ<u>たら</u>また旅に行く計画を立てよう<u>と</u>すでに約束済み。　　　　　　　　　　　(j10-3)

　そして3つ目は、（6）や（7）のように、他の従属節が継起的、並列的に使用されている際の最後で使用されていた場合である。

　　（6）　私はたまたま深夜テレビで見た芸人をどうしてもライブで見たい<u>と</u>思い、調べてみると渋谷で500円で見れることが判明<u>し</u>、それからお笑いライブの<u>ために</u>渋谷に行くようになった。　　(j06-1)

　　（7）　カンボジアのアンコールワットでの夕焼けは今まで見た景色の中でも格別であった<u>し</u>、東南アジアの様々なエスニック料理を味わ

うことができた<u>し</u>、貧乏宿で出来た海外の友人と酒を飲み<u>ながら</u>
一晩中語り明かしたりもできた。　　　　　　　　　　　　　　（j08-3）

　そのほかに、今回の分析から、C 類では先行研究の指摘と同様に「が」に
多く読点が使用されていたが、それ以上に並列を表す「し」の直後の読点使
用が際立っていることが新たにわかった。

　また、「から」「ので」に関しては、他の C 類よりも差があった。「から」
は南（1974、1993）では C 類だが、田窪（1987）などでは B 類とされており、
「ので」は南（1974、1993）では B 類だが、田窪（1987）などでは C 類では
ないかと指摘されている。この句読点の有無の結果からは、「から（判断の
根拠）」と「ので」は B 類に近いふるまいが伺えた。

　以上のように、日本語母語話者が書いた複文は、A 類から C 類にかけて
従属節の独立度が高くなればなるほど読点が使用される、という傾向が明ら
かになった。しかし、読点が打たれていなかった例は、名詞修飾の内部や同
じ類や他の大きな類の修飾節の内部、他の従属節が継起的、並列的に使用さ
れている場合の最後の従属節だった場合であり、それ以外の場合には、今回
対象となった従属節には基本的に読点を打っても問題はないと言える。

　この結果は語用論的な読点、すなわち、修辞的な効果を狙った読点が使用
されていないということでは決してない。しかしながら、基本的には日本語
母語話者の複文に使用される読点は、構造的に打たれた読点であるというこ
とができる。

4.2　中国人日本語学習者は B 類での読点使用が多い

　次に、読点の使用が日本語母語話者や韓国人日本語学習者よりも多い中国
人日本語学習者の読点の使用について考察していく。

　表 6 と図 2 は、**4.1** の日本語母語話者の分析と同様の方法で中国人日本語
学習者の作文データを調べた結果である。

表6　中国人日本語学習者の従属節における直後の読点の有無

従属節		直後に読点あり		直後に読点なし		合計
A類	ために（目的）	31	53%	27	47%	58
	ながら（継起）	13	45%	16	55%	29
	ように（目的）	3	30%	7	70%	10
B類	ように（比況）	13	27%	36	73%	49
	から（行動の理由）	26	90%	3	10%	29
	と	123	75%	42	25%	165
	なら	51	80%	13	20%	64
	たら	73	71%	30	29%	103
	ば	154	82%	33	18%	187
C類	が（逆接）	109	87%	17	13%	126
	ので	71	89%	9	11%	80
	から（判断の根拠）	25	96%	1	4%	26
	し	43	100%	0	0%	43
	けれど（も）	18	100%	0	0%	18

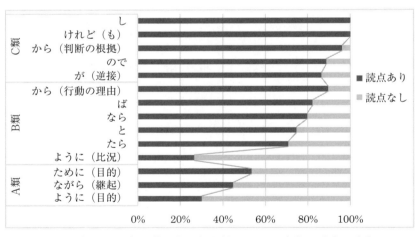

図2　中国人日本語学習者の従属節における直後の読点の有無

　各類の読点の使用の比率については、中国人日本語学習者も日本語母語話者と同様に、A類からC類にかけて読点が打たれる割合が高くなっていた。

A類が30%から約50%までの範囲、B類が約30%から90%の範囲、C類に至っては、ほぼ90%以上の割合で読点が打たれていた。これは各従属節によって多少の差はあるものの、中国人日本語学習者はB類以上の従属節に読点を打つ傾向があると言える。

今回、B類に分類した「ように（比況）」については、読点が打たれる割合が27%とA類並みの読点の使用率であった。しかし、日本語母語話者の使用率と比較した場合、B類の従属節として際立って少ないわけではない。

日本語母語話者と中国人日本語学習者の読点使用の実数を類ごとに比較したものが次の図3である。なお、比較するにあたってどちらのデータでも確認された従属節のみを抽出し、計算した上でグラフ化している。

類ごとの読点の有無をそれぞれカイ二乗検定にかけたところ、全ての類において有意差が確認され（A類：$\chi^2(1) = 18.755, p<.01$、B類：$\chi^2(1) = 133.617, p<.01$、C類：$\chi^2(1) =5.996, p<.05$）、残差分析の結果、中国人日本語学習者の読点ありが有意に多いことがわかった。

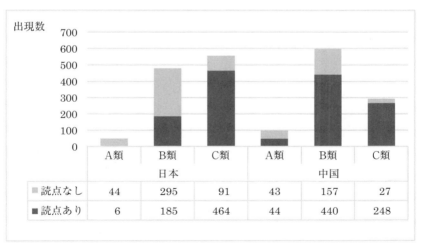

図3　日本語母語話者と中国人日本語学習者の読点の有無

なお、実数を比較した場合、日本語母語話者はA類からC類にかけて出

現頻度が増えているが、中国人日本語学習者はＢ類、Ｃ類、Ａ類の順で出現頻度が多い。Ｃ類の出現頻度が少ないということは、複文が少なく単文が多いということであり、岩崎（2016）の「中国人日本語学習者は句点の使用量が多い」という結果と相関がある。また、読点ありの箇所を見た場合、Ａ類とＢ類の読点使用が、日本語母語話者に比べて中国人日本語学習者は多いことがわかる。

　以上のように、中国人日本語学習者は全体的に読点の使用率が高いものの、Ａ類からＣ類にかけて構造的に読点が打れていた。その一方で、日本語母語話者と共通する接続助詞をそれぞれ取り上げて実数を比較した場合、Ａ類からＣ類までの全ての類において中国人日本語学習者の読点使用が多いことがわかった。さらに、単純に実際の出現数を比較して観察した場合、Ａ類とＢ類での読点使用が極端に多いことがわかった。このＡ類とＢ類での読点使用の多さが、中国人日本語学習者の作文に読みにくさを感じる一因であると考えられる。

4.3　韓国人日本語学習者は従属節ごとに差がある

　次に、韓国人日本語学習者の複文における読点の有無を考察していく。

　次頁の表7と図4から明らかなように、韓国人日本語学習者の複文における読点は、Ａ類が約15%までの範囲、Ｂ類が18%から50%の範囲、Ｃ類は約14%から100%の範囲で打れていることがわかった。Ａ類とＢ類は、ほぼ日本語母語話者の読点の比率と変わらない結果になった。

　しかし、Ｃ類は「から（判断の根拠）」の14%から「し」の85%までと大きな差が観察された。また、「から」「ので」にはＣ類ではなくＢ類だという先行研究の知見を考慮したとしても、韓国人日本語学習者の「から」「ので」の読点使用が極端に少ないことがわかった。

表7 韓国人日本語学習者の従属節における直後の読点の有無

従属節		直後に読点あり		直後に読点なし		合計
A類	ために（目的）	2	4%	51	96%	53
	ながら（継起）	15	16%	80	84%	95
	ように（目的）	1	6%	15	94%	16
B類	ように（比況）	12	25%	36	75%	48
	から（行動の理由）	3	18%	14	82%	17
	と	65	33%	134	67%	199
	なら	8	33%	16	67%	24
	たら	48	36%	84	64%	132
	ば	14	23%	47	77%	61
	ながら（逆接）	6	50%	6	50%	12
C類	が（逆接）	225	89%	29	11%	254
	ので	62	43%	83	57%	145
	から（判断の根拠）	4	14%	24	86%	28
	し	85	85%	15	15%	100

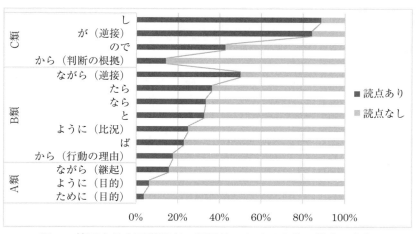

図4 韓国人日本語学習者の従属節における直後の読点の有無

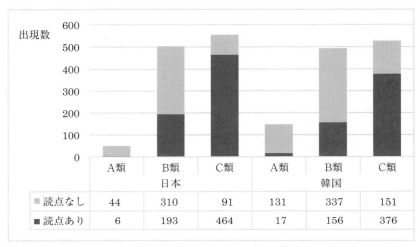

図5　日本語母語話者と韓国人日本語学習者の読点の有無

　日本語母語話者と韓国人日本語学習者の読点使用の実数を類ごとに比較した図5を見ると、各類の読点の総数については差がないように見える。しかし、類ごとの読点の有無をカイ二乗検定にかけたところ、B類とC類に関しては有意差があり（B類：$\chi^2(1) = 4.658, p<.05$、C類：$\chi^2(1) = 22.686, p<.01$）、残差分析の結果、B類もC類も韓国人日本語学習者の読点なしが有意に多いことがわかった。

　韓国人日本語学習者の複文で使用される読点について、日本語母語話者と共通して観察された接続助詞を比較すると、A類については有意差が確認されなかったため、日本語母語話者と同じ傾向にあると言える。しかし、B類とC類に関しては有意差があり、残差分析の結果からB類とC類に韓国人日本語学習者の読点不使用が有意に多いと言える。

4.4　て形と連用中止法について

　ここでは、今回、複文を対象に句読点の分析をするにあたり、A類、B類、C類にまたがるため、特定の類に収められなかった、て形と連用中止法と読点の関わりについて考察していく。

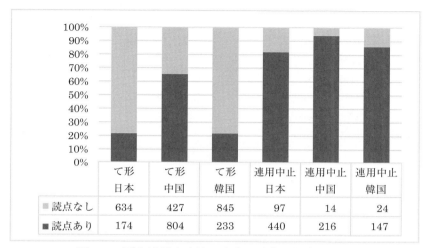

図6　て形と連用中止法の直後の読点の頻度と割合

　上の図6は、て形と連用中止法の読点の有無をグラフ化したものである。
　まず、て形について見ていく。て形の総出現数を計算すると、韓国人日本語学習者、中国人日本語学習者、日本語母語話者の順に、て形の使用が多いことがわかった。しかし、読点の有無の比率を見ると、日本語母語話者と韓国人日本語学習者はほぼ変わらない比率（日本21.5%、韓国21.6%）である一方で、中国人日本語学習者の過剰使用が際立っていた（中国65.3%）。そこで、日本語母語話者と中国人日本語学習者、日本語母語話者と韓国人日本語学習者とでカイ二乗検定をかけたところ、日本語母語話者と中国人日本語学習者の間で有意差が認められ（日中：$\chi^2(1)$ =372.829, p<.01、日韓：$\chi^2(1)$ =0.000, ns）、残差分析の結果、中国人日本語学習者の読点使用が統計的には多いことが確認された。
　また、連用中止法の総出現数は日本語母語話者、中国人日本語学習者、韓国人日本語学習者の順に多かったが、読点使用率は全ての国籍で80%以上であった（日本：81.9%、中国：93.9%、韓国：86.0%）。て形と同様にカイ二乗検定をかけた結果、中国人日本語学習者の読点使用が今回の統計上多いことがわかった（日中：$\chi^2(1)$ =17.705, p<.01、日韓：$\chi^2(1)$ =1.215, ns）。

つまり、て形と連用中止法を比較すると、連用中止法はほとんどの場合で読点が打れるが、て形の後では、読点が打れることが比較的少ない。しかし、母語別に観察すると、日本語母語話者と韓国人日本語学習者のふるまいは近似しているが、中国人日本語学習者は読点使用が統計的にも多いことがわかった。て形に関しては、全体として中国人日本語学習者のて形の使用が多い上に読点の使用も多いため、日本語母語話者から見た場合に非流ちょう性を感じると考えられる。

4.5 読点による句点の代用について

ここでは、薄井・佐々木 (2013) での指摘を踏まえ、中国人日本語学習者が句点で示すべきところを読点で示している例を調査した。データの抽出は、全ての作文から目視で判断を行った。その結果、句点を打つべきところに読点を使用している誤用例は 170 例観察された。ここでは誤用の傾向を挙げ、実例を元に修正方法を紹介する。

（8） 活用ができていない例

（9） 文がうまく区切れていない例

（10） 文末に読点を付けていない例

上の（8）から（10）が今回見られた誤用の傾向である。

活用の問題は、次の例文（11）（12）のような例である。この場合、（11）は「美しい、」を「美しく、」に、（12）は「結婚した、」を「結婚し、」というように修正するとよいだろう。

（11） 中央大街の環境が上品で美しい、整然としている。　　　（c07-1）

（12） しかし、ジョンの求婚を断ってから、そこを離れて、ロチェスターのそばに帰って、二人はついに結婚した、幸せな生活を送り始めた。　　　（c60-3）

文がうまく区切れていない例は（13）（14）のような例である。（13）は読点を句点に替え、文を 2 つに分けたほうがよい。また、（14）は一度「読めるようになった。」と文を区切り、「そのため」といった接続詞を挿入する訂正方法が考えられる。

文末に読点を付けていない例は（15）のような例で、これは段落の最後に

第5章　正確で自然な句読点の打ち方 | 91

見られた例であり、改行で文を示すのでなく、句点で文を終わるように指導する必要があろう。

(13)　数匹の鹿が水辺を散歩していた、ある鹿が頭を下げて水を飲み、ある鹿が自分の水中の影を楽しむ。　　　　　　　　　　　　(c43-3)

(14)　本も例外なしに、直接にインターネットで読めるようになった、紙製の本はだんだん売れなくなった。　　　　　　　　　　(c60-3)

(15)　頭を上げると、太陽の光が葉の隙間から漏る光景もとても綺麗でした＿　　　　　　　　　　　　　　　　　　　　　　(c28-1)

　なお、韓国人日本語学習者の作文データに対しても、同様の調査を行った。その結果、以下の1例のみ、句点で示すべきところに読点を使用している例が観察された。

(16)　富平は、ソウル地下鉄1号線と仁川地下鉄の乗り換え地で接近性が非常にいいです、富平が良い理由は一箇所でグルメやショッピング、お酒の文化が可能なためです。　　　　　　　　(k07-1)

　(16) の例の場合、(14) のように接続詞を補わずとも読点を句点に直すだけでよく、1例しか観察されなかったことも考え合わせると、単なる打ち間違いのレベルであると言える。

5.　学習者の読点の改善点と指導法

　ここでは、これまでの議論をもとに、「句読点のシラバス」について検討する。「句読点のシラバス」は、初中級レベル、中上級レベル、上級レベルの3つの段階に分け、それぞれ提案を行う。節の最後に、全てのレベルの指導案を一覧表にして提示する（表8）。

5.1　初中級レベルにおける「句読点シラバス」

　まず、初級レベルの日本語学習者に対して教える際に、教師が心がけるべきことを以下に挙げる。

　このレベルは、きちんとした文の産出を行うことが求められるレベルである。そのため、まずは単文レベルの読点の使い方を把握させる必要がある。そして、「，」ではなく「、」を、「．」でなく「。」を打つという基本を徹底さ

せることである。これについては、すでに多くの日本語教師が実践している
ことであろう。しかし、単文レベルの読点を最初に把握させ、表記を徹底さ
せることが、次の複文レベルの産出における読点の打ち方によい影響を及ぼ
すため、教師も学習者も基礎をおろそかにしないことが肝要である。

　今回の分析の結果から、複文の読点を構造的な観点から見た場合、基本的
には読点を打つ箇所であることが明らかになった。しかし、他の変数が介入
することにより、読点が使用されない場合があることもわかった。そのた
め、まずは、1つの従属節と主節からなる複文を取り上げて、句点ではなく
読点を打つ練習をさせるなど、複文の従属節直後は必ず読点を打つように意
識づけさせることが大切である。たとえば、既にて形については学習済みで
あるため、最初はて形を使用した複文をもとに、読点を打つ練習をするとよ
いだろう。

　また、練習以外にも常日頃から日本語教師は作成するプリントなどでも読
点を明示し、学習者に文節の単位を明確に示すよう心がけるべきである。

5.2　中上級レベルにおける「句読点シラバス」

　ここでは、長めの作文を書くことになる中上級レベルにおける指導法を考
える。初中級レベルでは、1つの従属節と主節からなる基本的な複文のみを
扱った。しかし、中上級レベルの学習者が書く作文は、導入の授業で教師が
提示するような1つの従属節と主節の文とは限らず、修飾関係がわかりづ
らく読みにくかったりする文もある。ただでさえ大変な学習者の作文の
チェックの中で、このような文を教師が個別に修正していくのは、私の経験
から言っても大変な労力である。

　そこで、初中級では取り上げなかった2つ以上の従属節を持つ複文にお
ける読点の指導が必要になってくる。

　この章では、今回の分析からわかった以下の3つの「不要な読点のルー
ル」を日本語教師と日本語学習者に提案したい。

・「こと」「の」などの名詞節の内部で読点を打たない。

・同じ類や他の大きな類の従属節の内部で読点を打たない。

・他の従属節が継起的、並列的に使用されている場合、最後の従属節に

は読点を打たない。

この３つの「不要な読点のルール」を中上級レベルの作文の授業であらかじめ学習者に提示し、練習させることで、読みやすく適度な量の読点になることが見込まれる。上記のルールは、読点を多用する傾向がある中国人日本語学習者に対して、特に効果があると考えられる。

一方で、読点の使用頻度が少ない韓国人日本語学習者に対しては、Ｃ類での読点使用を促すように指導するとよいだろう。つまり、主語が従属節と主節で異なる場合は、その間に読点を打つように指導すれば、読点の使用頻度が適度になることが見込まれる。

また、初中級レベルから引き続き、句点の代わりに使用される読点について意識させることも必要である。この問題は、学習者の１文の単位の理解と把握が原因として考えられる。そのため、中上級レベルで学習する様々な接続助詞や機能語を織り交ぜながら、複文を単文に区切って示す練習や句読点のない文章に句読点を穴埋めで入れる練習などを行う必要がある。

5.3 上級レベルにおける「句読点シラバス」

上級レベルは、作文を書く指導というよりは、小論文やレポートを作成するための指導と捉えるべきである。そのため、このレベルの学習者には、自らの気持ちや考えを読み手に伝えるために書く、という意識を持たせる必要がある。

初中級レベルと中上級レベルで提案した、長文に句読点を打つ練習については、内容が複雑な文章、または句読点の有無や位置によって意味や印象が変わってしまうものなど、文脈的な情報を考慮した練習問題を学習者に行わせる必要がある。

また、作文の授業において読み手が誤解を受けない作文、読みやすい作文を学習者に意識づける指導をするためには、学習者が宿題などで書いてきた作文をもとにフィードバックを行うべきであると言える。句読点をどのように打てば、明瞭でわかりやすいのか、書いた文章を学習者同士で交換して添削し合うなど、能動的かつ様々な意見を聞けるような授業を考えるべきである。ほかにも、上級レベルでは文の階層性を意識した論理的な複文の生成を

目指した指導を行うことで、文章全体の筋道が通る一貫性のある作文になるだろう。

表8　レベル別による句読点シラバス

初中級レベル
・単文レベルの読点の打ち方の基礎の習得。 ・「,」ではなく「、」を、「.」ではなく「。」という意識の徹底。 ・複文の読点は基本的には打つものであるという指導。 ・授業で提示する複文は1つの従属節と主節からなるものに限定。 ・板書や練習プリントを作成する際は、提示する文には読点を使用。 ・1つの複文に対する句読点の付与に慣れたら、本文などの短い文章に対して句読点を打つ練習に移行。
中上級レベル
・2つ以上の従属節を含む複文に対する句読点の付与の練習をするため、「3つの不要な読点のルール」を提示。 ┌─────────────────────────────┐ 「3つの不要な読点のルール」 ①　「こと」「の」などの名詞節の内部で読点を打たない。 ②　同じ類や他の大きな類の従属節の内部では読点を打たない。 ③　他の従属節が継起的、並列的に使用されている場合、最後の従属節には読点を打たない。 └─────────────────────────────┘ ・ルール提示後は、文型導入の授業で習った文型を使用して、適切な場所に読点を打つ練習を導入（例文については教師が用意）。 　※まずは、ルール①を集中的に練習するなど、段階的な導入や練習にしてもよい。 ・様々な従属節を含む、やや長めの文章に句読点を打つ問題で演習。
上級レベル
・中上級の時よりも長めで難しい文章に句読点を打つ練習。 ・教師主体の添削ではなく、学習者自身の校正。 ・学生が書いた作文をもとにフィードバック。読み手を意識した作文を書くという意識を醸成。 ・文の階層性を意識した論理的な複文の生成を目指した指導。

6.　おわりに

　この章では、今までに作文教育の中で明示的に指導が行われていなかった句読点に焦点を当て、母語別に複文における読点のふるまいがどのように異

第 5 章　正確で自然な句読点の打ち方 | 95

なっているかを分析した。その上で、学習者のレベルごとに作文の授業で行うべきであると考えられる句読点シラバスを提案した。これは、日本語教師がそれぞれの現場で適宜取り入れることができる項目のみを提案したもので、できる限り多くの日本語教師に取り組んでほしいという思いが根底にある。なお、これらの練習項目は一例にすぎず、参考にした上で学習者にあわせた有効な方法を考える必要があることを付記しておく。

　最後に、今回は明確な有意差が確認できなかったため、言及は避けたが、文長が短ければ短いほど読点が使用されていないという傾向が日本語母語話者の作文に観察された。この文長と読点の関係については今後の課題である。句読点の問題、特に読点については、様々な変数が関係している。しかし、日本語学習者に対してどのように句読点を指導するかという研究はあまりなく、実践報告もないのが現状である。今後は、主語や接続詞、時間節などの副詞節の調査、段落レベルでの句読点の打たれ方、句読点使用の個人差などの研究を踏まえた現場での実践を行い、日本語教育への貢献を行いたい。

引用文献

石黒圭 (2004)『よくわかる文章表現の技術 I 表現・表記編』明治書院.

岩崎拓也 (2016)「中国人・韓国人日本語学習者の作文に見られる句読点の多寡」『一橋日本語教育研究』4, pp. 187–196, ココ出版.

薄井良子・佐々木良造 (2013)「中国人学部留学生の句読点の誤用に関する研究」『関西学院大学日本語教育センター紀要』2, p. 66, 関西学院大学日本語教育センター紀要委員会.

大類雅敏 (1987)「句読法の理論 ―― 作文教育と関連して ―― 」『表記』2, pp. 8–38, 日本語表記研究会.

大類雅敏 (1990)『文章は、句読点で決まる！』ぎょうせい.

大類雅敏 (1998)「句点と読点」『表記』17, pp. 37–53, 日本語表記研究会.

北村よう (1995)「中国語話者の作文における文接続の問題点」『東海大学紀要　留学生教育センター』15, pp. 1–11, 東海大学.

小林伊智郎 (2005)「文型と読点の関係 ――「ために」と「によって」について ―― 」『拓殖大学日本語紀要』15, pp. 69–77, 拓殖大学留学生別科.

権田直助（1895）井上頼圀・逸見仲三郎訂正『増補訂正 国文句読法』近藤活版所.

佐藤政光（2000）「日本語の読点について —— 規則の再検討 ——」『明治大学教養論集』
　　331, pp. 1–18, 明治大学.

田窪行則（1987）「統語構造と文脈情報」『日本語学』6(5), pp. 37–48, 明治書院.

本多勝一（1982）『日本語の作文技術』朝日新聞社.

南不二男（1974）『現代日本語の構造』大修館書店.

南不二男（1993）『現代日本語文法の輪郭』大修館書店.

村越行雄（2013）「句読点の方法論的分析」『コミュニケーション文化』7, pp. 1–11, 跡見
　　学園女子大学.

文部省（1963）「付録 句切り符号の使ひ方〔句読法〕（案）」『国語シリーズ 56 国語表記の問
　　題』pp. 60–76, 東京図書.（http://www.bunka.go.jp/kokugo_nihongo/sisaku/joho/
　　joho/series/56/pdf/kokugo_series_056_05.pdf）

第二部

流れがスムーズな日本語で書く

この第2部では、「流れがスムーズな日本語で書く」ことを考える。第2部で扱うのは、学習者の作文に出現するテキスト面の困難点であり、文連続や文章構成が明快な日本語を目指す指導法を検討する。

　第6章「流れがスムーズになる指示詞の選び方」（金井勇人）では、学習者の作文に出現する指示詞の表現を考える。コ系の指示詞とソ系の指示詞の文脈指示用法の使い分けを中心に、記憶指示のア系の使用法などについても検討する。

　第7章「流れがスムーズになる情報構造の作り方」（劉洋）では、学習者の作文に出現する情報調整の表現を考える。とくに、後続文脈への情報の継続という観点を中心に、「AのはBだ」というハ分裂文を中心に検討する。

　第8章「流れがスムーズになる接続詞の使い方」（俵山雄司）では、学習者の作文に出現する接続詞の表現を考える。基本的な接続詞の使い方を中心に、接続詞の文体的な側面や、「のだ」のような文末の接続詞相当表現についても検討する。

　第9章「流れがスムーズになる序列構造の示し方」（黄明侠）では学習者の作文に出現する序列の接続表現を考える。「まず」「次に」「さらに」を中心に、数字を含む序列の接続表現などのバリエーションについても検討する。

　第10章「流れがスムーズになる視点の選び方」（末繁美和）では、学習者の作文に出現する視点の表現を考える。授受表現や受身表現を中心に、視座の統一について検討する。

第**6**章

流れがスムーズになる 指示詞の選び方

金井勇人

1. はじめに

　書き言葉では、基本的にはコ系（この）とソ系（その）が使われる。その使い分けについて、庵（2007）は以下のように分析している。

　　（1）　「この」はテキスト送信者（話し手／書き手）が先行詞をテキストのトピックとの関連性という観点から捉えていることを示すマーカーである。

　　（2）　「その」はテキスト送信者が先行詞を定情報名詞句へのテキスト的意味の付与という観点から捉えていることを示すマーカーである。　　　　　　　　　　　　　　　　　　　　　　　（庵 2007: 103）

この章においても「この」「その」の基本的性質を上記のように考える。

　一方、書き言葉では、基本的にはア系（あの）は使われないが、皆無ではない。黒田（1979: 56）によると、ア系による指示の特徴は「対象を…直接的知識の対象として指向する」ことであり、金水・田窪（1992: 189）では、直接経験領域にある対象を指す、と定義される。

　　（3）　（独り言）あの時計、どこにしまったかなあ。　　　　　（作例）

この話し手にとって、「あの」で指す「時計」は、直接的知識の対象として指向されている。これは言い換えると、記憶内の対象（時計）を指すということであり、ア系の機能は「記憶指示」と言うことができる。

以上のように「この」「その」「あの」の基本的性質を確認した上で、この章では、JCK 作文コーパスを利用して、以下のことを明らかにする。

　　（4）　日本語母語話者の使用を「標準」とした場合、書き手の母語やジャンルによって、指示詞の使用に偏りは見られるか。

　　（5）　指示詞の使用に偏りが見られる場合、それはどのような（言語的）原因によるものか。

　　（6）　上記の分析結果から、中韓母語話者による指示詞の習得に対して、どのようなシラバスを提案できるか。

　この章は下記のように構成される。まず、**2.** で日中韓の指示詞の特徴を概観し、**3.** で分析方法を説明する。**4.** で中韓母語話者の「この」の使用傾向を、**5.** では中韓母語話者の「その」の使用傾向を、**6.** では日中韓母語話者の「あの」の使用傾向を、それぞれ分析する。そして、**7.** で私の考える指示詞シラバスを提案し、**8.** でこの章のまとめを行う。

2.　日中韓の指示詞の概観

　現場指示を基準にすると、日本語の指示詞は「近称＝コ系、中称＝ソ系、遠称＝ア系」の3系列から構成される。韓国語も同様に3系列で、「近称＝이系、中称＝그系、遠称＝저系」から構成される。

　これらに対して中国語は2系列で、「近称＝这系、遠称＝那系」から構成される。中国語では、話し手からの遠近を基準に指示詞が選ばれる。日本語のソ系に相当する中称は、遠称に吸収されている。

表1　現場指示を基準にした日中韓の指示詞の対応

	近称	中称	遠称
日本語	コ	ソ	ア
韓国語	이	그	저
中国語	这	那	

　この現場指示における指示詞の対応関係が、基本的には文脈指示（非現場指示）にも持ち込まれる。例えば、近称は、その対象を眼前に存在するかのように指示する。また、遠称は、記憶内にある対象を指示し、過去は現在か

ら見て時間的に「遠い」イメージを持つ。ただし、この3言語間の指示詞の対応は、あくまで「原則」であり、非対応の箇所も多く存在する。

3. 分析の方法

　まず、指示詞「この」「その」「あの」を作文コーパスから抽出する。その際には、「-ような」「-ように」の形式、「そのもの」のように他の2系列の両方に対応する用法がないもの（*このもの、*あのもの）、また「あの手この手」のような慣用句は、カウントしていない。

　次に、抽出した指示詞をジャンルごと、母語ごとに分類して、各々の使用傾向を明らかにする。暫定的に日本語母語話者の使用傾向を「標準」とし、それに学習者の使用傾向を対比させる。そしてカイ二乗検定をかけて、学習者の使用傾向に有意な偏りが見られたもの（以下の表中では数値をゴシックで表記する）について、詳細に論じていく。

4. 「この」の使用傾向

　表2は「この」の母語別、ジャンル別の出現回数を表す。また表3は、そのうちの3回以上にわたって出現する後続名詞のリストである。

表2　「この」の出現回数

	日本語母語話者	中国語母語話者	韓国語母語話者	合計
説明文	66	78	51	195
意見文	48	**66**	53	167
歴史文	39	47	**66**	152
合計	153	**191**	170	514

　表2で中国語母語話者の意見文・合計を見ると、「この」の使用は66回・191回で、日本語母語話者の48回・153回に対して、有意に多くなっている（$p<0.01$）。また韓国語母語話者の歴史文を見ると、「この」の使用は66回で、日本語母語話者の39回に対して、有意に多くなっている（$p<0.01$）。

102 | 金井勇人

表3 「この」に後続する名詞（3回以上）

	日本語母語話者		中国語母語話者		韓国語母語話者	
1	こと	8	町／街	15	趣味	14
2	ころ／頃	7	問題	10	ごろ／頃	9
3	問題	6	現象	7	ドラマ	7
4	ほか／他	5	趣味	5	人	5
5	文章	5	こと	5	前	4
6	晩婚化	4	とき／時	5	町／街	3
7	とき／時	3	まま	4	問題	3
8	まま	3	状況	3	とき／時	3
9	地	3	点	3	状況	3
10	制度	3	五大連池	3	中	3
11	先	3			世	3
12	傾向	3			作家	3
13					思い	3
14					勉強	3
15					ショッピングモール	3
合計		53		60		69

4.1　中国語母語話者の「この」の使用について

◆「この」の多用の理由①：単純な前方照応に「この」を用いる

　単純な前方照応には、日本語ではソ系を用いるが、中国語では「那」系ではなく、近称の「这」系を用いる（王 2007）。

　　（7）　「文脈承前」用法を表すソ系指示詞に対して、中国語では一般的
　　　　　に"这"が用いられる。その意味で「文脈承前」における指示詞
　　　　　用法では、日本語のソ系指示詞と中国語の"这"系指示詞が対応
　　　　　していると考えられる。　　　　　　　　　　　　　　（王 2007: 88）

文脈指示における前方照応（文脈承前）に「那」系が用いられるのは、心理的な距離が置かれる場合である。

　　（8）　飛行機が着地を完了すると禁煙のサインが消え、天井のスピー
　　　　　カーから小さな音で<u>BGM</u>が流れ始めた。<u>それ</u>はどこかのオーケ
　　　　　ストラが甘く演奏するビートルズの「ノルウェイの森」だった。

（村上春樹「ノルウェイの森」より）（王 2007: 86）
上例の「それ」を「那」と訳した場合には、先行詞の「BGM」を「話し手
から少し離れたところにあるモノとして捉えているニュアンスが伴ってい
る」（p. 87）という。一方、上例の「それ」は、「这」と訳した方が原文に近
いニュアンスだという。中国語では「単純に「文脈承前」を表す場合は、む
しろ“这”のほうがより原文の意味に近い。…単純な承前なら“这”のほうが
自然である」（p. 87）からである。

　つまり、中国語のルールは「先行する対象を照応させる場合、通常いまの
話題対象として扱っているので、たいてい“这”を用いる」（p. 84）というも
のである。したがって、対象を（心理的に）遠いものとして扱う、特別な動
機がない限りは、「这」が前方照応の無標の指示詞として用いられる。

　さて、このルールをそのまま日本語に持ち込むと、単純な前方照応のとき
に、「这」系との対応から、近称のコ系が選ばれ得る。

　（9）　たとえば、現在の中国は主に一人っ子の家族で、<u>二人の若者は四
　　　　人の両親と子供を扶養する必要</u>があって、若者にとって、<u>?この
　　　　責任</u>は重大である。（当該箇所では「この＝这」と対応する）

　　　　　　　　　　　　　　　　　　　　　　　　　　　　　　　（c16-2）

　（10）　最近とても流行ってる<u>「結婚しない」というドラマ</u>を見ました
　　　　か。<u>?このドラマ</u>を見た私はいろいろと考えました。結婚とは、
　　　　いったいどういうものでしょう。（この＝这）　　　　　（c30-2）

上2例では「この」を用いても決して不適格とは言えないが、「その」の方
がスムーズに感じられる。「この」は、トピックとの関連を想起させるし、
あるいは指示対象を眼前に提示するような感じを与えるからである。

　（11）　最近は<u>晩婚化についての問題</u>がホットな話題になった。<u>この問題</u>
　　　　は日本にあるだけではなくて、今は全世界の問題になる。（c18-2）

（11）の「この問題」は、トピック（晩婚化）を指すので、まさに「この」が
ふさわしい。しかし（9）の「責任」、（10）の「ドラマ」は、取り立ててト
ピックとして扱うべき情報ではない。したがって、単純な前方照応として
「その」で指した方が、読み進めるにあたって、いちいち過剰な注意を払わ
なくてよいため、流れがスムーズに感じられる。

104 ｜ 金井勇人

（9）′ 若者にとって、その責任は重大である。

（10）′ そのドラマを見た私はいろいろと考えました。

このように、「这」系との対応から「この」の使用が多くなるわけだが、その分だけ「その」の使用は少なくなるものと考えられる。

◆ 「この」の多用の理由②：同じトピックを何度も「この」で指す

中国語の「这」は、前方照応を行う際の無標の指示詞である。したがって「这」は、それによって指す名詞句がトピックである、というアピール性の程度が、日本語のコ系に比べると弱いと思われる。そのために、中国語母語話者は「この」の多用に（日本語母語話者より）不自然さを感じない。

（12） 私の故郷は慶安です。小さい北方の町です。ハルビンから汽車で三時間ぐらいかかります。私はこの町で12年の生活を渡しました（注：送りました）。この町は何平方メートル、何人が住んでいるのは分からないですが、（後略）（この＝这）　　　　（c14-1）

（13） 最近は晩婚化についての問題がホットな話題になった。この問題は日本にあるだけではなくて、今は全世界の問題になる。なぜ、この問題が存在するか。（この＝这）　　　　　　　　（c18-2）

（12）では先行詞の「慶安」を、（13）では先行詞の「晩婚化」を、その直後に2度、「この」で指している。これらはトピックであり、「この」で指してよいわけだが、近い範囲で何度も指すと、トピックであるということを過剰にアピールすることになり、煩わしく感じられる。

（14） 私の出身地は名古屋市である。名古屋市は愛知県の県庁所在地であり、政令指定都市でもある、人口270万人を超す大都市である。この都市は東海地方の中心として、古くからの歴史もあり、非常に住みやすい街である。　　　　　　　　　　　（j16-1）

日本語母語話者の同様の例を見ると、先行詞の（最初の）「名古屋市」を、1度目は「名古屋市」という固有名詞を繰り返し、2度目に「この都市」で指している。（12）（13）も、このようにすると読みやすくなるだろう。

（12）′ 私の故郷は慶安です。（中略）私は慶安で12年の生活を渡しました（注：送りました）。この町は何平方メートル、何人が住んで

いるのは分からないですが、（後略）

(13)′ 最近は晩婚化についての問題がホットな話題になった。晩婚化は日本にあるだけではなくて、今は全世界の問題になる。なぜ、この問題が存在するか。

　ただし「この町／街」について一点、述べておきたい。日本語母語話者の使用が少ないが（出現回数1回で、表3には載らない）、それは「この町／街」の代わりに、「横浜」「福岡」などの固有名詞を使用するからである。

　中韓母語話者は、想定される読み手である日本人が、自分たちの町／街の名を知らないであろうことに配慮し、「この町／街」と表す。一方、日本語母語話者は、「横浜」「福岡」のような誰もが知っている地名であれば予告なく導入できるし、あまり有名でない地名の場合でも一度「○○という町／街は知っているか」と確認すれば、あとは固有名詞を繰り返したほうが、指示対象が適切になると考えているのだろう。

4.2　韓国語母語話者の「この」の使用について

　日韓の指示詞で、近称（コ−이）と中称（ソ−그）は、ほぼ対応しているが、韓国語母語話者による「この」の多用が見られないわけではない。

(15)　特にそれを始めたドラマは花より団子という作品です。このドラマは漫画が原作で台湾、韓国、日本、三国でドラマに作られて多くの人たちから愛されました。このドラマの各国版を見るとそれぞれ国の特徴がより分かります。（この＝이）　　　　　　(k11-3)

先行詞「花より団子」を直後に2度、「このドラマ」によって指している。これは先に論じたように、トピックであることを過剰にアピールするような感じを与え、読んでいて煩わしさを感じる。そこで次のように、どちらかの「この」をなくせば、煩わしさを感じさせない、読みやすい文章となる。

(15)′ 特にそれを始めたドラマは花より団子という作品です。花より団子は漫画が原作で台湾、韓国、日本、三国でドラマに作られて多くの人たちから愛されました。このドラマの各国版を見るとそれぞれ国の特徴がより分かります。

　中国語母語話者の「この」の多用については、日中の指示詞（コ−这）の

対応のズレを、原因として指摘できた。しかし、日韓の指示詞（コ－이）については、対応のズレを指摘できない。金（2006）は、日韓の文脈指示（非現場指示）用法を分析した後、次のように述べている。

 （16） 文脈指示用法も両言語で相違点はほとんどなく、主に共通点が観察された。両言語ともに近称と中称が使われ、韓国語では i 系と ku 系が、日本語はコ系とソ系が選択された。

   （注；i 系＝이系、ku 系＝그系）   （金 2006: 156）

したがって、（15）のような「この」の多用は、非母語で書くこと自体に、その原因を求めるべきだろう。安（2005）は、次のように述べている。

 （17） 学習者の母語と日本語が 1 対 1 の対応関係にあるからといって、それが必ずしも正用率の高さにつながらない場合がある。

                 （安 2005: 42）

 非母語で表現する際に、何とか分かりやすく伝えようとするあまり、必要以上にトピック指定が多くなってしまうのではないだろうか（これは中国語母語話者にも当てはまる）。

5.　「その」の使用傾向

 次ページの表 4 は「その」の母語別、ジャンル別の出現回数を表す。また表 5 は、そのうちの 3 回以上にわたって出現する後続名詞のリストである。

 中韓母語話者の意見文で、「その」の使用は 64 回・62 回であり、日本語母語話者の 86 回に対して、有意に少ない（$p<0.05$）。一方、中韓母語話者の歴史文における「その」の使用は 163 回・144 回であり、日本語母語話者の 95 回に対して、有意に多い（$p<0.01$）。ただし全体の内訳（表 5）を見ると、「そのとき／時」「そのなか／中」だけで、合わせて 88 回・51 回と多数を占める（これらを除けば、中韓の全体の合計は 214 回・242 回となる）。

表4 「その」の出現回数

	日本語母語話者	中国語母語話者	韓国語母語話者	合計
説明文	91	75	87	253
意見文	86	64	62	212
歴史文	95	163	144	402
合計	272	302	293	867

表5 「その」に後続する名詞（3回以上）

	日本語母語話者		中国語母語話者		韓国語母語話者	
1	ため	19	とき／時	58	なか／中（接）	28
2	あと／後	15	なか／中（接）	30	とき／時	23
3	とき／時	8	ほか／他	12	ため	20
4	結果	8	あと／後	11	理由	10
5	魅力	8	ため	10	あと／後	8
6	なか／中（接）	6	日	8	友達	6
7	ほか／他	5	まま	7	うえ／上（接）	5
8	まま	4	うえ／上（接）	6	点	5
9	人	4	人	5	まま	4
10	場	4	反面	4	結果	4
11	名	4	味	3	おかげ	4
12	先	4	こと	3	せい	4
13	理由	3	趣味	3	お金	4
14	味	3	なか／中（位置）	3	趣味	3
15	こと	3	前	3	姿	3
16	場合	3	曲	3	夢	3
17	上（位置）	3			瞬間	3
18	うち	3			国	3
19	地	3			ドラマ	3
20	塾	3				
計		113		169		143

5.1　中国語母語話者の「その」の使用について

◆「その」が少ない理由：「テキスト的意味の付与」への未理解

先に見た通り、中国語母語話者は「その」が適切な箇所で「この」を選ぶことがある。この傾向について、この節では「テキスト的意味の付与」という観点から、あらためて考える。

(18)　人々にとっては結婚することは自分の知りうる周りの社会で誰もがしていることであり、その結婚は必ずしも最愛の人としなければならないものであるとは限らなかった。　　　　　　　(j07-2)

上例は日本語母語話者が書いたものだが、「結婚」は、単なる「結婚」ではなく、「自分の知りうる周りの社会で誰もがしている」という、テキスト的意味が付与された「結婚」である。このように「その」にはテキスト的意味を付与するという機能がある。

庵・張（2007: 36）によると、「中国語の「那（その）」にはこうしたテキスト的な意味を表す機能はなく、そうした機能を担うのは「这（この）」である」という。そのため、中国語母語話者は、「その」によってテキスト的意味を付与するべき箇所で「この」を選ぶ、という傾向があると思われる。

(19)　社会生活の中で最も必要不可欠のものは何でしょうか？　残念ですが、それは熱血でも夢でもなく、お金でした。で、？この大切の金を稼ぐには、何を必要ですか？（この＝这）　　　(c28-2)

(20)　少子化は国の進歩を乱す。若い人は国の中心である、もし、国にいるのは全部が老人である、？この国も老人のように老いる。（この＝这）　　　　　　　　　　　　　　　(c25-2)

(19)における「金」は、単なる「金」ではなく、「社会生活の中で最も必要不可欠であり、熱血でも夢でもない」という、テキスト的意味が付与されるべき「金」である。

(20)における「国」も、単なる「国」ではなくて、「（そこに）いるのは全部が老人である」という、テキスト的意味を付与されるべき「国」である（またこの文章では仮定を述べているが、仮定の対象を「この」で直示的に指すことはできない）。

したがって、(19)(20)いずれの場合も、「その」でなければテキスト的意

味が付与されず、つながりが不自然となってしまう。

(19)′ で、その大切の金を稼ぐには、何が必要ですか？

(20)′ 国にいるのは全部が老人である、その国も老人のように老いる。

以上から、「その」のテキスト的意味の付与という機能を理解しない場合にも「その」の使用が少なくなる、ということが言えるだろう。

◆「そのとき／時」が多い理由：時間指定が多い

また、表5を見て気づくのは、「そのとき／時」の使用が非常に多いこと（58回）である。そのうちの48回は、歴史文において使用されている。

(21) 書道を勉強し始めたきっかけはうちの近所のおねいさんがその時書道を勉強していたということである。お母さんは女として書道はいいと思っていて、私を連れて書道教室に行った。その時は書道への理解は全くなかった。（その＝那）　　　　　　　　　(c46-3)

(22) 中学校の時代はいわゆる私が読書に対して一番心中な時である。そのとき、私は小説を接触し始めたものである。中国の有名の小説以外に外国の小説も読んだことが多かった。そのとき、家の本棚に本があふれて、部屋も本で埋まっていたほど本があった。（その＝那）　　　　　　　　　　　　　　　　　　　　(c60-3)

上例では、過去のある時期に言及している。しかし、近い範囲で何度も時間指定を行うと、何度も「この」でトピックを提示されたときと同様、読み手は煩わしさを感じてしまう。そこで「そのとき／時」を1つ減らしてみる。

(21)′ 書道を勉強し始めたきっかけはうちの近所のおねいさんがその時書道を勉強していたということである。お母さんは女として書道はいいと思っていて、私を連れて書道教室に行ったが、私には（φ）書道への理解は全くなかった。

(22)′ 中学校の時代はいわゆる私が読書に対して一番心中な時である。そのとき、私は小説を接触し始めたものである。中国の有名の小説以外に外国の小説も読んだことが多かった。（φ）家の本棚に本があふれて、部屋も本で埋まっていたほど本があった。

実は「ここのラーメンを初めて食べたとき」(j01-3)のような、「その」とは

無関係な「-とき／時」の使用自体が、日本語母語話者に比べて中韓母語話者には非常に多い。歴史文だけでも、日本語母語話者が 140 回のところを、中国語母語話者は 236 回、韓国語母語話者は 219 回もの使用がある。「そのとき／時」の使用が多いのは、このことと連動しているだろう。

　非母語で書く場合、時間指定のさじ加減が分からず、少しでも正確に分かりやすく伝えようとして、時間指定が必要以上に多くなってしまうのではないだろうか。

5.2　韓国語母語話者の「その」の使用について

　韓国語母語話者も、意見文において「その」の使用が少ない。また、突出して多い「そのとき／時」（23 回）と「そのなか／中」（28 回）を除けば、合計も 242 回となり、日本語母語話者の使用（272 回）より少なくなる。つまり韓国語母語話者の場合も、テキスト的意味の付与を行う「その」の使用が少ない、と考えられる。

　　（23）　企業が利益を一番にするのは当然だが（φ）企業も社会の一部という認識を持って責任感を持たなければならないはずなのにまだ多数の企業主たちはそれによって自分が何かを負担したり、利益が減少することを非常に不快に思う。　　　　　　　　　　（k17-2）

上例の「φ」の部分に「その」があると、なおよい。なぜなら「企業」は、単なる「企業」ではなく、「利益を一番にするのは当然」というテキスト的意味が付与されるべき「企業」だからである。

　　（23）′　企業が利益を一番にするのは当然だが、その企業も社会の一部という認識を持って責任感を持たなければならないはず…（後略）

　また韓国語母語話者の作文では、中国語母語話者ほどではないが、やはり「そのとき／時」の使用が多い。全 23 回中 21 回が歴史文での使用である。

　　（24）　私が初めに日本のドラマを見たのは中学生 2 先生のとき、第 2 外国語として日本語の授業を受けているときでした。そのとき、日本語の先生はごくせんというドラマをよく見せてくれながらドラマの中から出てくる単語や表現を学べるようにしました。（その＝ユ）

　　　　　　　　　　　　　　　　　　　　　　　　　　　　（k18-3）

第6章　流れがスムーズになる指示詞の選び方 ｜ 111

上の例では「中学2年生のとき」「日本語の授業を受けているとき」という
時間指定の直後に「そのとき」が現れるが、これは不要である。

　(24)′　私が初めに日本のドラマを見たのは中学2年生の、第2外国語
　　　　として日本語の授業を受けているときでした。(φ)日本語の先
　　　　生がごくせんというドラマをよく見せてくれながら…（後略）

このように不要な「そのとき」を削除することによって、文章がスムーズに
流れるように感じられる。

　こうした傾向は、日韓の指示詞の対応のズレを原因とすることはできず、
やはり非母語で書くこと自体によるものであろう。非母語で書くときには、
テキスト的意味の付与というところにまでは、注意が及びにくいのかもしれ
ない。また、韓国語母語話者には「そのなか／中」の使用も多い（中国語母
語話者にも多い）。このことも、非母語で書くがゆえに、必要以上に全体の
説明や描写から入っていくからではないだろうか。

6.　「あの」の使用傾向

　表6は「あの」の母語別、ジャンル別の出現回数を表している。また表7
は、そのうちの合計3回以上にわたって出現する後続名詞のリストである。

表6　「あの」の出現回数

	日本語母語話者	中国語母語話者	韓国語母語話者	合計
説明文	4	5	0	9
意見文	0	6	3	9
歴史文	2	11	10	23
合計	6	22	13	41

表7　「あの」に後続する名詞（合計で3回以上）

	日本語母語話者	中国語母語話者	韓国語母語話者	合計
とき／時	2	8	8	18
人	0	4	0	4
合計	2	12	8	22

中韓母語話者の歴史文で「あの」の使用は11回・10回であり、日本語母語

話者の2回に対して、有意に多い（$p<0.01$）。また、中韓母語話者の合計も22回・13回で、日本語母語話者の6回に対して、有意に多い（$p<0.01$）。

6.1　中国語母語話者の「あの」の使用について

　中国語母語話者には、ソ系を用いるべきところでア系を用いてしまう、という誤用が非常に多い。「あのとき／時」に注目すると、全部で8例の使用があるが、すべて「その」とすべき誤用である。

　そのうちの6例が歴史文に現れる。記憶指示の「あの」と、過去の場面を振り返ることが多い歴史文とは、相性が良いものと思われる。

> （25）　そして、高校時代には、勉強の圧力があっても、この手作りの趣
> 　　　　味を持って、リラックスすることもできます。少なくとも、そん
> 　　　　なに進学を心配や緊張感が減少されました。しかし、*あの時、
> 　　　　親に言われました。（あの＝那）　　　　　　　　　　　　（c58-3）

> （26）　音楽が好きになったのは母のおかげです。十七年前の家はあまり
> 　　　　豊かではなかったので、テレビとラジオしか、別の娯楽設備はあ
> 　　　　りませんでした。*あの時、母は毎日家で裁縫の仕事をやってい
> 　　　　ました。（あの＝那）　　　　　　　　　　　　　　　　　（c51-3）

上例の「あの時」は、文面上の先行詞と照応するのではなく、書き手の記憶内にある対象（過去の一時期）を直接的に指している。

　ただしア系は、対象が話し手（書き手）と聞き手（読み手）との共有知識でない場合には、使うことができない。このことについて、久野（1973）は次のように述べている。

> （27）　ア - 系列。その代名詞の実世界における指示対象を、話し手、聞
> 　　　　き手ともによく知っている場合のみに用いられる。

> （久野 1973: 185）

　また、黒田（1979: 54）によると、ある対象について、話し手は「直接的な体験として知っているのであるが、同じ直接的体験を持たない聞き手」に語る際には、「聞き手と共通の場に立って、…概念だけで規定される対象として」指示しなければならない。そのような場合、ア系ではなく、「対象を概念的知識の対象として指向する」（p. 56）ソ系を用いる。

(25)′ そして、高校時代には、勉強の圧力があっても、この手作りの趣味を持って、リラックスすることもできます。（中略）しかし、その時、親に言われました。

(26)′ 音楽が好きになったのは母のおかげです。十七年前の家はあまり豊かではなかったので、テレビとラジオしか、別の娯楽設備はありませんでした。その時、母は毎日家で裁縫の仕事をやっていました。

この場合、「その時」は記憶内の対象を直接的に指すのではなく、文面上の先行詞（高校時代／十七年前）と照応することになる。

　中国語では、遠称の「那」系が、日本語の中称であるソ系にも対応する。つまり「那」系は、記憶指示と前方照応という 2 つの機能を兼ね備える。

表 8　前方照応と記憶指示の対応

	前方照応	記憶指示
日本語	ソ	ア
中国語	那	
韓国語	ユ	

このように、ただでさえソ系かア系かで混乱する箇所である。記憶内の対象だからア系で指したいと思っても、共有知識でなければソ系で指さなければならない。このルールが深く身についていないために、(25)(26) タイプの誤用を産出してしまうのだろう（金井 (2015)、金井・河 (2016) 参照）。

6.2　韓国語母語話者の「あの」の使用について

　韓国語母語話者の場合も、中国語母語話者と同じく、「あのとき／時」の誤用は非常に多い（全 8 例中 6 例が「その」とすべき誤用）。

(28) 今はほとんど韓国の音楽ばかり聞いていますけど、昔はアメリカの音楽や、日本の音楽、台湾などいろいろな国の音楽も聞きました。その時、感じたけど言語が違って歌詞の意味を全然しりませんでしたが、あまり問題はなかったです。その曲のメロディーや曲の雰囲気で十分共感ができました。音楽は不思議だと*あの時

に感じました。（あの＝ユ）　　　　　　　　　　　　　　　　　　　（k14-3）

(29)　昔の朝鮮時代を例として挙げよう。＊あの時の平均寿命は50〜
　　　60ほどであって、70代となると、あれ（注；それ）を記念する
　　　ぐらいであった。（あの＝ユ）　　　　　　　　　　　　　　　（k01-2）

(28)の「いろいろな国の音楽を聞いていたとき（である昔）」は、共有知識
ではないので、「あの時」では指せず、「その時」で指さなければならない。

(28)′　今はほとんど韓国の音楽ばかり聞いていますけど、昔はアメリカ
　　　の音楽や、日本の音楽、台湾などいろいろな国の音楽も聞きまし
　　　た。（中略）音楽は不思議だとその時に感じました。

(29)では書き手自身も「昔の朝鮮時代」を経験していないのだから、記憶
指示「あの」ではなく、前方照応「その」で指さなければならない。しかし
韓国語では、前方照応にも記憶指示にもユ系を用いる（表8参照）。

　このようにユ系はソ系とア系に対応するので、韓国語母語話者は、ただで
さえ混乱する。さらに、「昔の朝鮮時代」という過去に言及しているので、
「過去＝ア系」という単純な類推から、「あの」を選択してしまうのだろう。

(29)′　昔の朝鮮時代を例として挙げよう。その時の平均寿命は50〜60
　　　ほどであって、70代となると、あれ（注；それ）を記念するぐら
　　　いであった。

6.3　日本語母語話者の「あの」の使用について

　日本語母語話者の「あの」を見てみよう。書き言葉においては基本的に、
書き手と読み手との間に共有知識は成立せず、「あの」は使われないはずで
ある。しかし正用の例も、数は多くないものの見られる（これに「あんな」
「あれ」など、その他のア系を加えれば、さらに数は増す）。

◆ 疑似的な共有知識（思い出）を指す「あの」

(30)　そんな自分をどうにか変えたくて、一生続けられる趣味を得よう
　　　と、中1の6月に茶道部に入部しました。それが、私と茶道と
　　　の初めての出会いでした。ほかにもいろいろと部活があるなかで
　　　茶道部を選んだのは、当時の茶道部のアットホームな雰囲気に魅

力を感じたからで、特に茶道に関心があったわけではなかったのですが、今ではあのとき茶道部に入部して本当によかったと思っています。　　　　　　　　　　　　　　　　　　　　　　　　　　　（j04-3）

「あのとき」は「中1の6月に茶道部に入部したとき」であるが、文面上の先行詞と照応しているのではなく、書き手の記憶内を直接的に指している。

　過去の出来事（思い出）が描出された後で、視点が現在に戻る（上例では「あのとき」の直前の「今では」に注目）。その現在の視点から、書き手と読み手が一緒に「思い出」を振り返るとき、「思い出」は疑似的な共有知識となり、ア系で指すことが可能となる（金井・河（2016）参照）。

◆ 有名な対象を指す「あの」

 （31） 特に伊勢神宮の内宮は圧巻です。内宮の入口にある鳥居をくぐると、あの有名な宇治橋があります。　　　　　　　（j21-1）

この「宇治橋」は書き手の記憶内に存在する「有名な対象」であり、読み手も知っているはずである。このような対象に「あの」を付けることにより、それが有名な対象であることをマークできる。

　韓国語における「観念指示としての저」（金2006）と似ているが、しかし「저」で指せるのは「百科事典的知識であり、具体的には歴史上有名な人物や文化遺産に関する知識」（p. 108）に限られている。

 （32） あの（저）有名なアレキサンダー大王すら、これほどの贅沢は経験したことがないであろう。／あの（저）輝かしい百済の文化！

  （ただし（저）は引用者が挿入）　　　　　　　（金 2006: 108）

これに対して、日本語のア系は「あの特殊な形のフジテレビビル」（j04-1）や「あの有名なデートスポットである山下公園」（j01-1）のように、有名でさえあれば良く、その適用範囲は（저に比べて）限りなく広い。

6.4　中韓母語話者の適切な「あの」について

　さて、中韓母語話者による「あの」の適切な使用も、特に歴史文において散見された。歴史文では、先述したように、描出された過去の「思い出」を疑似的な共有知識として振り返ることが多いからだと思われる。

116 | 金井勇人

(33) 小学校に入る前は、母は常に童話やおとぎ話を読んで、聞かせて
くれていたものだ。その中で、世界でも有名なグリム童話の「白
雪姫と七人の小人」や「赤ずきん」や「眠り姫」など、今でも脳
裏に焼き付けられている。あの頃のことは私にとってかけがえの
ない、大切な思い出であって、一生の宝物でもある。(あの＝那)
(c61-3)

(34) 少し日本語を知っていた頃は、日本語でそれをよむのが、今に
なって考えてみると、幸せでした。ほんの些細な問題といわれる
かも知れませんが、それでも、あの時のように知的好奇心にみち
ていたおぼえがありません。(あの＝ユ) (k22-3)

(33) は中国語母語話者の、(34) は韓国語母語話者の作文である。どちらも
「あの頃／あの時」が懐旧の対象となっており、その気持ちを、現在の視点
から表すことに成功している(前文の「今でも」「今になって」に注目)。

その一方、中韓母語話者の作文には「有名な対象」を指す「あの」は出現
しなかった。しかし、特に韓国語母語話者にとっては、「歴史的事実の観念
指示」(金 2006) の「저」からの類推で、「有名な対象」を指す「あの」の習
得は、それほど難しくないように思われる。

7. 学習者の指示詞の選び方の改善点と指導法

最後に、以上の議論から得られた、作文における指示詞の使用についての
論点を整理し、それを踏まえた「作文の指示詞シラバス」を提案する。

7.1 初中級レベルにおける「指示詞シラバス」

まず「単純な前方照応のソ系」が適切に使えるようになること。特に中国
語母語話者は、中国語における前方照応の無標である「这」からの類推で、
コ系を選ぶ傾向が見られるので、注意を要する。

次に「トピックを指すコ系」が適切に使えるようになること。特に中国語
母語話者は、「这」の"トピックであることのアピール性が弱いこと"等が影
響し、「この」を多用するので、注意を要する。

7.2 中上級レベルにおける「指示詞シラバス」

まず「テキスト的意味を付与するソ系」が適切に使えるようになること。特に、中国語母語話者は、中国語においてテキスト的意味を付与する「这」からの類推で、コ系を選ぶ傾向が見られるので、注意を要する。

次に「共有知識でない過去を指すソ系」が適切に使えるようになること。中韓母語話者は、共有知識でない過去を指せる「那」「저」からの類推で、「あの」を選ぶ誤用が多いので、注意を要する。

7.3 上級レベルにおける「指示詞シラバス」

「疑似的な共有知識（思い出）／有名な対象を指すア系」が適切に使えるようになること。さじ加減が難しいので必須項目とは言えないが、この用法を習得すると表現に幅が出るのは確かであり、挑戦的な学習者に勧めたい。特に、韓国語母語話者にとっては、有名な対象を指すア系は、歴史的事実の観念指示の「저」からの類推で、それほど習得が難しくないと思われる。

表9　レベル別による指示詞のシラバス

初中級レベル
【単純な前方照応のソ系】が適切に使える 前方照応の無標（単純な前方照応）は、ソ系である。 **【トピックを指すコ系】が適切に使える** 多用すると、過剰に読み手の注意を引き、煩わしく感じられる。
中上級レベル
【テキスト的意味を付与するソ系】が適切に使える テキスト的意味を付与できるのは、ソ系である。 **【共有知識でない過去を指すソ系】が適切に使える** 過去の出来事であっても、共有知識でない対象は、ソ系で指す。
上級レベル
【疑似的な共有知識（思い出）／有名な対象を指すア系】が適切に使える ア系の難しい用法だが、適切に使うと表現に幅が出てくる。

8. おわりに

　この章では、日本語・中国語・韓国語母語話者による、書き言葉（作文）における指示詞の使用について、調査・分析を行った。文中で使用される指示詞は、先行文脈などに現れる要素を指して当該文中に取り込む、という機能を主とする。したがって、指示詞の不自然な使用は文章の流れを滞らせる。この章では、学習者による不自然な使用をデータに基づいて指摘し、その原因について分析した。そして、その分析結果をもとに「文章の流れがスムーズになる指示詞の選び方」を指導・習得するためのシラバスを提案した。

引用文献

安龍洙 (2005)「日本語学習者の非現場指示コソアの習得に関する研究 —— 韓国人学習者と中国人学習者を比較して —— 」『茨城大学留学生センター紀要』3, pp. 35–51.

庵功雄 (2007)『日本語におけるテキストの結束性の研究』くろしお出版.

庵功雄・張麟声 (2007)「日本語と中国語の「冠詞」についての覚書」『一橋大学留学生センター紀要』10, pp. 29–36.

王亜新 (2007)「文脈指示における日本語と中国語の指示詞の相違 —— 日文中訳作品の実例分析 —— 」『東洋大学紀要 言語と文化』4, pp. 83–98.

金井勇人 (2015)「韓国語話者と中国語話者の指示詞「ソ⇔ア」の誤用 ——「共有知識とは何か」という観点から —— 」『埼玉大学日本語教育センター紀要』9, pp. 3–15.

金井勇人・河正一 (2016)「書き言葉に現れるア系の指示語について —— 日本語・韓国語学習者の作文を資料に —— 」『埼玉大学日本語教育センター紀要』10, pp. 37–45.

金水敏・田窪行則 (1992)「日本語指示詞研究史から／へ」金水敏・田窪行則（編）『日本語研究資料集 指示詞』pp. 151–192, ひつじ書房.

金善美 (2006)『韓国語と日本語の指示詞の直示用法と非直示用法』風間書房.

久野暲 (1973)『日本文法研究』大修館書店.

黒田成幸 (1979)「(コ)・ソ・アについて」林栄一教授還暦記念論文集刊行委員会（編）『英語と日本語と —— 林栄一教授還暦記念論文集 —— 』pp. 41–59, くろしお出版.

謝辞

本稿を成すにあたり、河正一（埼玉大学非常勤講師）、金聖実（埼玉大学修士課程修了生）の両氏に、多大な御協力を頂きました。記して謝意を表します。

第7章

流れがスムーズになる
情報構造の作り方

劉　洋

1.　はじめに

　日本語で作文を書くとき、同じ情報を伝達するのに異なる文型を選択することによって、読み手にとって情報がスムーズに流れていると感じられるものと、そうでないものがある。例えば、次の（1）と（2）は同じ意味を表しているが、情報構造が異なっているため、読み手にとって（1）と（2）の理解のしやすさが異なる。

（1）　自分が本を読んで、その中で衝撃的な美しさを感じ、新しい知恵の世界に足を踏み出すきっかけになったら、それだけで文章は、そしてその文章で作られた本は自分なりの意味を獲得する。独特な読み方だと考えられるかもしれないが、このように読む方法もある。皆が共有する知識を探すのも大事である。むしろこういう読み方こそ、本が持つ一番基本的な意味である。しかし自分なりの知恵を探して、そこから本の知恵の美しさを発見する知恵の探検も、私にとっては決して見逃さない楽しみである。高校の以来、今まで読書を趣味にしている理由も、この独特な読み方の快感を知ってしまったのである。　　　　　　　　　（k10-3）

（2）　自分が本を読んで、その中で衝撃的な美しさを感じ、新しい知恵の世界に足を踏み出すきっかけになったら、それだけで文章は、

そしてその文章で作られた本は自分なりの意味を獲得する。独特な読み方だと考えられるかもしれないが、このように読む方法もある。皆が共有する知識を探すのも大事である。むしろこういう読み方こそ、本が持つ一番基本的な意味である。<u>しかし、私にとっては決して見逃さない楽しみは、自分なりの知恵を探して、そこから本の知恵の美しさを発見する知恵の探検である。</u>この独特な読み方の快感を知ってしまったことが、高校の時以来、今まで読書を趣味にしている理由でもある。

（1）はJCK作文コーパスの作文データから取り出した学習者が書いたもので、（2）は私が文章の一部の前後を入れ替えて調整したものである。日本語母語話者の人に判断してもらった結果は、（1）より（2）のほうが流れがスムーズで、分かりやすいということである。（1）より（2）の方が分かりやすくなるのは、（2）の下線部の情報構造を変え、直前の文脈と緊密度がより高い情報を文の前半に置くことによって情報の流れがスムーズになるからだと考えられる。このように、情報構造は文章の流れに深く関与している。しかし、日本語教育の現場において作文の指導は、文法や語彙、表現などについて行われているのが現状であり、情報構造の指導はほとんど意識的になされていない。そこで、この章では日本語母語話者と日本語学習者それぞれの作文を分析し、情報構造の違いを考察したい。また、それを踏まえて日本語学習者の作文指導における具体的な情報構造の指導法について提案したい。

日本語において情報構造を調整する手段として、「は」と「が」を用いた形態的手段と、分裂文を用いた構文的手段が挙げられる。分裂文は、本来文末にある述語を文頭に近い位置に移動することによって文の一部を焦点化する操作である。より明示的に文の情報構造を調整する手段だと考えられる。従って、この論文では情報を調整する機能文型である分裂文の使用を分析することを通じて、日本語母語話者と日本語学習者の作文における情報の流れについて考察する。具体的には次の3点を明らかにしたい。

（3）a. 日本語母語話者が書いた異なるジャンルの作文の中で、分裂文が機能的に使われているか。

  b. 日本語学習者が書いた異なるジャンルの作文の中で、分裂文が

　　　　機能的に使われているか。

　　c.　実際の日本語教育現場においてどのように学習者のレベル別に
　　　　情報構造の指導を行えばいいか。

　以下、**2.** で先行研究を紹介し、その上で、作文教育における情報構造を
指導する必要性を説明し、この研究の意義について論じる。**3.** で使用した
データと分析方法について説明する。**4.** で分析結果を示し、**5.** で結果をも
とに学習者レベル別に情報構造を指導する方法を提案する。**6.** でまとめを
行う。

2.　先行研究とこの研究の意義

　学習者が書いた作文の分かりにくさをめぐり、これまで多くの研究が行わ
れ、中でも結束性の観点から学習者の作文を分析している研究が目を惹く。
藤森 (2005) は、中国人学習者が初級初期と初級後期に書いた作文と各々の
モデル文とを比較しながら、結束性の観点と文型使用の観点から作文の構造
を考察している。そして、初級初期の作文は結束マーカー（①指示詞、②省
略・置換、③同一語の反復、④類語・関連語句、⑤接続詞・副詞）の使用は
モデル文とほぼ同じ傾向を示しているのに対して、後期の作文では、指示語
の使用が少なく、文脈の関係を表さない文を使ったりすることを指摘してい
る。遠山 (2012) は、語彙と談話の一貫性と関連性の観点から日本語母語話
者が書いた作文と対照しながら日本語学習者の作文を考察している。日本語
母語話者の作文における談話の流れや情報のあり方が語彙を主題にするかし
ないかに関与しているのに対して、学習者は語彙そのものが持つ意味概念に
依存して談話の一貫性を成り立たせている傾向があると述べている。また、
佐藤 (1992) は、日本語学習者の作文における連文レベルの誤用を、接続詞、
指示語、同語反復と省略、取り立て助詞ハ、文の流れとその他の 6 つの面
から分析している。そして、加藤・小浦方・石上・木戸・田中・長戸
(2016) は、中級前期から上級までの 4 つのレベル別に学習者の作文におけ
る典型的な問題点を考察している。上級レベルの学習者の作文において、分
裂文「〜のは〜」と「〜のが〜」の適切な選択が一つの典型的な問題点とし
て挙げられている。しかし、学習者の作文の情報構造に関する詳細な研究

は、管見の限り見当たらない。そこで、この論文では日本語母語話者と日本語学習者の作文における分裂文の使用の分析を通じて、情報の流れがよりスムーズな作文執筆のための指導法を提示したい。

　寺村（1984）は、「ノハ（強調）構文」はあるコトの一部分が特に関心のある内容（問に対する答）であるとき、そこを抜き出して他と対比的に示す構文であると指摘し、この「ノハ（強調）構文」は英語の it-cleft に対応するもので、英語で It と that 節にはさまれた部分、日本語では「ノハ」に続く部分を「焦点」と呼んでいる。野田（1996）は、ハ分裂文を節が主題になっている「花が咲くのは7月ごろだ」構文と呼び、このような構文が使われるのは、「一方では、「花が咲く」というまとまり全体を主題にしたいからである。また、一方では、「7月ごろ」を聞き手に伝えたいこととして、きわだたせたいから、つまり、そこを文の焦点にしたいからである」（野田 1996: 65）と述べている。また、ハ分裂文の選択について、砂川（1995）はハ分裂文の選択が、「先行文脈から引き継いだ情報の配列という点に深くかかわる」として、「ハ分裂文の主たる機能は、予測可能な項を前置して、先行文脈になるべく近い位置に配列するということに求められる」と結論づけている。このように従来の研究から分裂文の使用は情報の流れと大いに関連があることが分かる。分裂文の使用は、書き手が作文執筆時にどれだけ情報の配列を意識しているかを反映しているのである。この論文では異なったジャンルの作文における分裂文の使用を考察することで、日本語母語話者と日本語学習者が異なったジャンルの作文を書くとき、どのように情報構造を意識して調節しているかを明らかにしたい。

3.　情報構造の分析の方法

　日本語の分裂文にはハ分裂文「AノハBダ」とガ分裂文「AノガBダ」の2種類がある（砂川 1995、2005、2007、清水 2005 など）。分裂文について砂川（2005）は、次の（4）（5）のように、「節が主語になり、その節から特定の成分が取り出されて述部に位置づけられているコピュラ文を「分裂文」と呼ぶことにする。」（砂川 2005: 206）と定義している（（4）（5）は砂川（2005: 206）による）。

（4）　このスクールに最も近いのは、慶應ビジネス・スクールだ。

（5）　このスクールに最も近いのが、慶應ビジネス・スクールだ。

そして、ハ分裂文「ＡノハＢダ」とガ分裂文「ＡノガＢダ」にある「ノ」は節を名詞化する「名詞化辞（nominalizar）」であり、分裂文には命題的に同じ意味をもつ非分裂文が存在するとも述べられている。今回調査したJCK作文コーパスの作文データにおいて日本語学習者のガ分裂文の使用例があまりにも少なく、韓国人学習者が３例で、中国人学習者が０例であったため、今回の考察対象から外し、「ＡノハＢダ」であるハ分裂文だけを取り上げることにした。砂川（2005）の研究を踏まえて、今回の考察対象として取り上げたハ分裂文は次の（6）に示された３種類である。

（6）a.　「私の妹が生まれたのはこの病院である」のようなＡが動詞節である「ＡノハＢダ」コピュラ文

　　　b.　「福岡のラーメンつながりで有名なのは博多中洲に代表される屋台である」のようなＡが形容動詞節である「ＡノハＢダ」コピュラ文

　　　c.　「特にこの傾向が強いのはヨーロッパやアメリカ、日本などの先進国においてである。」のようなＡが形容詞節である「ＡノハＢダ」コピュラ文

そして、分析方法としては、次の（7）の３つの観点から分析を行っている。

（7）a.　ハ分裂文における前項Ａと後項Ｂはそれぞれ予測可能な情報であるかどうか。

　　　b.　後項Ｂは前項Ａとどのような意味関係を持っているか。

　　　c.　ハ分裂文がどのような機能を果たしているか。

ａの情報の質についてはこれまで「新情報・旧情報」、「既知・未知」、「予測可能・予測不可」（砂川 1995）、「活性（active）・半活性（semi-active）・不活性（inactive）」（Chafe 1987）など数多くの概念が提出されているが、この論文は砂川（1995）の情報分析の方法に従って予測可能・予測困難の２種類に分けて分析している。先行文脈から見て次の（8）（砂川 1995: 361）のいずれかに該当する情報を予測可能な情報と認定し、そうでない情報を予測困

難な情報としている。

（8）A　先行文脈が手がかりとなるもの（前方照応）

　　　　1　同一指示対象を示す表現が認められるもの

　　　　　1）　同一表現形式

　　　　　2）　パラフレーズ

　　　　　3）　要約

　　　　　4）　詳述

　　　　　5）　解釈

　　　　2　同一指示対象を示す表現が認められず推論が介在するもの

　　　　　1）　継起関係

　　　　　2）　原因・帰結関係

　　　　　3）　帰結・原因関係

　　　　　4）　対比関係

　　　　　5）　同一スキーマ

　　　B　伝達場面の諸要素が手がかりとなるもの（外界照応）

　　　　　1）　知覚情報

　　　　　2）　発話時

　　　　　3）　話し手の思考・心理・言語行為

　ｂの意味関係の判断は、日本語記述文法研究会（編）（2009）が示した「格助詞と用法の対応」に基づいて行っている。そしてｃは、分裂文の機能について、劉（2010）を踏まえて、先行文脈の特定、特立、後続文脈への継続、先行／後続文脈との対比の４つの機能から考察している。

4.　日本語母語話者の作文におけるハ分裂文

　JCK 作文コーパスの日本語母語話者の作文 60 編を対象にした全数調査でハ分裂文の出現数は 69 例であり、そのうち説明文は 30 例、意見文は 10 例、歴史文は 29 例であった。説明文と歴史文のハ分裂文の使用例数はほぼ同数であるが、意見文のハ分裂文の使用は少ない。前項Ａと後項Ｂの情報の質は、次の表１から分かるように、３つのジャンルの作文が同じ傾向を示している。前項Ａは予測可能が多く、それぞれ 97%、100%、93% であるの

に対し、後項 B は予測困難な情報が来る場合が多く、それぞれ 80%、90% と 90% である。これは、ハ分裂文の使用は［A（予測可）ノハ B（予測不可）ダ］が最も典型的な型であるという砂川（1995）の指摘と一致している。

表 1　日本語母語話者の作文におけるハ分裂文の情報の質

	A 予測可能	A 予測困難	B 予測可能	B 予測困難	合計
説明文	29　（97%）	1（33%）	6（20%）	24（80%）	30（100%）
意見文	10（100%）	0　（0%）	1（10%）	9（90%）	10（100%）
歴史文	27　（93%）	2　（7%）	3（10%）	26（90%）	29（100%）

（小数点以下を四捨五入、以下同様）

ハ分裂文の文中における機能は、表 2 から分かるように、3 種類の作文のいずれでも高い割合でハ分裂文が後続文脈への継続機能を果たしている。また他の機能は、説明文では特立と対比が 9 例（30%）、意見文においては特立が 1 例（10%）、歴史文においては特定が 1 例（3%）、対比が 5 例（17%）観察された。ここから最も多いのは後続文脈への継続機能であることが分かる。

表 2　日本語母語話者の作文におけるハ分裂文の機能

	特定	特立	継続	対比	その他	例文数
説明文	0（0%）	9（30%）	22　（73%）	9（30%）	1　（3%）	30
意見文	0（0%）	1（10%）	10（100%）	0　（0%）	0　（0%）	10
歴史文	1（3%）	0　（0%）	20　（69%）	5（17%）	4（14%）	29

（（　）はそれぞれの機能の用例数と例文数の割合を示すものである。2 つ以上の機能が同時に働く場合もあるので、各機能の合計は 100% ではない。）

表 1 と表 2 を合わせてみると、ハ分裂文の使用の 8 割以上は前置要素 A が予測可能な情報で、後置要素 B が予測困難な情報で、そして、予測困難な情報 B が後続文脈で語り続けられている。つまり、先行文脈と関連する情報を前に置き、後続文脈と関連がある情報を後にするためにハ分裂文が用いられている。「旧から新へ」といった情報の流れは多くの言語に見られる原則であり、述語が文末に置かれる日本語でも、ハ分裂文の使用は情報の流れをスムーズにする手段として日本語母語話者の作文において観察されている。

126 | 劉 洋

　情報の質とハ分裂文が働く機能においては、3つのジャンルの作文で同じ傾向を見せているが、後置された要素Bと前置された要素Aの意味関係を観察すると、ジャンルによる使用の偏りが見られた。表3から分かるように、説明文では後置された要素BがAの主体と対象である用例が最も多く、それぞれ37%（11例）と47%（14例）であるのに対し、歴史文では時と起因・根拠が最も多く、それぞれ41%（12例）と21%（6例）である。説明文・歴史文と比べて意見文におけるハ分裂文の使用は少なく、10例しかなかったが、BとAの意味関係は80%（8例）が対象に集中し、残りの2例が主体である。

表3　日本語母語話者の作文におけるハ分裂文の前後項の意味関係

	主体	対象	相手	時	起因根拠	目的	場所	合計
説明文	11 (37%)	14 (47%)	0 (0%)	2 (7%)	0 (0%)	1 (3%)	2 (7%)	30 (100%)
意見文	2 (20%)	8 (80%)	0 (0%)	0 (0%)	0 (0%)	0 (0%)	0 (0%)	10 (100%)
歴史文	5 (17%)	4 (14%)	2 (7%)	12 (41%)	6 (21%)	0 (0%)	0 (0%)	29 (100%)

　また、次の表4のように、日本語母語話者が書いた説明文において後続文脈への継続の機能を持つ用例の86%が紹介する場所またはものを導入する場合に使われている。また、意見文において継続として使われているハ分裂文の80%が原因や問題点を導入するのに使われている。そして、歴史文において継続のうち60%の用例が趣味を始めるきっかけを導入するのに使われている。次の（9）（10）（11）がそれぞれ説明文と意見文、歴史文の例である。

表4　日本語母語話者の作文におけるハ分裂文の使用偏り

説明文	継続	紹介する場所・もの	その他
	22 (100%)	19 (86%)	3 (14%)
意見文	継続	原因・問題点	その他
	10 (100%)	8 (80%)	2 (20%)
歴史文	継続	きっかけ	その他
	20 (100%)	12 (60%)	8 (40%)

第 7 章　流れがスムーズになる情報構造の作り方　| 127

（9）　個人的に「みなとみらい地区」でオススメするのはカップヌード
　　　ルミュージアムである。カップめん業界の大手である日清食品の
　　　人気商品「カップヌードル」をフィーチャーした博物館であり、
　　　ここでは自作の「カップヌードル」が作られるため、非常に楽し
　　　い時間を過ごせるであろう。　　　　　　　　　　　　　　（j01-1）

（10）　では、晩婚化が進むとどのような問題が生じるのか。まず挙げら
　　　れるのは少子化の問題である。婚期が遅れれば遅れるほど、子供
　　　の数は相対的に少なくなる。　　　　　　　　　　　　　（j18-2）

（11）　そもそも旅に興味を持ったのは、大学 2 年の初めである。友達
　　　がこんな企画を打っていた。「東京 - 大阪ヒッチハイクの旅」で
　　　ある。初対面の同世代とペアを組み、朝から日が変わるまでに大
　　　阪に到着するというもの、しかもヒッチハイクで。なぜその企画
　　　に参加したのか、その動機ははっきり覚えていない。本当に偶然
　　　だったように思う。なんとなく暇だから参加してみよう、そんな
　　　程度だった。　　　　　　　　　　　　　　　　　　　　（j11-3）

　以上、日本語母語話者の作文では、情報の構造は［予測可能→予測困難］
であり、ジャンル毎にハ分裂文を機能的に使っていることが分かった。

5.　学習者が書いた作文におけるハ分裂文

5.1　ハ分裂文の情報構造の特徴

　中国人学習者が書いた 3 つのジャンルの作文からはハ分裂文を 57 例抽出
できた。そのうち説明文は 19 例、意見文は 8 例、歴史文は 30 例である。
使用数から見れば、説明文における使用例は日本語母語話者より少ないが、
意見文と歴史文のハ分裂文の使用例は日本語母語話者とほぼ同数である。そ
して、韓国人学習者が書いた 3 つのジャンルの作文からはハ分裂文が 27 例
抽出できた。そのうち説明文は 6 例、意見文は 2 例、そして、歴史文は 19
例である。使用数は日本人と中国人より少ない。まとめると表 5 となる。

表5　日本語母語話者と日本語学習者の作文におけるハ分裂文使用数

	説明文	意見文	歴史文	合計
日本語母語話者	30	10	29	69
中国人学習者	19	8	30	57
韓国人学習者	6	2	19	27

　また、ハ分裂文の前項Aと後項Bの情報の質を見てみると、学習者が書いた作文は日本語母語話者と似たような傾向を見せている。説明文と歴史文では［A（予測可能）ノハB（予測困難）ダ］といった情報構造が安定して存在している。次の表6で示すように、前項Aが予測可能な情報の比率は、説明文においては中国人学習者が100%、韓国人学習者が83%、意見文においては中国人と韓国人とも100%で、歴史文においても中国人、韓国人とも100%である。後項Bについては、説明文と歴史文においては同じ傾向であり、予測困難である情報の比率が高くて、説明文が中国人と韓国人それぞれ95%と100%で、歴史文が中国人と韓国人それぞれ70%と84%である。

表6　日本語学習者の作文におけるハ分裂文の情報種類

		A予測可能	A予測困難	B予測可能	B予測困難	合計
説明文	日	29　(97%)	1 (3%)	6 (20%)	24　(80%)	30 (100%)
	中	19 (100%)	0　(0%)	1　(5%)	18　(95%)	19 (100%)
	韓	5　(83%)	1 (17%)	0　(0%)	6 (100%)	6 (100%)
意見文	日	10 (100%)	0　(0%)	1 (10%)	9　(90%)	10 (100%)
	中	8 (100%)	0　(0%)	6 (75%)	2　(25%)	8 (100%)
	韓	2 (100%)	0　(0%)	1 (50%)	1　(50%)	2 (100%)
歴史文	日	27　(93%)	2　(7%)	3 (10%)	26　(90%)	29 (100%)
	中	30 (100%)	0　(0%)	9 (30%)	21　(70%)	30 (100%)
	韓	19 (100%)	0　(0%)	3 (16%)	16　(84%)	19 (100%)

　意見文においては情報構造が少し異なっている。中国人学習者の作文においてBが予測可能である用例の比率は高く75%もあり、それに対して予測困難な用例が25%である。そして韓国人学習者の意見文はそれぞれ50%である。つまり、［A（予測可能）のはB（予測可能）］である構造になっている。

前項要素と後項要素とも予測可能である場合は、伝達する情報量が低く、談話において対比として用いられることが多い。次の（12）は後続文脈と対比的に使われている例である。

　　（12）　何故なら、今、このところで生きているのは私たち自身で、今の
　　　　　　私たちでなければ、この問題について話すことはあまり意味がな
　　　　　　いと思うからです。
　　　　　　　　　　　　　　　　　　　　　　　　　　　　　　（k22-2）

　学習者が書いた意見文において後項Bが予測可能な情報である比率が日本語母語話者より高くなるのは、ハ分裂文の使用数が少ないことと、機能的に使用されていないからだと考えられる。意見文においてはハ分裂文の使用数が特に少なく、韓国人学習者が書いた20の意見文には2例しかなかった。意見文におけるハ分裂文の使用は学習者だけではなく、日本語母語話者の作文も同じ傾向である。また、日本語母語話者がジャンルによってハ分裂文を機能的に使っているのに対し、学習者はジャンルによって機能的にハ分裂文を使用する意識が薄いため、意見文におけるハ分裂文が少ないと考えられる。次節からは学習者の作文におけるハ分裂文の機能について述べる。

5.2　ジャンルによって機能的にハ分裂文を使い分けていない

　学習者の作文におけるハ分裂文が働く機能は次ページの表7のとおりである。表7からハ分裂文の使用の中で持続の機能が最も多いことが分かる。中国人学習者と韓国人学習者の持続のハ分裂文の使用率は、説明文においてそれぞれ84%と83%、意見文においてそれぞれ63%と50%、そして、歴史文において77%と63%である。この点において日本語学習者は日本語母語話者と同じ傾向を示している。

130 ｜ 劉　洋

表7　日本語母語話者と日本語学習者の作文におけるハ分裂文の機能

		特定	特立	持続	対比	その他	例文数
説明文	日	0　(0%)	9 (30%)	22　(73%)	9 (30%)	1　(3%)	30
	中	0　(0%)	5 (26%)	16　(84%)	2 (11%)	1　(5%)	19
	韓	0　(0%)	2 (33%)	5　(83%)	1 (17%)	0　(0%)	6
意見文	日	0　(0%)	1 (10%)	10 (100%)	0　(0%)	0　(0%)	10
	中	1 (13%)	2 (25%)	5　(63%)	1 (13%)	2 (25%)	8
	韓	0　(0%)	0　(0%)	1　(50%)	1 (50%)	0　(0%)	2
歴史文	日	1　(3%)	0　(0%)	20　(69%)	5 (17%)	4 (14%)	29
	中	0　(0%)	7 (23%)	23　(77%)	5 (17%)	6 (20%)	30
	韓	0　(0%)	5 (26%)	12　(63%)	4 (21%)	3 (16%)	19

（（　）はそれぞれの機能の用例数と例文数の割合を示すものである。2つ以上の機能が同時に働く場合もあるので、各機能の合計は100％ではない。)

　既に述べたように、日本語母語話者はジャンルによってハ分裂文の使用に偏りが見られた。それに対して、学習者の作文では、次ページの表8と表9から分かるように、ジャンル間には使用の偏りがあまり見られない。表8は、後項Bが前項Aの述語との意味関係を表すものである。

　日本語母語話者の説明文においてはBがAの対象である用例が最も多くて、全体の47％を占めているが、歴史文においてはBがAの時を表す要素が最も多くて41％である。説明文と歴史文とではジャンルが違うのでハ分裂文の後置要素BとAの関係が違ってくる。それに対して、学習者が書いた説明文は歴史文と同じように、BがAの対象である用例が最も多い。説明文においては中国人学習者の58％、韓国人学習者の33％がBを対象としている。歴史文においては中国人学習者の50％、韓国人学習者の42％がBを対象としており、説明文におけるハ分裂文の使用とは大きな差がないのである。意見文においては、中国人学習者のハ分裂文の使用はBがAの主体が多くて、75％である。韓国人学習者の意見文におけるハ分裂文の使用は主体と起因・根拠の1例ずつである。

第 7 章　流れがスムーズになる情報構造の作り方　│　131

表 8　日本語学習者の作文におけるハ分裂文の前後項の意味関係

	説明文			意見文			歴史文		
	日	中	韓	日	中	韓	日	中	韓
主体	11 (37%)	7 (37%)	1 (17%)	2 (20%)	6 (75%)	1 (50%)	5 (17%)	5 (17%)	5 (26%)
対象	14 (47%)	11 (58%)	2 (33%)	8 (80%)	1 (13%)	0 (0%)	4 (14%)	15 (50%)	8 (42%)
相手	0 (0%)	0 (0%)	0 (0%)	0 (0%)	0 (0%)	0 (0%)	2 (7%)	0 (0%)	0 (0%)
時	2 (7%)	0 (0%)	1 (17%)	0 (0%)	0 (0%)	0 (0%)	12 (41%)	5 (17%)	3 (16%)
根拠 起因	0 (0%)	0 (0%)	1 (17%)	0 (0%)	1 (13%)	1 (50%)	6 (21%)	4 (13%)	3 (16%)
目的	1 (3%)	1 (5%)	0 (0%)	0 (0%)	0 (0%)	0 (0%)	0 (0%)	0 (0%)	0 (0%)
場所	2 (7%)	0 (0%)	0 (0%)	0 (0%)	0 (0%)	0 (0%)	0 (0%)	0 (0%)	0 (0%)
内容	0 (0%)	0 (0%)	1 (17%)	0 (0%)	0 (0%)	0 (0%)	0 (0%)	1 (3%)	0 (0%)
合計	30 (100%)	19 (100%)	6 (100%)	10 (100%)	8 (100%)	2 (100%)	29 (100%)	30 (100%)	19 (100%)

　次の表 9 は、後項 B が持続される例を取り出し、分裂文の後続文脈で、学習者に母語話者と同じ偏りが見られるかどうかを示したものである。

表 9　ハ分裂文の使用の偏りの比較

	説明文		意見文		歴史文	
	持続	紹介する場所 （もの）	持続	原因・ 問題点	持続	きっかけ
日本人	22 (100%)	19 (87%)	10 (100%)	8 (80%)	20 (100%)	12 (60%)
中国人	16 (100%)	6 (38%)	5 (100%)	1 (20%)	23 (100%)	6 (26%)
韓国人	5 (100%)	2 (40%)	1 (100%)	1 (100%)	12 (100%)	2 (17%)

説明文において、日本語母語話者が使用した後項 B が持続されるハ分裂

文のうち 87% の 19 例が、導入された場所またはものを紹介する内容が続いているのに対して、中国人学習者の比率は 38% で、韓国人学習者の比率は 40% である。つまり、日本語母語話者の説明文においてハ分裂文を使用する主な動機は紹介する場所またはものを導入することであるが、学習者はそのような明確な動機が見られない。例えば、食べ物を紹介する場合に日本語母語話者は、[ハ分裂文を用いて紹介するものを後項Bとして導入→Bについて詳しく説明] というパターンを用いる。それに対して、学習者の場合は [普通の平叙文を用いて紹介するものを導入→少しそれについて説明→ハ分裂文を用いて紹介したものを後項Bとして強調→Bについて補足説明] といったパターンである。次の (13) と (14) はそれぞれ日本語母語話者と中国人学習者の使用例である。(13) ではまずハ分裂文を用いて、紹介しようとする「ふぐ」を導入する。その後はふぐについて詳しく説明する内容が続いている。(14) はふつうの平叙文を用いてこの後紹介する「マテルホテルとマテルアイス、マテルパン」を導入して、それからそれについて「『マテルアイス』『マテルパン』おいしくて、昔からもハルビン人が好きになる」と少し説明したあと、ハ分裂文を用いてマテルアイスとマテルパンを強調する。その後「食べたら、一生忘れられない。」と補足する。2つの用例を比べると、日本語母語話者のほうが情報の流れがよりスムーズで、読み手にとって受け入れやすいと考えられる。

(13) 下関は食も盛んだ。唐戸市場では毎日新鮮な魚が水揚げされるが、<u>殊に有名なのはふぐである。</u><u>山口の訛りでは「ふく」と呼ばれ、「福」の字に掛けて縁起の良い魚として多くの人に食されており、また観光案内図などにもふくのイラストが添えられるなど下関を訪れる人の舌だけでなく目をも満足させている。</u>その他有名な食品として瓦そばと夏みかんを紹介したい。　　　　　　　(j17-1)

(14) 中央大街のなかで、「マテル」はハルビン人はすべて知っているメーカーである。<u>「マテルホテル」「マテルアイス」「マテルパン」</u>がある。「マテルホテル」もロシア式のホテルである。とても立派な伝統的なホテルである。<u>「マテルアイス」「マテルパン」おいしくて、昔からもハルビン人が好きになる。</u>もし、中央大街に旅

行になったら、おすすめのは「マテルアイス」「マテルパン」だ。[食べたら、一生忘れられない。]夜はライトアップされ、遅くまで多くの人でにぎわう。 (c20-1)

　また、韓国人学習者の説明文におけるハ分裂文の使用も、日本語母語話者のような使用傾向が見られなかった。韓国人学習者の説明文においてはハ分裂文の使用が少なく、6例しかなかった。そのうちBが持続される用例が5例であるが、紹介する場所またはものを導入するのは2例（40%）であった。次の（15）はハ分裂文を用いて紹介する場所である「ソウル市民の森」を導入して、後続文脈で「ソウル市民の森」について詳しく説明している。（16）はハ分裂文をもって紹介する理由を後置して、後続文脈は具体的な理由を説明している。

（15）　まず、第一にいえるのはやはり「ソウル市民の森」という公園なんですが、これは昔、あまりきれいではなかった「漢江」の周りを整理してから作った公園です。「ソウル市民の森」は、ここが到底ソウルだとは考えられない程きれいに整備されました。 (k22-1)

（16）　それを敢えて紹介しようと考えたのは、それが、現代を生きている我われの周りの中で、未だに、我われの生活の中で会えるからです。本を一冊買いに行っても、すぐそばに、いつも入られる朝鮮時代の遺跡がのこっていて、とてもあたり前の景色としてなっているのが、一番良いところだと思います。 (k22-1)

　意見文においては、日本語母語話者も学習者もハ分裂文の使用例が少ないが、日本語母語話者の使用にははっきりした傾向があり、ハ分裂文の80%が晩婚化の原因または晩婚化が引き起こしうる問題を導入するのに使われている。このようなハ分裂文の使用は中国人学習者の意見文と韓国人学習者の意見文においてそれぞれ1例あった。次の（17）は晩婚化の原因を導入する中国人学習者の使用であり、（18）は導入しない例である。

（17）　私からとみると、晩婚化の現象がますます拡大することになったのは、現代社会の女性たちの考えとか、役割とか、大きく変わったからだと考えている。経済が急速に発展している時代、女性たちは以前のような家庭主婦だけではなく、現代の女性たちは、独

立して、社会での地位も大きく向上していた。　　　　　　（c15-2）

（18）　もし、国にいるのは全部が老人である、この国も老人のように老
　　　　いる。最後は、人間と国はなくなってしまう。　　　　　（c25-2）

　次の（19）と（20）は韓国人学習者の使用例である。（19）は晩婚化の原因
の一つである、女性の男性に対する期待値が高くなる原因を導入するときに
ハ分裂文を使っている。そして（20）は導入なしの例である。

（19）　期待値が高くなったのはメディアのせいかもしれないという意見
　　　　もある。テレビなどでいい男性のことをあまりにも理想的に描い
　　　　てあって、理想の男性を追っている女性が多いのだ。　　（k04-2）

（20）　何故なら、今、このところで生きているのは私たち自身で、今の
　　　　私たちでなければ、この問題について話すことはあまり意味がな
　　　　いと思うからです。　　　　　　　　　　　　　　　　　（k22-2）

　歴史文において、日本語母語話者が使用している後項Bが持続される20
例のハ分裂文のうちの12例（60%）が、趣味を始めるきっかけを導入するの
に使われている。それに対して、学習者の歴史文におけるハ分裂文の使用は
そうした傾向が見られない。中国人学習者の歴史文において、きっかけの導
入に使われているハ分裂文は6例で、持続される用例の26%である。次の
（21）と（22）はそれぞれきっかけを導入する例と導入しない例である。

（21）　手作りに好きになるのは実は小さい時からのです。まだ小学校も
　　　　前だと思います。その時、誕生日プレゼントとして、母がきれい
　　　　な人形を買ってくれました。　　　　　　　　　　　　（c55-1）

（22）　練習のとき、林先生のおっしゃったとおりに、ほかの人を見ない
　　　　で、自分の体だけを注意します。今はずっとヨガのことを諦めな
　　　　いで、（略）私はもう一度ヨガを練習できるのは林先生の励まし
　　　　あってのことです。林先生に感謝します。　　　　　　（c56-1）

　韓国人学習者の歴史文において、Bが持続される用例は12例あり、その
うちきっかけの導入に使われているハ分裂文は2例（17%）だけである。次
の（23）はきっかけを導入する例であり、ハ分裂文を用いて日本のドラマが
好きになるきっかけを導入して、後続文脈でそのきっかけを詳しく説明して
いる。（24）は導入しない例である。

第 7 章　流れがスムーズになる情報構造の作り方　| 135

(23)　私が初めに日本のドラマを見たのは中学生 2 先生のとき、第 2
　　　外国語として日本語の授業を受けているときでした。そのとき、
　　　日本語の先生はごくせんというドラマをよく見せてくれながらド
　　　ラマの中から出てくる単語や表現を学べるようにしました。

(k18-3)

(24)　海外ドラマや韓国のドラマ、メロー映画や推理映画、ジャンルを
　　　分けず好きで、見ていますが今まで一番多く見たのは日本のドラ
　　　マです。日本のドラマがなぜかずっと見られました。　　(k11-3)

　日本語母語話者はジャンルによって機能的にハ分裂文を使用するのに対
し、学習者にはジャンルによって機能的にハ分裂文を使用する傾向が見られ
ない。情報構造から見れば、学習者作文におけるハ分裂文の情報構造［A（予
測可能）ノハ B（予測困難）だ］が安定して存在しているのと、後項 B が後
続文脈で持続されるのが多いということから見れば、学習者の作文において
単にローカル的に情報を整理するのに使われていると考えられる。

5.3　ハ分裂文の誤用

　このデータベースから収集した学習者のハ分裂文は誤用が多かった。中国
人学習者が使用した分裂文の 53% に何らかの形の誤用があり、韓国人学習
者はやや少なく、用例の 37% に誤用が現れている。具体的には次の (25) の
(a)～(e) に分類した。(26)～(30) はそれぞれの例である。例文の () は
私による訂正である。

　(25)（a）文末助動詞「だ」、原因を表す「から」などが脱落した文末形
　　　　　式の誤用
　　　（b）助詞の誤用、特に「が」と「は」の誤用が多い
　　　（c）テンス・アスペクトの誤用
　　　（d）ボイスの誤用
　　　（e）語彙選択の誤用
　(26)　そして習った期間が短いだったのは、私の性格が好奇心は多いが
　　　　飽きっぽいのところもあるので一つを習っても長く続けなかった
　　　　です（→続かなかったからです）。　　　　　　　　(k03-3)

(27) 私は（→が）いつも行くのは地下商業街です。 (c14-1)

(28) 好きな理由は色々あるけど、その中で私が一番気に入る（→入っている）のはハンガンの自転車道路です。 (k06-1)

(29) いちばん目立つのはヨットのような形で作り上げた高級旅館と海天劇場という海上に建てる（→建てられた）劇場だ。 (c28-1)

(30) まず、第一にいえる（→紹介したい）のはやはり「ソウル市民の森」という公園なんですが。 (k22-1)

以上のように、分類した誤用は単独で出現したものではなく、複数の間違いがある場合が多い。例えば次の（31）である。

(31) ハルビン市を象徴するロシア建築である。おもしろい（→おもしろかった）のは、私は（→が）聖ソフィア大聖堂の前で撮った写真をブログに載せたあと（→載せると）、たくさん（→たくさんの）日本人友達と韓国人友達は（→が）「キレイ（→きれいだ）なぁ　ヨーロッパに行ったの？」と聞いた（→聞いたことだ）。

(c20-1)

　学習者のハ分裂文の誤用はあくまでも文法と語彙の間違いであるが、ハ分裂文が普通の平叙文から変形する操作を通じてできたものであるため、学習者にとってなおさら間違いやすくなる。

6.　情報の流れの改善点と指導法

　ここでは、これまでの議論を踏まえ、流れがスムーズになる情報構造の作り方について検討し、初中級レベル、中上級レベル、上級レベルの３つの段階に分け、それぞれ提案する。節の最後にすべてのレベルのシラバス案を一覧表にして提示する。

6.1　初中級レベルにおける「情報構造シラバス」

　初中級レベルは文の産出を初めて本格的に行うレベルである。そのため、文の構成要素が表す情報の質が異なっていることを認識させるべきである。文の１つ１つの構成要素が伝達の面において情報価値が異なっていることを学生に認識させる。また、情報の新旧は日本語の文法にも大きく関与して

いることを学生に伝える。例えば、「は」と「が」の使い分けや、自己紹介のときに「私」を省略するなどの言語現象は情報の新旧と関わるものである。特に母語が孤立語である中国人日本語学習者が最初に「は」と「が」に接触したとき、なかなか慣れずに戸惑うことがよくある。したがって、助詞の選択練習をするとき、「は」と「が」によって表す情報の質の相違を説明して学生に情報の新旧を意識させるとよいだろう。

6.2 中上級レベルにおける「情報構造シラバス」

　中上級レベルは本格的な作文を書く段階である。この段階ではより分かりやすく情報がスムーズに流れる作文を書けるように次のことを提案したい。

　まず、学生に情報の流れを意識させることである。教師はまず学生に作文を書かせるとき、分かりやすく書くことを心がけるよう伝えることが大事である。学習者が日本語で作文を書くとき、文法や語彙の選択で精いっぱいになり、思いついたことを自分が知っている語彙で日本語の文法にのっとって文を組み立てることばかりに意識が向きがちで、情報の流れがスムーズになっているかどうかを考える余裕はない。したがって、学生に作文を書くときに情報の流れの重要さを認識させることが必要である。モデル文を読ませるとき、学生に情報の流れに気付かせながら読ませるといいだろう。中上級段階で、モデル文を一文一文に切って、順序を変えて学生に提示して、学生にモデル文を並べ替える練習をさせることも有効であろう。

　そして、機能文型である分裂文が、情報の流れを調整するのに重要な役割を果たせるよう、学生に分裂文を適切に使わせるように心がけるべきである。これは文法の習得にもつながることであるが、分裂文の文末形式に特に注意させる必要がある。モデル文に分裂文を挿入する練習をさせるのもよいだろう。そして、異なるジャンルによって、機能文型である分裂文の使用も異なっているため、ジャンルに応じた的確な分裂文の使い分けも意識させる必要もあるだろう。

6.3 上級レベルにおける「情報構造シラバス」

　上級レベルでは、小論文やレポートを作成するための指導が主となり、こ

のレベルの学習者にとって、分かりやすく論理的に自分の考えを読み手に伝えることが大事である。教師が用意するモデル文を学生に読ませるとき、段落構成や、言葉遣いなどについて指導するとともに、モデル文の情報の流れについての説明も必要である。特に小論文やレポートの作成には論理的な情報の流れが求められているため、モデル文の各段落において情報がいかに論理的に展開されているかの解説が必要になる。また、この段階でもモデル文を並べ替える練習も有効だと考えられる。

　上級レベルになると、作文の添削は教師が一方的にするのではなく、学習者がペアあるいはグループになり、お互いの作文を読んで、分かりやすい文章または分かりにくいところを指摘して議論させることによって、流れがスムーズである文章とそうでない文章の差を実感させることが有効だと考えられる。学習者に文章を作成し始めるときから完成するまで常に情報の流れがスムーズであるかどうかという意識を持たせることが重要である。

表 10　レベル別による情報構造シラバス

初中級レベル
・ 文の構成要素が表す情報の質の違いの習得。 ・ 文の 1 つ 1 つの構成要素が読み手にとって予測可能と予測困難の違いを意識させる。 ・「は」と「が」による表す情報の新・旧の習得。
中上級レベル
・ 情報の流れへの意識付け。 ・ モデル文の情報流れを説明する。 ・ モデル文の順序を変え、学習者に並べ替える練習をさせる。 ・ 機能文型の適切な使用。 ・ 機能文型である分裂文を正しく、そして異なったジャンルによって適切に使わせる。さまざまなジャンルの文章に分裂文の挿入練習をして機能文型の使い方を学習する。
上級レベル
・ 読み手を意識した分かりやすい情報の流れがスムーズ且つ論理的な文章を作成する方法の習得。 ・ 小論文やレポートなどのモデル文を並べ替える練習の活用。 ・ 相互学習による学習者主体の添削によって、情報の流れがスムーズの文章を自主的に作成することを目指した指導を行う。

7. おわりに

　文章の情報の流れがスムーズであるかどうかは、多くの要因が関わる問題である。この章は情報を調整する機能文型である分裂文の使用を分析することを通じて、日本語母語話者と日本語学習者の作文における情報の流れを考察したものである。しかし、分裂文の使用は情報を調整する手段の一つに過ぎない。主題の選択や、接続表現の使用も情報の流れに大きく関与している。特に、接続表現が明示されていない文と文のつながりがスムーズであることは文章の分かりやすさの向上に大きく寄与するものである。文と文のつなぎがスムーズであるかどうかは、語彙、文法、そして構文が正しく使用されるかどうかだけの問題ではなく、学習者の思考力によるところも大きい。文章の情報の流れはあくまでも書き手の頭の中に形成された命題内容を文字を通じて読み手に伝える順序である。読み手が日本人であることを想定した文章の作成は、日本人読み手が受け入れやすい流れの順序が必要となる。したがって、語彙や文法、文型の学習と同時に、日本人の典型的な思考様式を身につけることも求められている。この点について、日本語母語話者による各ジャンルの文章における典型的な情報の流れをパターン化して、それをもとにした指導が有効であろう。これについては今後の課題としたい。

引用文献

加藤あさぎ・小浦方理恵・石上綾子・木戸光子・田中孝始・長戸三成子 (2016)「中上級日本語学習者のレベルチェック作文における典型的問題点」『筑波大学グローバルコミュニケーション教育センター日本語教育論集』31, pp. 127–145.

佐藤政光 (1992)「日本語学習者の作文における連文レベルの誤用について」『明治大学教養論集』251, pp. 173–187.

清水まさ子 (2005)「分裂文と非限定的連体節の話題導入機能の違い」『国文目白』45, pp. 120–129, 日本女子大学.

砂川有里子 (1995)「日本語における分裂文の機能と語順の原理」仁田義雄(編)『複文の研究(下)』pp. 353–388, くろしお出版.

砂川有里子 (2005)『文法と談話の接点 —— 日本語の談話における主題展開機能の研究 ——』くろしお出版.

砂川有里子 (2007)「分裂文の文法と機能」『日本語文法』7 (2), pp. 20–36.

寺村秀夫 (1984)『日本語のシンタクスと意味Ⅱ』くろしお出版.

遠山千佳 (2012)「日本語学習者の作文における＜語彙＞と＜談話の一貫性＞の関係についての一考察 —— 記憶による指示対象へのアクセス可能性の観点から —— 」『Studies in language science』2, pp. 91–106, 立命館大学大学院言語教育情報研究科.

日本語記述文法研究会 (編) (2009)『現代日本語文法 2 第 3 部格と構文 第 4 部ヴォイス』くろしお出版.

野田尚史 (1996)『新日本語文法選書 1 「は」と「が」』くろしお出版.

藤森弘子 (2005)「結束性の観点からみた初級日本語学習者の作文」『東京外国語大学留学生日本語教育センター論集』31, pp. 95–109, 東京外国語大学留学生日本語教育センター.

劉洋 (2010)「中国語 "A 的是 B" 構文の使用に関する一考察 —— 日本語の「A のは B だ」分裂文と対照しながら —— 」『中国語学』257, pp. 108–126, 中国語学研究会.

Chafe, W. (1987) Cognitive constraints on information flow. In R. Tomlin (ed.) *Coherence and grounding in discourse*, pp. 215–251. Amsterdam: John Benjamins.

第8章

流れがスムーズになる
接続詞の使い方

俵山雄司

1. はじめに

　接続詞は、文と文、あるいは段落と段落とのつながりを示す手段の1つである。接続詞が適切に使用されれば、文章の流れがスムーズになり、読み手は文章の内容を正確に読み取ることはもちろん、内容が今後どう展開するかを適切に予測できたりする。逆に、接続詞が適切に使用されなければ、読み手は文章の読解の際に、大きなストレスを感じることになる。

　この章では、この接続詞を対象とした調査により以下の点を明らかにする。

（1）　文頭の位置において、日本語母語話者と日本語学習者の接続詞の使用にどのような違いがあるのか。

（2）　学習者が、日本語習得のどの段階で、接続詞について何をどのように学べばよいのか。

以下、**2.** では先行研究とこの章の意義、**3.** では分析方法を述べる。**4.** では、日本語母語話者と日本語学習者の接続詞の使用実態についての調査結果を示し、いくつかの点に着目して分析する。それに基づき、**5.** ではレベル別のシラバスを示す。**6.** でこの章のまとめを行う。

2. 先行研究とこの研究の意義

　まず、接続詞の使用実態についての研究のうち、同条件で日本語母語話者

と日本語学習者の文章の比較を行っている浅井 (2003)、原田 (2005) を紹介する。

　浅井 (2003) は、「ゴミ問題の現状と解決法」というテーマで、日本語母語話者 30 人と日本語学習者 (中国語母語) 32 人が執筆した作文をデータとしている。分析の結果、母語話者では添加型、逆接型、同列型の順で、学習者では添加型、逆接型、順接型の順で多く使われていた。特に、順接接続詞は差が目立ち、母語話者が 5 例なのに対し学習者は 26 例だったという。

　原田 (2005) は、日本語母語話者が執筆した大学入試小論文の模範解答 80 編と上級日本語学習者 (中国語母語) が執筆した小論文 80 編をデータとした調査を行っている。その結果、日本語母語話者が多用する「このように」「たしかに」「そのため」が日本語学習者の文章にはみられず、一方で、日本語学習者が多用する「でも」「ですから」「それに」は日本語母語話者の文章にはみられなかったとしている。

　上記の研究では、それぞれに興味深い結果が得られているが、異なるジャンル・課題の下では異なる接続詞が使われることも予想される。そのため、複数のジャンル・課題で執筆した文章をデータとした調査も必要である。

　ここで参考にしたい研究に、12 のタスクによって書かれた文章から構成されるコーパスを使って接続詞の使用頻度を調査した金 (2014) がある。ただ、タスク別に頻度を調査したのは「そして」の 1 形式のみである。この章では、説明文・意見文・歴史文という 3 ジャンルの文章を対象とし、接続詞全般について分析を行う。今回のデータは約 2,000 字と長く、各データの文字数もほぼ統一されているため、談話のグローバルな構造に関わるような接続詞の出現の様相を観察するのに適していると言えるだろう。

3.　分析の方法

　ここでは、分析の対象を、文頭に出現する接続詞に限定する。接続詞の認定基準は、石黒 (2016) のリストを参考にしている。使用数のカウントの細則は、次のとおりである。1) 接続詞が「だが一方で」のように 2 つ連なって用いられている場合は、先頭にあるもののみを取り上げる。2) 文頭にあっても「特に紹介したいのは、食べ物である」のように、名詞修飾節内に

含まれていると解釈されるものは、対象から除外する。3）誤用やタイプミスと思われるものも、原則的にそのままカウントする。例えば「ただし」を「だたし」と誤記したと思われるものは、「ただし」とは別のものとしてカウントする。4）「例えば」「たとえば」のように表記が複数ある語は、本データで多く使用されている表記でまとめて示す。

　具体的な手順としては、まず、JCK 作文コーパスの全ての作文から目視で接続詞を抜き出し、これに執筆者番号を関連づけたデータファイルを作成した。次に、これに基づいて使用数や使用人数を算出した。その後、作文コーパス web サイトの検索機能を用いて、それらの数の確認を行った。

4.　接続詞の分析の結果

　以下では説明文、意見文、歴史文の順に各母語話者の使用状況を示し、分析を加える。

4.1　説明文における使用状況の比較

　まず、説明文における使用状況をみる。ここでは、各母語話者のデータで 4 例以上出現した形式のみ挙げる。表 1（次ページ）は、使用数の順に形式を並べたものである。使用数の右の数字は、20 人中の使用人数を示している。

　上位に入った形式をみてみると、「また」「そして」は各話者のデータで共通して使用数トップ 3 に入っており、使用人数も比較的多い。また、「しかし」も日本語母語話者（以下、JP）で 2 位、中国語母語話者（以下、CN）で 6 位、韓国語母語話者（以下、KR）で 4 位などそれぞれ使用数の上位を占めているなど、共通点も多い。

表1　説明文における接続詞の使用数と使用人数

日本語母語話者			
No	形式	使用数	人数
1	また	35	16
2	しかし	18	9
3	そして	13	9
4	例えば	10	6
5	まず	9	8
5	さらに	9	5
7	このように	7	5
8	特に	5	5
9	さて	4	3
9	実際	4	3
9	そのため	4	3
9	まずは	4	3

中国語母語話者			
No	形式	使用数	人数
1	そして	26	8
2	でも	16	7
3	また	13	7
4	例えば	12	9
5	だから	11	8
6	しかし	8	7
6	特に	8	7
8	それに	6	4
9	まず	5	5
10	そのほか	4	4
10	では	4	4

韓国語母語話者			
No	形式	使用数	人数
1	そして	58	15
2	また	38	12
3	それで	25	8
4	しかし	15	7
5	まず	9	9
6	特に	8	5
7	このように	7	6
7	最後に	7	6
7	なので	7	4
7	それに	7	4
11	そのため	6	6
12	例えば	5	3
12	でも	5	3

　次に、相違点について、特に使用数・人数が多かった形式に焦点を当てて述べる。具体的には、① KR・CN による「そして」の多用、② CN・KR による「でも」の使用、③ CN・KR による理由−帰結を示す形式の多さ、④ CN における「このように」の非用の4点である。

① KR・CN による「そして」の多用

　KR は、「そして」の使用数が 58 例（15 人）と圧倒的に多い。CN も 26 例（8 人）であり、JP の 13 例（9 人）と比べ、使用数が多く感じられる。

　この多用の背景には、「そして」の用法の幅広さがある。例えば、石黒（2000）は、「そして」の用法は、並列・因果関係・時間の3つのカテゴリーにまたがると述べている。この特徴から、「そして」は学習者にとって「文をつなぐとりあえずの手段」（金 2014: 277）となっていると推測される。

　KR には、以下の（3）のように「そして」が、狭い範囲で続けて用いられている例が複数あった。

（3）　それに比べて他の都市より遊び施設は少ないとよく言われますが、私はこれがデジョンの魅力だと思います。遊び施設はなくても遊べるところが多いからです。天気が一年間ずっといいので、植物園と公園が多いほうです。そして（→また）あまり高くない山もたくさんあって登山する人も多いです。そして若者の町もよく発達しています。ソウルのミョンドンみたいなところがあっていつも人が多いです。　　　　　　　　　　　　　　　　（k25-1）

上記では、「そして」が2回登場しているが、前者は「また」にした方が自然である。後者は、そのままでもかまわないが、「さらに」「その他」などの接続詞と置き換えることもできる。そのことで、ここの部分が、項目を並べていく、列挙の構造であることが読み手にも伝わりやすくなる。

ただ、この書き手（k25）は、同じ文章の別の部分で「また」を用いており、知識としては知っているとみられる。その他の「そして」の使用者も同様の場合が多かった。ここから、「また」と列挙の構造とを関連づける指導が必要だと言える。その際、「さらに」（JP9例、CN2例、KR1例）、「この他にも」（JP3例、CN1例〈「このほか」で出現〉、KRなし）、「その他にも」（JP2例、CN5例〈「そのほか」で出現〉、KRなし）などを列挙の接続詞として提示するとよいと思われる。

いずれにせよ、狭い範囲で同じ接続詞を続けて使用することは、読み手に稚拙な印象を与える恐れがあることは注意しておきたい。

一方で、JPがどのように「そして」を使っていたかが気になるところである。石黒（2000）は、「そして」の後には「決定的」な事態が来ると述べているが、今回のデータでもそれに該当するような例が多く観察された。

（4）　「みなとみらい」とは、横浜市の西区、中区にまたがる横浜港に面した部分を、1980年代の再開発によって整備し直した街区のことを指しますが、今や「みなとみらい」は横浜を代表するスポットの一つとなっています。そして、「みなとみらい」の大きな魅力は、その美しく、洗練された街並みにあると思います。

　　　　　　　　　　　　　　　　　　　　　　　　　　　　（j09-1）

（5）　12世紀後半から始まった源平合戦は安徳天皇の入水をもって源

氏側の勝利となったが、その終焉の地壇ノ浦は下関にある。<u>そして</u>、ここに沈んだ平家一門を祀るために建てられたのが赤間神宮である。純白の土台に朱色が光る水天門をくぐると木々が高く茂る静かな境内へと迎えられる。　　　　　　　　　　　　　　　　　(j17-1)

前者では、「みなとみらい」の概要の説明から、その「大きな魅力」の説明へと移る際に「そして」が用いられ、後者は「AのがBである」という強調構文の前に「そして」が位置し、次の文から赤間神宮の詳しい説明が始まる。両者とも、「そして」により、ある種の「決定的」な事態が導かれていると解釈できる。石黒（2000）は、この「決定的」というニュアンスを説明するのは難しく、現在での初級での扱われ方は再考すべきと主張しているが、この章も基本的にこれに同意するものである。

② CN・KR による「でも」の使用

　逆接接続詞「でも」は、CN では 16 例（7 人）、KR では 5 例（3 人）が観察されたが、JP は 2 例（1 人）のみである。一方、「しかし」は、JP が 18 例（9 人）なのに対し、CN が 8 例（7 人）、KR が 15 例（7 人）と、ほぼ逆の傾向を示している。また、CN の 3 人と KR の 1 人は、文章内で「でも」と「しかし」を併用していた。これは、「でも」と「しかし」の文体的な差の理解が十分でなかった可能性を示している。

　執筆者が今回の課題にどのような姿勢で臨んだかにもよるが、改まり度が低く、話し言葉的な場合は「でも」が、改まり度が高く、書き言葉的な場合は「しかし」が基本であることを確認しておく必要があるだろう。

③ CN・KR による理由－帰結を示す形式の多さ

　理由－帰結の関係を示す接続詞の使用傾向は、三者三様である。まず、この類の接続詞の中で、最も使用されているものを比較すると、KR が「それで」で 25 例（8 人）、CN が「だから」で 11 例（8 人）、JP が「そのため」で 4 例（3 人）となっている。次に、各母語話者が使用している理由－帰結の接続詞すべてを比較してみると、以下のようになった。

表 2 説明文における理由－帰結の接続詞の使用数と使用人数

日本語母語話者				中国語母語話者				韓国語母語話者			
No	形式	使用数	人数	No	形式	使用数	人数	No	形式	使用数	人数
1	そのため	4	3	1	だから	11	8	1	それで	25	8
2	したがって	1	1	2	ですから	3	2	2	なので	7	4
2	それゆえ	1	1	3	それで	2	2	3	そのため	6	6
2	だから	1	1	4	したがいまして	1	1	4	なぜなら	2	2
2	なので	1	1	4	そのため	1	1	4	ですので	2	2
2	よって	1	1	4	なぜならば	1	1	6	したがって	1	1
	合計	9	8		合計	19	15		合計	43	23

KR が最も多く 40 例を超え、CN がその半数弱、JP は 4 分の 1 弱と、数字に開きがある。KR や CN が理由－帰結の接続詞を多用する理由は不明である。

ただ、改まり度が低く、話し言葉的な「だから」「それで」「なので」は、JP にはほとんど見られなかったということは言える。そもそもの使用数・人数が多くないため、消極的ではあるが、ここでは、日本語学習者には、より改まり度が高く、書き言葉的な「そのため」の使用を推奨すると述べるに留めておく。

④ CN における「このように」の非用

まとめの接続詞「このように」の使用を比較すると JP が 7 例（5 人）、KR が 7 例（6 人）と一定の使用数・人数があることがわかる。一方、CN には 1 例も観察されなかった。ここで「このように」は、以下の（6）のように文章の末尾で、ポイントを抜き出すことで全体をまとめたり、（7）のように文章の途中で一定の範囲の記述をまとめたうえで、次の話題につなげたりする役割を果たしている（詳しい用法は、俵山（2007）を参照）。

（6） このように私の出身地のカンルンは楽しむところも、見るところ
　　　 も、食べたり飲んだりするものも多くもっとも観光に適当な都市
　　　 です。　　　　　　　　　　　　　　　　　　　　　　　（k23-1）

（7） その他にも、小さな田畑や林などはかなりの数ある。私の家の目

の前には広い畑があるのだが、その畑で野生のキジを何度か見か
けた。家の庭にカブトムシやクワガタなどがいたこともある。ど
ちらも、コンクリートに囲まれた環境ではなかなか体験すること
が出来ない経験だろう。

　このように、豊かな自然が印西市の良いところの一つである。
このように書くと、印西市とは都会から遠く離れた、辺鄙な田舎
の市なのだろう、と思う方もいるかもしれない。しかしそんなこ
とはなく、印西市は都市部から離れている割に不自由することが
ない。　　　　　　　　　　　　　　　　　　　　　　　　(j13-1)

さらに、JP には、同様のはたらきを持つ「以上のように」が 2 例（2 人）、
「以上に述べてきたように」「上述のように」「先述のように」が各 1 例（各
1 人）見られ、これを足すと 12 例（述べ 10 人、異なり 7 人）となる。

　もしこの形式が省略されたり、「要するに」のような換言の接続詞を用い
たりすると読み手に唐突な印象を与える恐れがある。そのため、長い文章を
書くニーズがある場合、CN にもその効果を知っておいてほしいと考える。

4.2　意見文における使用状況の比較

　次に、意見文における使用状況をみる。表 3 は、使用数の順に形式を並
べたものである。各データで 4 例以上出現した形式のみ挙げる。

　上位を見ると、先に見た説明文と共通している点も多い。CN と KR の上
位 5 位は、順位こそ違えど、形式はほぼ重なっている。JP も上位 3 形式は
説明文と共通である。

　また、相違点についても、使用数が比較的多い形式をみると、説明文のと
ころで述べた以下の 4 点は共通してみられる特徴であると言える。

第 8 章 流れがスムーズになる接続詞の使い方 | 149

表 3 意見文における接続詞の使用数と使用人数

日本語母語話者			
No	形式	使用数	人数
1	また	44	19
2	しかし	35	15
3	そして	20	11
4	まず	12	11
5	つまり	10	6
6	では	9	5
7	さらに	8	6
8	そのため	7	5
9	むしろ	6	5
9	このように	6	5
9	だが	6	4
9	例えば	6	4
13	ただ	5	5
14	ただし	4	4
14	次に	4	4
14	特に	4	4

中国語母語話者			
No	形式	使用数	人数
1	そして	34	11
2	でも	24	9
3	例えば	19	10
4	だから	18	9
5	しかし	14	7
6	また	13	8
6	それに	13	6
8	まず	11	8
9	それから	9	5
10	では	6	6
10	特に	6	5
12	最後	5	4
12	さらに	5	4
12	それで	5	4
12	または	5	2
16	そのほか	4	3
16	つまり	4	3
16	ですから	4	3
16	そこで	4	2

韓国語母語話者			
No	形式	使用数	人数
1	そして	43	17
2	また	37	12
3	しかし	36	12
4	特に	12	9
4	それで	12	7
6	でも	11	6
7	まず	10	9
8	例えば	8	7
9	それに	6	4
10	最後に	5	5
10	そのため	5	3
12	このように	4	4
12	つまり	4	4
12	結局	4	2

① KR・CN による「そして」の多用：KR が 43 例（17 人）、CN が 34 例（11 人）、JP が 20 例（11 人）

② CN・KR による「でも」の使用：CN が 24 例（9 人）、KR が 11 例（6 人）、JP なし

③ CN・KR による理由 – 帰結を示す形式の多さ：JP が「そのため」（7 例）「よって」（2 例）など計 11 例、CN が「だから」（18 例）「それで」（5 例）「ですから」（4 例）「そこで」（4 例）など計 41 例、KR が「それで」（12 例）「そのため」（5 例）「したがって」（3 例）など計 29 例

④ CN における「このように」の非用：JP が 6 例（5 人）、KR が 4 例（4 人）、
　 CN が 1 例（1 人）

ここでは、それ以外の 2 点（⑤ JP による「ただ」「ただし」の使用、⑥ JP
による「むしろ」の使用）について解説する。

⑤ JP による「ただ」「ただし」の使用
　「ただ」「ただし」は、補足の働きをもつ接続詞である。川越（2006）は前
者が「前件の内容に対し控えめに条件を提示したり、意見を述べたりする」
もので、後者が「前件の成立に対し条件を挙げて強く制限する」ものだとし
ている。JP は「ただ」を 5 例（5 人）、「ただし」を 4 例（4 人）用いている。
以下は JP の使用例である。
　　（8）　こうした事情から、働き盛りの女性が子供を作ることに及び腰に
　　　　　なるのは自然なことである。ただ、この問題は解決することので
　　　　　きる、比較的簡単なものだ。先進国のモデルを見れば、こうした
　　　　　事情に配慮した、十分な制度が確立されている。　　　　（j02-2）
　　（9）　そして注目すべきは、上記の晩婚化を駆り立てている要素の多く
　　　　　は、資本主義社会が生んだものだということである。よって、今
　　　　　後も資本主義の拡大とともに晩婚化も進行していくことだろう。
　　　　　ただし、晩婚化の進行には限界がある。あまりにも晩婚化が進む
　　　　　と、生殖機能や寿命の問題が生じるためである。　　　　（j13-2）
これらの表現は、まず一般に言われている事柄や容易に推論できる事態を提
示した後、それに限定を付ける形で自らの主張を展開する部分で用いられて
おり、主張を魅力的に見せる技術の 1 つだと言える。
　一方で、KR はこの形式を全く使用していない。CN は「ただし」が 2 例
（1 人、その他に同一執筆者による「だたし」が 1 例）、「ただ」が 2 例（2
人、その他に別の執筆者による「だだ」が 1 例）と少数ながら使用されてい
る。ただ、限定の意図がはっきり読み取れるのは 1 例のみで、大多数は、
以下のように逆接の接続詞の使用のほうが適切なものである。
　　（10）　世界各国の法律上、結婚できる年齢を定めることはある。たとえ

ば、日本では現在、民法の中に、結婚できる年齢は、男性は 18 歳、女性は 16 歳と定められている。<u>ただし</u>、21 世紀初頭においては、日本国民の女性の平均初婚年齢は 25 歳に達しており、男性についてはさらに 1 歳以上高い。 (c07-2)

上記のことから「ただ」「ただし」の習得はかなり難しいと推測される。

⑥ JP による「むしろ」の使用

「むしろ」は、日本語記述文法研究会（編）（2009）で「先行部に否定表現を取ることが多く、後続部でその否定の程度を拡大する」と説明されている。使用数は、JP は 6 例（5 人）、KR は 1 例（1 人）、CN はゼロである。

(11) これまでの家庭を持ち自分の子を育て、その成長を見守ることこそが人としての唯一の価値だという一元的な考えから、どんな人生を歩むかは人それぞれだという多元的な価値観が発生した。私はこのことが悪いことだとは思わない。<u>むしろ</u>、これまで子供を作り育てるという生物的な価値観から、個人にとっての、いわゆる幸せを目指す価値観への転換が起こったことは、人という種族が一つ上の次元へと歩を進めた、喜ばしいことではないだろうか。 (j08-2)

「むしろ」を用いることで、前件で示すある事柄を、後件では別の観点から拡張して捉えることになり、たたみかけるような議論となっている。他のジャンルでも、説明文で JP が 1 例用いているのみであるため、「むしろ」は意見文に特徴的な表現と言える。

4.3 歴史文における使用状況の比較

最後に、歴史文における使用状況をみる。表 4 は、使用数の順に形式を並べたものである。各データで 4 例以上出現した形式のみ挙げる。

表4 歴史文における接続詞の使用数と使用人数

| 日本語母語話者 | | | |
No	形式	使用数	使用人数
1	そして	28	10
2	しかし	25	14
3	また	13	8
4	そこで	8	5
5	でも	6	4
6	まず	5	5
6	すると	5	5
6	ただ	5	4
9	その後	4	4
9	そのため	4	3
9	だから	4	3

| 中国語母語話者 | | | |
No	形式	使用数	使用人数
1	そして	29	13
2	しかし	27	10
3	だから	25	11
4	その時	16	10
5	それに	11	7
5	でも	11	7
7	また	9	5
8	例えば	8	6
8	それから	8	4
10	それで	6	5
10	なぜかというと	6	4
12	その後	4	4
12	そのため	4	2

| 韓国語母語話者 | | | |
No	形式	使用数	使用人数
1	そして	37	14
2	それで	30	14
3	しかし	28	12
4	でも	23	10
5	また	15	9
6	その時	6	6
6	特に	6	5
8	そこで	5	3
9	例えば	4	4
9	なぜなら	4	4
9	そのため	4	3

歴史文の上位を見ると、説明文や意見文とは異なり、以下の①②の特徴は相当薄まっている。改まり度が低く、話し言葉的な「でも」が使用されているのは、この課題が趣味の歴史という「自分語り」であることも関係しているかもしれない。

① KR・CN による「そして」の多用：KR が 37 例（14 人）、CN が 29 例（13 人）、JP が 29 例（10 人）
② CN・KR による「でも」の使用：CN が 11 例（7 人）、KR が 23 例（10 人）、JP が 6 例（4 人）

一方で、③④の特徴は、説明文・意見文とある程度共通している。

③ CN・KR による理由 – 帰結を示す形式の多さ：JP が「そこで」（8 例）

「そのため」（4例）など計14例、CNが「だから」（25例）「それで」（6例）「なぜかというと」（6例）など計48例、KRが「それで」（30例）「そこで」（5例）「なぜなら」（4例）「そのため」（4例）など計46例
④ CNにおける「このように」の非用：JPが2例（2人）、KRが3例（2人）、CNがゼロ

　歴史文ではさらに2点（⑦ CN・KRによる「その時」の多用、⑧ CN・KRによる「なぜかというと」「なぜなら」の多用）について注目する。

⑦ CN・KRによる「その時」の多用
　「その時」は、前件の事態の起こった時点を指定し、後件に引き継ぐはたらきをしている。CNは16例（10人）、KRは6例（6人）使用しているが、JPは1例も使用していなかった。なお、文頭で「その時は（そのときは）」と主題化している形も調査したが、JPは2例（2人）、KRは1例（1人）、CNは6例（4人）であり、やはりCNとの差は大きかった。理由はよくわからないが、JPは別の方法で時点を指定しているか、時点を直接指定しないで済むような文章展開をしている可能性がある。

⑧ CN・KRによる「なぜかというと」「なぜなら」の多用
　「なぜかというと」「なぜなら」という帰結から理由を導く形式の使用は、CNに「なぜかというと」6例（4人）、「なぜなら」2例（2人）が見られ、KRにも「なぜなら」4例（4人）が見られる。また、CNには「なぜというと」「何故ならというと」という形態の誤りを含む例が各1例ずつあるため、それを加えると、11例にまで増える。一方、JPには「なぜかというと」は1例（1人）しかみられない。
　しかし、JPが帰結から理由へと続く文連続を選択していないわけではない。以下の（12）のような文末表現「のだ（のである）」を使用して前件でのべた事柄の理由を導くことはJPで多くみられる。
　　（12）　私の通っている大学は東京の国立に存在するのだが、国立にはあまりおいしいラーメン屋はない。そこで、隣の駅である立川に行

くようになった。立川にある「中華そば 鏡花」という店の醤油
ラーメンが非常においしい<u>のである</u>。　　　　　　　　　　(j01-3)

そこで、各話者のデータに対し、(12)のように、文末の「からだ(からで
ある)」「ためだ(ためである)」「のだ(のである)〈理由を表すもののみ〉」
で理由を導く例について調査したところ、以下のようにJPが圧倒的であっ
た。なお、ここでは「なぜなら」「その理由は」など理由を導く形式を文頭
に持つものは除き、「のである」「のです」「のでしょう」などのバリエー
ションも「のだ系」として一括してカウントした。

表5　歴史文における帰結−理由の関係を表す文末表現の使用数

	からだ系	ためだ系	のだ系	合計
日本語母語話者	11	1	19	31
中国語母語話者	6	1	3	10
韓国語母語話者	6	0	0	6

このことから、歴史文においてJPは「なぜかというと」「なぜなら」など
の接続詞によって理由を導くことよりも、文末表現によって理由を導いてい
ることがわかる。なお、意見文をデータとして日本語母語話者と日本語学習
者の接続詞と接続助詞の使用傾向の調査を行った田代(2007)でも、CNに
比べ、JPは上記のような文末表現の使用が多かったと述べている。ジャン
ルは異なるが、同様の現象の指摘であると考えられる。なお、この章の説明
文・意見文データにおいても文末表現をみてみたが、説明文では、JP・
CN・KRの使用数は、3種の合計でそれぞれ6例・2例・2例と差はなかっ
た。意見文では、それぞれ27例・1例・27例でCNのみが少なかった。

5.　改善点と指導法

　ここで、以上の分析から見えてきた改善点や指導法を考えてみたい。

5.1　初中級レベルにおける「接続詞シラバス」

　今回のデータにおいては、「でも」「だから」「例えば」「それに」などは、
3つのジャンルのそれぞれの文章で、ある程度の数が使用され、用法のミス

も少ない。これらは従来のシラバスで、初級から初中級レベルで導入される接続詞である。初中級では、これらを使いこなして、文をつなげ、読み手が意味関係をきちんと推測できる文章を作ることを目的とすべきである。なお、扱いが難しく、多用にもつながりやすい「そして」は、理解レベルに留め、この段階では積極的な使用は勧めない。

5.2　中上級レベルにおける「接続詞シラバス」

　中上級では、接続詞の改まり度やモード（話し言葉／書き言葉）を意識し、適切なものを選択できるようになることを目指す。改まり度が上がり、書き言葉的なモードでは「でも」ではなく「しかし」、「それに」ではなく「また」を選ぶといったものである。

　また、いくつかの接続詞は文章中の構造のパーツとして提示する。具体的には、「このように」は先行文群からポイントを取り出し再提示する「まとめ」の構造、「まず」「また」「さらに／そして」は事柄を並べる「列挙」の構造である。この際、必ず一定の長さのある文章例を提示し、その位置や用法を具体的にイメージできるようにすることも必要である。この際に、「そして」が導く「決定的」な事態というニュアンスも扱いたい。

5.3　上級レベルにおける「接続詞シラバス」

　400字程度の文章が論理の破たんなくかけるようになったら、ニーズに応じて、内容をより効果的に伝えたり、魅力的に見せたりする技術に進む。具体的には、「ただ」「ただし」による限定付け、「むしろ」による別の観点からの捉え直しなどである。その他、「だから」「なぜかというと」など理由に関する接続詞の多用が気になるようであれば、文末表現「のだ（のである）」などで置き換えられるようにしていくこともありうる。

表6　レベル別による接続詞シラバス

初中級レベル
・「でも」「だから」「例えば」「それに」など、限定された数の接続詞を駆使し、読み手が意味関係を推測できる文章が書ける。(「そして」はニュアンスが難しいため、理解レベルに留め、積極的には扱わない。)

中上級レベル
・改まり度の上昇や、モード(話し言葉／書き言葉)を意識して接続詞が選択できる。例えば、「でも」と「しかし」、「それに」と「また」。 ・「まとめ」や「列挙」の構造のパーツとして、「このように」「まず」「また」「さらに／そして」が使用できる。 ・決定的な事態というニュアンスを意識して「そして」を使用できる。

上級レベル
・内容をより効果的に伝えたり、魅力的に見せたりする技術として「ただ」「ただし」による限定付け、「むしろ」による捉え直しなどが使用できる。 ・(理由に関する接続詞の多用が気になる場合)「だから」「なぜかというと」を文末表現「のだ(のである)」などで置き換えられる。

6.　おわりに

　この章では、接続詞が文章の流れをスムーズにするのに寄与するという前提に立ち、母語別かつ文章ジャンル別に接続詞の使用数・人数を調査し、そこからいくつかの接続詞の使用実態の一端を明らかにした。また、分析から得られた知見に基づき、接続詞シラバスを提示した。

　ただ、日本語学習者による理由−帰結を示す形式の多さの原因については十分に解明することができなかった。また、誤用の傾向についてもわずかにしか触れられなかった。今後の課題としたい。

引用文献

浅井美恵子 (2003)「論説的文章における接続詞について —— 日本語母語話者と上級日本語学習者の作文比較 ——」『言語と文化』4, pp. 87–97.

石黒圭 (2000)「「そして」を初級で導入すべきか」『言語文化』37, pp. 27–38.

石黒圭 (2016)「社会科学専門文検の接続詞の分野別文体特性 —— 分野ごとの論法と接続詞

の選択傾向との関係 ── 」庵功雄・佐藤琢三・中俣尚己（編）『日本語文法研究のフロンティア』pp. 161–182，くろしお出版.

川越菜穂子（2006）「補足の接続詞とコミュニケーション上のストラテジー ──「ただ」、「ただし、「もっとも」、「ちなみに」── 」益岡隆志・野田尚史・森山卓郎（編）『日本語文法の新地平3　複文・談話篇』pp. 155–168，くろしお出版.

金蘭美（2014）「「YNU 書き言葉コーパス」における日本語非母語話者の接続詞の使用 ── そしての多用に注目して ── 」金澤裕之（編）『日本語教育のためのタスク別書き言葉コーパス』pp. 267–286，ひつじ書房.

日本語記述文法研究会（編）（2009）『現代日本語文法7　第12部談話　第13部待遇表現』くろしお出版.

田代ひとみ（2007）「中級日本語学習者の意見文における論理的表現」『横浜国立大学留学生センター教育研究論集』14，pp. 131–144.

俵山雄司（2007）「「このように」の意味と用法 ── 談話をまとめる機能に着目して ── 」『日本語文法』7(2)，pp. 205–221.

原田朋子（2005）「接続表現から見た文脈展開 ── 日本語母語話者と上級日本語学習者の小論文比較 ── 」『同志社女子大学同志社女子大学大学院文学研究科紀要』5，pp. 103–120.

第9章

流れがスムーズになる
序列構造の示し方

黄　明侠

1.　はじめに

　日本語で作文を書くとき、文章の論理展開をはっきりさせるため、「まず」
「次に」「最後に」「第一に」「第二に」などの序列の接続表現がよく使われ
る。しかし、これら一見簡単そうに見えるものでも、日本語学習者が実際に
書いた作文を読むと、その選択の誤りや適切な位置にないなどの問題で、読
み手にとって文章の全体構造が却って把握しにくくなることも少なくない。
石黒（2005: 48）が、「序列の接続語の不適切な組み合わせという問題は、日
本語学習者固有の問題であり、これが学習者の作文を読みにくくしているこ
とが多い」と指摘する通りである。また、私自身が行った調査（黄 2013）で
も、序列の接続表現の文法面での不適切さ、形態面での不自然さ、その出現
位置や組み合わせなどの問題が、日本語母語話者に比べて中国語母語話者に
明らかに多く、それが読み手の文章理解を阻害し、文章自体の評価を下げる
ことにつながることがわかっている。

　そこで、この論文では序列構造の典型的なパターンを示すことを目的とし、
序列の接続表現に関して日本語母語話者と日本語学習者がそれぞれ適切に
使っているか、分析を行い、どのように指導すれば日本語学習者が正確に使
えるようになるか、明らかにすることを目指す。具体的には次のようになる。

　（1）　日本語母語話者と日本語学習者がどのように序列の接続表現を使

用しているのか。

（2） それぞれの使い方に関してどのような類似点と相違点があるのか。

（3） （1）と（2）の分析と考察を行った上で、学習者のレベル別にどのような指導を行えば、より正確で自然な序列の接続表現が使えるようになるのか。

　以下、**2.** では、まず、先行研究を紹介した上で、作文教育における序列の接続表現の指導の必要性を説明し、この研究の意義について論じる。**3.** で使用した作文データと分析方法について説明する。また、**4.** で分析の結果を示す。**5.** では分析の結果に基づいて、日本語学習者の序列の接続表現の問題点とその指導法を提案する。**6.** ではまとめを述べる。

2.　序列の接続表現の指導がなぜ作文シラバスに必要なのか

　日本語学の分野において、序列の接続表現を対象とした初期の研究では、主に序列の接続表現の分類について論じている。佐治（1970、1987）、市川（1978）、田中（1984）、永野（1986）などでは、序列の接続表現は「添加型」あるいは「累加型」として分類されている。

　一方、日本語教育学の立場から見ると、小林（1988、1989）、市川（1998）などは日本語学習者の作文における序列の接続表現の誤用や使用傾向について述べており、序列の接続表現が日本語学習者にとって誤って使用する可能性の高い項目の一つであることがわかる。

　また、日本語学的な観点においても日本語教育学的な観点においても序列の接続表現の研究の中で、比較的多く取り上げられているのが「そして」と「それから」の使い分けである。この「そして」と「それから」は共に「添加型」接続表現に分類されるもので、初級の段階で教えられ、日本語学習者にとって最も区別しにくい項目の一つである。

　そして、二通（2001: 66）では、「論理的な文章を書くためには、論理的な構成と同時に組み立てた論理を明快に示す言語表現が重要である」とした上で、「論理的な関係を示す接続表現」や、「文章の構造を示すメタ言語の効果的な使用も重要である。」と序列の接続表現がアカデミック・ライティング

の分野で重要な役割を果たしていると述べている。

一方、序列の接続表現の組み合わせに関して、石黒（2005）では、列挙されている事柄の順序を入れ替えた場合に、その論理的な意味が変わるかどうかによって、序列の接続表現を「順序を問わない接続語」、「順序を問う接続語」、「順序を問える接続語」の三つに分け、あり得る列挙の接続表現の組み合わせのパターンを示している。その組み合わせのタイプと特徴は次の表1のようにまとめられている。

表1　序列の接続表現のタイプと特徴

組み合わせのタイプ	意味用法	特徴	具体例
順序を問わない接続語	列挙されている事柄の順序を入れ替えてもその論理的意味が変わらないときにのみ使われる	文章の中の箇条書き	「第一に」「第二に」「第三に」「また」など
順序を問う接続語	順序を入れ替えるとその論理的意味が変わってしまうときにのみ使われる	順序性を重視した列挙	「最初に」「続いて」「次いで」「その後」など
順序を問える接続語	いずれでも使うことができる	箇条書き、順序いずれも可	「まず」「次に」「さらに」「最後に」「そして」など

しかし、序列の接続表現をどのように指導すればよいのか、日本語学習者に対する序列の接続表現を体系的に論じた先行研究は管見の限り見当たらない。そこで、この章で序列の接続表現を指導する際の試案を示すことで、現場の日本語教育へ貢献することを目指したい。

3. 序列の接続表現の分析の方法

この節は序列の接続表現の分析と考察の対象を述べる。

まず、JCK作文コーパスの作文データを取り出し、その中に現れた序列の接続表現を研究対象とする。意見文の場合、晩婚化の原因を説明する部分に出現したものだけに限定する。基本的には文頭に現れた序列の接続表現（（4））を研究対象とするが、（（5））のように文レベルではなく、節レベルで用いられているものも、晩婚化が進んだ原因について説明されているの

で、ここでの分析対象とする。

（４）　そもそも、晩婚化の原因はなんだろうか。私は原因が主にふたつ
　　　　あると考える。女性の社会進出と非正規労働者の増加だ。<u>まず、</u>
　　　　<u>一つ目の女性の社会進出である</u>。　　　　　　　　　　（j01-2）

（５）　晩婚化の要因として、<u>二つ目に</u>収入の不安定化がある。　（j02-2）

　次に、説明文の場合、自分の出身地の名所を紹介するときに用いられてい
る序列の接続表現のみを抽出し、文頭にある序列の接続表現（（６）の「ま
ずは」）を対象とする。一方、序列の接続表現であっても、名所の紹介の各
項目をさらに詳しく掘り下げるような、局所的なもの（（６）の「まず始め
に」）は除く。

（６）　<u>まずは</u>、横浜の名所から紹介していこう。横浜といえば、<u>まず始</u>
　　　　<u>めに</u>「みなとみらい地区」を思い浮かべる人が多いのではないだ
　　　　ろうか。知らない人はいないと言っても過言ではない横浜最大の
　　　　名所である。　　　　　　　　　　　　　　　　　　　　（j01-1）

　また、歴史文の場合、自分の趣味を昔から続けていることについて書くの
で、話の流れの中で、時間的な順序に沿っているもの（（７））のみを分析対
象として取り上げる。順序性に沿っていないもの、話の途中で他のことを紹
介するというようなものや、自分の気持ちや感想を表すものなどはここでは
取り上げないことにする。

（７）　<u>また</u>、立川の他に府中本町にも行くようになった。府中本町にあ
　　　　る「中華そば ふくみみ」という店の醤油ラーメンが絶品なので
　　　　ある。　　　　　　　　　　　　　　　　　　　　　　　（j01-3）

4. 序列の接続表現の分析の結果

4.1 意見文における序列の接続表現の使用状況

　日本語母語話者、中国人日本語学習者、韓国人日本語学習者の意見文に現
れた序列の接続表現は、次ページの表２のようになる。ここでいう「まず」
類というのは、「まず」「まずは」「まず最初に」などのバリエーションを基
本形式「まず」で代表させたものである。他の「次に」類や「最後に」類な
ども同様である。

第9章　流れがスムーズになる序列構造の示し方 | 163

表2　意見文における序列の接続表現の使用状況

接続表現	日本語母語話者使用回数	中国人日本語学習者使用回数	韓国人日本語学習者使用回数
また	12	4	11
「まず」類	10	9	11
「次に」類	6	5	3
「二つ目」類	5	0	6
「一つ目」類	4	0	2
「そして」類	3	2	1
「最後に」類	2	8	6
それに	0	2	0
そのほか	0	2	0
一つの原因は	0	2	0
もう一つの原因は	0	2	0
「三つ目」類	1	0	5

　表2からわかるように、日本語母語話者が使用した序列の接続表現の上位3位は「また」（12回）、「まず」類（10回）、「次に」類（6回）である。それに対して、中国人日本語学習者の上位3位は「まず」類（9回）、「最後に」類（8回）、「次に」類（5回）である。飛田・浅田（1994）では、「まず」の意味用法に関して「全体の仕組みを頭において最も優先させるべきものを選択している主体の意図の暗示がある」と述べている。ここで中日両言語話者が「まず」類を多く使用したのは、恐らく晩婚化が進んでいる理由を取り上げるとき、あらかじめ頭の中に文章の構成が考えられており、その上で提出順序をつけたのではないかと考えられる。

　また、理由を取り上げるとき、中国人日本語学習者が「まず→次に→最後に」という組み合わせを好んでいる点は黄（2013）の調査結果と重なるが、ここで日本語母語話者は「まず→次に→また」という組み合わせを好む傾向があるようにみえる。また、「一つ目」類や「二つ目」類も数名の日本語母語話者に使われ、これも黄（2013）の調査結果と一致している。

　一方、韓国人日本語学習者の使用状況はどうなっているのであろうか。表2を見ると、韓国人日本語学習者に最も多く使用されたのは「また」（11回）

と「まず」類（11回）である。また、韓国人日本語学習者に用いられた「二つ目」類（6回）や「三つ目」類（5回）に関して、中国人日本語学習者で使用した者が一人もいなかったのに対して、日本語母語話者では「二つ目」類は5回使用されていたものの、「三つ目」類は1回しか使用されていない点が興味深い。単調な展開を嫌ったものと思われる。

4.2　説明文における序列の接続表現の使用状況

　次に、説明文を見てみよう。表3は説明文に現れた序列の接続表現の使用状況である。

表3　説明文における序列の接続表現の使用状況

接続表現	日本語母語話者使用回数	中国人日本語学習者使用回数	韓国人日本語学習者使用回数
また	11	7	7
「まず」類	10	5	10
さらに	4	—	—
「最後に」類	3	1	7
「その他」類	3	2	1
そして	2	4	11
「次に」類	2	2	4
それに	—	2	—
「二つ目」類	—	—	6
「三つ目」類	—	—	4

　表3を見ると、「また」（7回）、「まず」類（5回）、「そして」（4回）が中国人日本語学習者が使用したものの上位3位である。これは日本語母語話者とほぼ類似した傾向であるが、異なるのは日本語母語話者の第3位「さらに」（4回）である。「さらに」は累加を表す接続表現で列挙のときによく用いられる。ここで中国人日本語学習者が「そして」を多用したのは、恐らくそれに対応する中国語「然后」との関連でこのような現象が現れてきたのではないかと考えられる。

　また、韓国人日本語学習者の調査結果を見ると、「そして」（11回）、「ま

ず」類（10 回）、「また」（7 回）、「最後に」（7 回）の他に、「二つ目」類（6 回）
と「三つ目」類（4 回）も使われた。しかし、これらの序列の接続表現に関
して中国人日本語学習者と日本語母語話者の使用回数はゼロであった。つま
り、意見文と説明文を問わず、韓国人日本語学習者は同様の序列の接続表現
を選択した現象が見られた。これは恐らく韓国人日本語学習者にとって、意
見文にしても説明文にしても、その主張の根拠を取り上げるとき、あるいは
場所を紹介するとき、数字を使ってその理由や順序などを取り上げた方が、
文章の全体的な構成が分かりやすく、数字で列挙することを重視する傾向が
強いのではないかと考えられる。

4.3 歴史文における序列の接続表現の使用状況
母語別に歴史文に現れた序列の接続表現は、表 4 のようにまとめられる。

表 4　歴史文における序列の接続表現の使用状況

接続表現	日本語母語話者使用回数	中国人日本語学習者使用回数	韓国人日本語学習者使用回数
そして	17	18	27
また	6	4	7
「その後」類	6	3	3
「それから」類	5	7	3
「まず」類	4	2	0
「次に」類	2	0	0
それに	0	6	0
「最初に」類	0	4	5
あと	0	0	4
その上	0	0	2

歴史文においては「そして」（17 回）、「また」（6 回）、「その後」類（6 回）
が日本語母語話者に最も多く使用された。歴史文は自分の趣味（昔から続け
ていること）について書くので、時間的な順序性が重視される。これらとの
関連で、時間的な前後関係を表す「その後」が多用されたと思われる。ま
た、「そして」について、森田（1989）では、「共存する二つの事態や継起す

る二つの行為・作用を表すときに用いるつなぎのことば」であると指摘している。そのため、前に述べた事柄を受け、それに引き続いて起こる事柄を後に述べるということで、「そして」が多く使われたのではないかと考える。ここで、ジャンルを問わず「また」が多く使用されたのは、「また」が添加型の最も典型的なものであり、項目を列挙するときに最も使いやすい接続表現だったからであると考えられる。

　では、歴史文において中国人日本語学習者の序列の接続表現はどのようになっているのであろうか。表3からわかるように「そして」（18回）、「それから」（7回）、「それに」（6回）、「最初に」（4回）、「また」（4回）の使用回数が他のものより多くなっている。中国人日本語学習者が「最初に」を多く使用したのは、母語との関連があるためではないかと思われる。「最初に」に対応する中国語は「最初、起初、開始」であり、「まず」に対応する中国語は「首先」である。自分の趣味を述べるとき、「首先」より「最初」の方が物語を語る感じが強く、相手に硬い感じを与えることを避けたいため、ここで「最初に」を使用したと考えられる。そして、日本語記述文法研究会（編）（2009: 125）では、「それから」は「その場で1つ1つ思い出しながら列挙するときに用いられやすい」と述べている。歴史文の場合、自分の趣味について昔のことを考えながらその時間的な経緯を叙述するので、「それから」は中日両言語話者共に多く使用されたと思われる。

　また、韓国人日本語学習者は、「まず」類を全く使用しなかったのに対し、日本語母語話者と中国人日本語学習者は数名「まず」類を使用していた。また、韓国人日本語学習者と中国人日本語学習者は「最初に」類を使用していたが、日本語母語話者でそれを使用した者は全くいなかった。

4.4　日本語学習者の序列の接続表現の実例分析

　この節では、日本語学習者の作文の中で代表的な用例を取り上げ、実例分析を行う。ここでは、主に三つの問題点について考察する。

　まず、序列の接続表現の出現位置や不適切な組み合わせは、かえって学習者の作文を読みにくくしていることがあるという点である。例えば、（8）は中国人日本語学習者が書いた「自分の出身地を紹介する」説明文である。

（8）「私の出身地」

（前略）

　北京に生まれた私にとっては、最も誇りに思うのは、他より、北京の名勝だと思う。これから私が私の出身地を紹介しましょう。

　まず、万里の長城だ。万里の長城は中国の歴代王朝が北方辺境防衛のために造った大城堡だった。戦国時代の趙、燕などが築いたものを、秦の始皇帝が匈奴に備えて大増築して、そして、この名を称した。時代につれ位置を南に移し、明代にモンゴルに備えて堅固な城壁として整備された。現存のものは、長さは約2400キロメートル、高さは約6～9メートル、幅は4.5メートル。西は嘉峪関から東は山海関に達する。そして、万里の長城について、人々はよく言った言葉は「長城に行かぬ者は好漢とは言えない」だ。

　そして、私は紹介したいのは中国の故宮博物館だ。故宮博物館は、紫禁城とも言える。中国の明の宮城だった。明代の永楽帝が造営した。紫禁城は北京の中心位置する。幅は750メートル、長さは960メートル、建築面積は72万平方メートルだ。紫禁城は中国の傑作だ。紫禁城のなかには9999の宮殿があって、中国の歴史で最も完全に揃っている古い建物だ。そして、国連に「世界文化遺産」と言われる。

　中国に来れば、是非頤和園へ来ましょう。頤和園は北京の北西にある清朝の大庭園だ。乾隆帝以来の離宮が1860年英仏軍に焼き払われたのを、88年西太后が再建し頤和園と名付けた。万寿山と昆明池をめぐる雄大な名園で風光明媚な大庭園だ。風景はとても美しくて、気持ちがいいだ。それに、私にもっとも引き付けられるのは頤和園のハスの花だった。夏になると、ハスの花は湖のなかに静かに漂っていて、岸の柳の木と一枚の美しい絵を作り上げた。

　次は天安門だ。天安門は北京の中心にある故宮の正門の名だ。明代に建設された。門前の広場は国慶節・メーデーなど国家的な行

事の際の中心となる。天安門の真ん中に中国の主席の毛沢東の写真がある。毛沢東は湖南省出身の政治家、思想家、軍事家、文学者、中華人民共和国の創立者だ。観光客の人々は天安門に行くと、必ず天安門の前で写真を撮る。天安門は北京の代表的な建物だ。

2008年オリンピックは北京で開催された。場所は北京の国立体育館―鳥の巣だった。鳥の巣の建築面積は21ヘクタールで、鳥の巣の中には91000個の席がある。そして、鳥の巣では、今まで、もう色々な行事がうまく開催された。例えば、パラリンピックとか、サッカーの試合とかだった。

そして、北京にはほかの色々な名勝がある。例えば、ワンフーチンだ。ワンフーチンは北京の中央部にあって、北京で最も賑やかな通りの一つだ。また、天壇だ。天壇は北京の南部にあって、天を祈り豊作を祈った。祭壇を中心とする。明、清時代の廟堂だった。

それより前に述べたことは全部北京の名勝だった。（後略）

(c15-1)

（8）を読むと、この学習者が読み手に紹介したいのは万里の長城、故宮博物院、頤和園、天安門、鳥の巣、王府井（ワンフーチン）、天壇であることが分かる。（8）ではこれらの場所を紹介するとき、「まず～。そして～。次は～。そして～。」のような序列の接続表現の組み合わせを使用していた。しかし、「頤和園」や「鳥の巣」を紹介するときには、その直前で特に序列の接続表現は使っていなかった。この場合、もし序列の接続表現のみ追えば、読み手がこの二つの場所を読み逃す恐れがあると思われる。また、二通・佐藤（2000）では、「説明の順序を示す（接続表現）：まず、～。次に、～。それから、～。さらに、～。最後に、～。」と指摘している。つまり、一般的に「まず」の後によく出てくるのは「次に」である。したがって、（8）で使用された序列の接続表現の組み合わせや出現位置は分かりにくい印象がある。そこで、書き手が紹介したい名所をすべて読み手に分かりやすく伝えるために、次のように書き直した方が理解しやすくなると考えられる。「まず、万里の長城である。～。次に、故宮博物院を紹介したい。～三

つ目にぜひ頤和園を勧めたい。～四つ目に天安門を取り上げたい。そして、最後に鳥の巣を挙げたい。～また、北京にはこの他にも様々な名勝がある。例えば、王府井や天壇である。」

　次の（9）は、韓国人日本語学習者が「晩婚化」について書いた意見文であり、文章の内容は良いが、使用された序列の接続表現の組み合わせがやや不自然に感じられる。

　（9）「結婚しない理由」

　　　　最近は結婚をする人がどんどん減っているとよくマスコミで見られます。たしかに私の周りをよく観察してみると、歳を取った人たちが結婚していないまま一人で暮らしていくのをわかります。（中略）しかし現代の人たちは昔と違って絶対に結婚をしなければならないとは思わないようです。それで、どうして人たちが結婚をしないか、または結婚を遅くするのかについて考えてみました。

　　　　<u>その理由の一つ目は人たちの価値観が変化したためだと思います</u>。昔には安定的な家庭を築いて子供を産んでよく育てることが人生の大事な目標でありました。しかし最近は自分の人生がもっと大事に考えられているため結婚は大きい意味を持たないことになったと思います。早く結婚して旦那、奥さんまたは子供たちのために一所懸命働きながら生きていくことよりは自分がしたいことをしながら自分をために生きるのを最近の人たちは望むのではないでしょうか。（中略）

　　　　<u>また一つの理由は女性たちの社会進出が増えましたし、社会での地位が高くなったからだと思います</u>。過去には女性たちが大学に入るのが当然なことではなかったんですが、最近は大部分の女性たちが大学生になります。大学生になって男たちと同じ勉強をして就職活動をします。そして色々な職業君に挑戦します。男たちの仕事だと思われてきた警察や軍人などはもちろん先生や公務員みたいな職業君でも女性の割合が高くなったのを確認できます。それで能力のある女性たちが増えて自然に女性たちの男性依

存度が低くなりまして、あえて結婚をする理由がなくなったのはないかと思いました。(中略)

　晩婚化になる理由のもう一つは女性たちの社会進出が活発になると同時に男女の考えが変化して男女の出会いが成功することが難しくなったからだと思います。最近の人たちは恋愛すること自体を恐れたり恋愛の相手について超高い条件を要求したりするのが問題だと思います。一般的に男性の場合には女性が自身より優れた能力を持っていると負担を感じるようです。反対に女性の場合には自身より能力がない男とは会いたくないと考えているようです。(後略)　　　　　　　　　　　　　　　　　　　　　　　(k18-2)

　(9)では、「結婚しない理由」について「その理由の一つ目は」、「また一つの理由は」、「晩婚化になる理由のもう一つは」のような表現で三つの理由を取り上げた。この書き方で書き手の意図は分からないわけではないが、こうした表現で表すと、列挙される候補がいくつあるのかがわからず、列挙の提示が行き当たりばったりの印象を与える。この場合、「一つ目の理由は〜。二つ目の理由は〜。そして三つ目の理由は〜。」のように定型的に述べれば、書き手の「結婚しない理由は三つである」ことが読み手にはっきり伝わるし、文章の構造も読み取りやすくなると思われる。

　最後に、序列の接続表現を適切に使っていないことによって、本文の内容と矛盾することがあり、読み手に混乱させることがあると考えられる例をあげる。(10)は歴史文の「自分の趣味」について書いたものである。

　(10)　「自分のいろんな趣味」

　私の趣味は三つあります。まず一つは写真を撮るのです。小さいごろ母と一緒にアルバムを見ながら楽しく話したことがあります。その時昔の写真を見ながら‘思い出がちゃんと残っていてよかった。’と思いました。自分の生まれた時、小学校に入学した時、兄ちゃんと遊ぶ時の写真はその時撮らなかったら記憶もなく、すぐに忘れてしまうことかも知れません。でもこうやって誰かがちゃんと写真を撮って過去を思い出せるのはすごく意味のある、楽しいことにお思われたんです。その時からか私は特別なこ

とじゃなくても写真機をもって出ることが多くなりました。いつ何かを見るのか分からないし、カメラをもっていると安心になりました。学校で友達の姿を撮ったり、帰る時見た夕やけを撮ったり時間があればいろいろ撮ったりしました。（中略）

　後は外国語の勉強が趣味です。皆勉強するのすきですって言うとすぐに'えっ!?'って反応するんですが本当に面白いです。高校の時みたいに強制的にする勉強じゃなくて自分が好きで自ら勉強するのは楽しいし甲斐があります。昔、小さい時日本の学用品の会社がテレビに出たことがあります。当時私は学用品にものすごく興味がありました。そしてその会社で働いてるのがすごくかっこうよく見えました。それで必ずあの会社に入るわって思い切って自分で日本語を勉強しました。大変なことも多かったが結局は考えてみると面白いことがもっと多かったんです。努力して覚えた単語や文章がテレビに出る時、それが何の意味か分かるようになる時、それより大きい快感はなかった。（中略）

　後に一つは運動することです。運動って言ってもいろんな種類があるんですが、私は小さいボールを使って運動するのが好きです。この前には運動するのがものすごく嫌だったんです。汗や走るのが嫌でした。でもある日からダイエットするために強引に運動をしました。運動ってすればするほど中毒になってどんどん好きになりました。運動した後は爽やかで気持ちもいいし実際にダイエットにも効果がありました。その時からできれば毎日運動することになってしまいました。

　最後は小説を読むのです。本はあんまり好きじゃないですが、小説ならすきです。一番好きな作家は'いさかこうたろう'です。この作家は本当に有名な作家で本は全部アイデアのいい内容ばっかりでした。小説の中で仙台がよく出ます。多分この作家さんの家が仙台にあるからと思いました。それで本当に仙台に行ってみたかったんです。小説の内容は奇妙です。最初はお互いに全然しらなかった人たちが後になってはみんなどこかでは繋がってい

るってゆうパタンが多いです。この作家の本は全部家にあります
が、二回、三回でもまた同じ本を読むときがあります。でも読む
たびに新しい内容が現れるんです。そして一人で想像しながら読
むのは映画を一回見るのより楽しい時もあります。

けっこういろんなことにすぐにはまって全部して見ながら自分
に一番いい趣味を探すのは大事なことだと思います。　　（k08-3）

　この学習者は文章の最初のところに「私の趣味は三つあります」と書いて
いる。しかし、この学習者が書いた内容を見ると、「まず一つは写真を撮るの
です。」「後は外国語の勉強が趣味です。」「後に一つは運動することです。」
「最後は小説を読むのです。」と四つの趣味を取り上げている。これは学習者
の予告文「私の趣味は三つあります」と矛盾している。このような矛盾が生
じたのは、恐らくこの学習者は自分の考えをきちんと整理しておらず、序列
の接続表現を適切に使っていないことと関連しているのではないかと思われ
る。そのため、ここで使われた序列の接続表現を「まず一つ目は写真を撮る
ことです。」「次に二つ目は写真を撮ることです。」「さらに三つ目は運動する
ことです。」「そして四つ目は小説を読むことです。」のように変えれば、読み
手のみならず、書き手にとっても項目の列挙が分かりやすくなると考えられ
る。このように書けば、列挙すべき項目が四つあることがわかり、予告文を
「私の趣味は四つあります」に修正すべきであることに気づけると思われる。

5.　学習者の序列の接続表現の改善点と指導法

　この節では、ここまでの分析結果に基づいて、「序列の接続表現シラバス」
を提案する。「序列の接続表現シラバス」は、初中級レベル、中上級レベル、
上級レベルの３つの段階に分けて提案を行い、この節の最後に、これら三
つのレベルの指導案を一覧表にして提示する。

5.1　初中級レベルにおける「序列の接続表現シラバス」

　まず、初中級レベルの日本語学習者に対して、最も一般的に使われる序列
の接続表現「まず」、「次に」、「さらに」、「最後に」を先に取り上げ、それぞ
れの機能と組み合わせを教える。また、手順や整理といった序列の接続表現

が必要となる場面を提示し、学習者に説明し、序列の接続表現を使って短い文章を書かせる。つまり、序列の接続表現の使い方の基本をきちんと把握させ、使わせる練習をする必要がある。

また、黄（2013）では、「次」「最後」という格助詞「に」が脱落したものや、「それからは」のように係助詞「は」がついたものが見られた。このような不自然な形態の使用は、母語である中国語の干渉の可能性がある。したがって、これらの序列の接続表現を指導するときに、それぞれの正しい形式を学習者に覚えさせる必要があるだろう。

さらに、序列の接続表現が実際に使用されている文章を取り上げ、穴埋めという形で序列の接続表現を入れてもらい、学習者がその形態と用法を十分に把握しているかどうかを確認する。

こうした練習以外にも、授業の中で使われる序列の接続表現、日常会話の中で自然に出てくる序列の接続表現の使用を意識化させ、理解の面から学習者に序列の接続表現の使い方を明確に示すよう心がけるべきである。

5.2　中上級レベルにおける「序列の接続表現シラバス」

ここでは、長めの作文を書くことになる中上級レベルにおける指導について提案していく。まず、石黒（2005）で取り上げた三種類の序列の接続表現（表1参照）を学習者に提示し、それぞれの組み合わせを覚えさせる。

また、ジャンルごとに選択すべき序列の接続表現が異なることを学習者に理解させる。例えば、意見文は主張の根拠を箇条書きで示す傾向が強く、その根拠は「順序を問わない接続語」の組み合わせと、「順序を問える接続語」の組み合わせがよく用いられる。一方、説明文は順序立てて説明をする関係で事柄の提示順を重視する傾向が強いため、「順序を問う接続語」と「順序を問える接続語」がよく使われる。しかし、「順序を問わない接続語」が必ず意見文に用いられ、「順序を問う接続語」が必ず説明文に用いられるというわけではない。列挙される項目間の関係によって、序列の接続表現の選択が変わる可能性があることに学習者の注意をむける必要がある。

そして、序列の接続表現「まず」「それから」「最後に」などは、対応する文の文末形式の選択が難しく、黄（2013）の調査では言いさし、呼びかけ、

叙述などが混在していることがわかっている。そこで、序列の接続表現の文頭と文末の対応を意識させるように指導する必要がある。文頭と文末がしっかり対応することは、読み手の内容の理解も助け、文章の全体構造の適切な把握にも役に立つと思われる。

それに関連して、副詞的な接続表現のみならず、「一つ目は」「もう一つの理由は」といった主題として取り立てられる名詞の接続表現が存在することを指摘し、文の文末形式の選択に応じて、副詞的な接続表現ときちんと使い分けられるようにする必要もあろう。

仕上げとして、学習者に序列の接続表現を使って、作文を書いてもらう練習をする。そうした時には、「得意料理の作り方の手順」「各国の○○ランキング」「日本文化のここが変」「野菜が身体によい理由」など、学生たちが興味をもって書け、かつ、列挙の接続表現が自然と出てくるような課題を設定する必要がある。

5.3　上級レベルにおける「序列の接続表現シラバス」

この節では、上級レベルの日本語学習者に対する序列の接続表現の指導について述べていく。まず、序列の接続表現を使って、中上級の時よりも長めの作文を書く練習をする。この場合、異なるジャンルの作文を書いてもらい、ジャンル別に使用する序列の接続表現が異なることを学習者に理解させる。その上で、学習者は書いた作文を持ち寄って数名のグループを作り、互いに読み合うピア・レスポンスを行い、序列の接続表現をめぐってそれぞれが疑問に感じたところを相互にコメントする。序列の接続表現の形態面、用法面、組み合わせ、さらには列挙それ自体の質や説得力といった内容面にも踏み込ませるように事前指導するとよいだろう。

その後、各グループから出た疑問点をクラス全体で共有し、教師のほうからフィードバックを行い、序列の接続表現の使用をめぐる問題点を確認・解決するとよいだろう。こうした活動を通じて、学習者には、書き手ではなく、読み手の立場になって作文を書くという意識を持たせることが可能になる。

また、階層性のある文章における序列の接続表現の適切な使用法の指導も重要である。段落の冒頭文とそれぞれの下位分類を書くとき、例えば、「ま

ずは、横浜の名所から紹介していこう。横浜といえば、<u>まず始めに</u>「みなとみらい地区」を思い浮かべる人が多いのではないだろうか。知らない人はいないと言っても過言ではない横浜最大の名所である。」といったように書けることを目標とする。横浜の各名所を紹介するとき、それぞれどの序列の接続表現が適切なのか色々と考えさせた上で、学習者に複数の段階がある長い文章を書いてもらう練習をさせる。

表5　レベル別による序列の接続表現シラバス

初中級レベル
・一般的に使われる序列の接続表現「まず」、「次に」、「さらに」、「最後に」などを先に取り上げる。 ・序列の接続表現の正しい形態を覚えさせる。 ・序列の接続表現の用法と組み合わせを把握させる。 ・序列の接続表現が使われやすい場面を紹介する。 ・序列の接続表現を使って短い文章を書かせる。 ・序列の接続表現が実際に使われている文章を取り上げ、序列の接続表現を入れさせる穴埋め練習で形態や用法の定着を確認する。
中上級レベル
・三種類の序列の接続表現を学習者に提示し、その違いを理解させる。 ・ジャンルによって使用される序列の接続表現が異なることに気づかせる。意見文では、順序を問わない接続語がよく用いられ、説明文では、順序を問う接続語がよく用いられる。また、意見文でも説明文でも、順序を問える接続語がよく使われることを理解させる。 ・序列の接続表現の文頭と文末の対応関係を確認し、文末表現の統一性を意識させる。また、「一つ目は」「もう一つの理由は」のような主題化された名詞の序列表現の存在も意識させる。 ・序列の接続表現を使って、自然に序列の接続表現が出てくるテーマで作文を書く練習をする。
上級レベル
・序列の接続表現を使って、ジャンルの違いを意識しながら、中上級の時よりも長めの作文を書く練習をする。 ・ピア・レスポンスを用い、序列の接続表現に関連して疑問に感じたところ（形態面、用法面、組み合わせ、列挙の内容面）を相互にコメントさせる。 ・ピア・レスポンスで各グループから出てきたコメントについて、教師を含めた全員からフィードバックを受ける。このことで、書き手ではなく、読み手の立場に立って作文を書くという意識を持たせる。 ・階層性のある長い文章における序列の接続表現の適切な使用法についても指導を行う。

6. おわりに

　この論文では、作文教育の中で一見簡単そうに見えるが、実際に書くと却ってわかりにくくなりがちな序列の接続表現に焦点を当て、日本語母語話者、中国語母語話者、韓国語母語話者の三者の序列の接続表現について、その使用状況の類似点と相違点を明らかにした。その後、この章では学習者のレベル別に作文の授業で序列の接続表現をどのように指導すればいいのか、私が考える序列の接続表現シラバスを提案した。これらの提案が、今後日本語教育の現場で役立てば幸いである。

　また、今回は基本的に段落の冒頭や文頭に現れてきたものを中心に分析を行った。しかし、「まずは、横浜の名所から紹介していこう。横浜といえば、まず始めに「みなとみらい地区」を思い浮かべる人が多いのではないだろうか。知らない人はいないと言っても過言ではない横浜最大の名所である。」の「まず始めに」のような下位分類などについてはまだ分析を行っていない。今後の課題としたい。

引用文献

石黒圭 (2005)「序列を表す接続語と順序性の有無」『日本語教育』125, pp. 47–56.

市川孝 (1978)『国語教育のための文章論概説』教育出版.

市川保子 (1998)「接続詞と外国人日本語学習者の誤用」『九州大学留学生センター紀要』9, pp. 1–18.

黄明侠 (2013)『「序列の接続表現」に関する実証的研究 —— 日中両言語話者による日本語作文の比較 ——』ココ出版.

小林典子 (1988)「外国人日本語学習者による副用語の誤用 —— 誤用例の分類の試み ——」『筑波大学留学生センター日本語教育論集』3, pp. 29–47.

小林典子 (1989)「「そして」による接続詞の連接類型」『筑波大学留学生センター日本語教育論集』4, pp. 19–31.

佐治圭三 (1970)「接続詞の分類」『月刊文法』2(12), pp. 28–39.

佐治圭三 (1987)「文章中の接続語の機能」山口明穂編『国文法講座第六巻』pp. 127–154, 明治書院.

田中章夫 (1984)「4 接続詞の諸問題 —— その成立と機能 ——」鈴木一彦・林巨樹 (編)『研究資料日本文法　第 4 巻　修飾句・独立句編　副詞・連体詞・接続詞・感動詞』pp. 81–

123，明治書院.

永野賢（1986）『文章論総説 ── 文法論的考察 ──』朝倉書店.

二通信子・佐藤不二子（2000）『留学生のための論理的な文章の書き方』スリーエーネット
　　ワーク.

二通信子（2001）「アカデミック・ライティング教育の課題 ── 日本人学生及び日本語学習
　　者の意見文の文章構造の分析から ──」『北海学園大学学園論集』110，pp. 61–77.

日本語記述文法研究会（編）（2009）『現代日本語文法7　談話；待遇表現』くろしお出版.

飛田良文・浅田秀子（1994）『現代副詞用法辞典』東京堂出版.

森田良行（1989）『基礎日本語辞典』角川書店.

第10章

流れがスムーズになる
視点の選び方

末繁美和

1. はじめに

　談話の読みやすさや理解しやすさを左右する要因の1つに、「視点」がある（坂本・康 2008、魏・玉岡・大和 2010）。視点は、「視座（見る場所）」と「注視点（見られる客体）」に分けられ（松木 1992）、注視点は文の主格となる人物から、視座は、授受表現や受身表現など人称制限がある視点表現を構文的手がかりとし、判断される（渡邊 1996）。例えば、「太郎が花子にお金をくれた」という文を例に挙げると、注視点は「太郎」、視座は「花子」となる。田窪（1997）は、日本語では話者の視点がしばしば表層構造レベルで文法的に符号化されるのに対して、英語では視点は副詞や挿入句で表すことを指摘している。中国語、韓国語についても、英語と同様であり、他言語には見られない日本語の特徴であると言える（渡邊 1996）。日本語母語話者の談話では、視点表現により視点が特定の人物に統一されており、主語や目的語が省略されていても、「誰が誰に」という動作の方向性が分かる。一方、日本語学習者の談話においては、視点表現の非用や誤用により、視座が統一されていないことが多くの先行研究で指摘されている（田代 1995、渡邊 1996 など）。しかしながら、どのタスクやジャンルにおいて最も視座の統一の必要性が高いのか、その際にどの視点表現が多く用いられているのかについて、コーパスデータに基づき明らかにした研究は管見の限り見られない。

そこで、この章では、説明文、意見文、歴史文という3つのジャンルを対象に、日本語母語話者および日本語学習者の180本の作文の分析を行い、以下の2点について検討を行う。

(1) ジャンルおよび母語の違いにより、視点表現の出現傾向に違いはあるのか。

(2) ジャンルおよび母語の違いにより、視座人物や視座の統一度に違いがあるのか。

また、上記2点を明らかにすることで、どのジャンルにおいて、どのような視点表現を用いて、視座の統一の指導を行えば良いのか、その指針を示す。

以下、**2.** では、視点表現を用いた視座の統一に関する先行研究を概観し、この研究の意義について論じる。**3.** では、分析対象の作文データおよび分析方法について述べ、**4.** において分析結果を示す。**5.** では、その結果をもとに、視座の統一について日本語学習者に指導する際、どのジャンルおよび視点表現を対象に行うのが効果的か提案を行う。最後に、**6.** で、この章のまとめと今後の課題を示す。

2. 作文における視点の統一の指導の意義

日本語母語話者の漫画描写やパーソナル・ナラティヴを分析した研究においては、談話における視座が1人の人物に統一される傾向があることが報告されている（田代 1995、渡邊 1996、武村 2010）。一方で、日本語学習者の談話や複文においては、以下のように、視座が統一されていない例が観察される。（3）は中上級の中国語母語話者の漫画描写である。【　】に視座の人物を示す。

(3) 日曜日の朝、お母さんは、孝夫と吉子に一つの風船をあげた。すると、孝夫と吉子が、争って、おにちゃんは、いもうとに風船をわたさなかった。でも、吉子は強い女の子で、孝夫の手から、風船をうばった。可哀想なおにちゃんは、吉子にやられて【兄（孝夫】、頭にこぶができた。＜中略＞二人に子供がけんかして、松本君が吉子にやられて【松本】、彼も頭にこぶができた。

（田代 1995: 34–35）

（3）の受身表現を含む文は、単文や複文レベルでは問題ないが、談話レベルでは、視座が移動した結束性のない文章であるため不自然に感じられる。また、主語や目的語が省略されると、「誰が誰に」という方向性が分かりにくくなる。視点表現の非用や誤用による視座の不統一は、上級レベルの日本語学習者においても観察され（魏2010）、習得が難しい項目の一つである。

　では、なぜ視座の統一は、日本語学習者にとって難しいのだろうか。魏（2010）は、視座を意識させた群とそうでない群に、筆記による漫画描写をさせたところ、レベル下位群では、視座を意識させても視点表現の使用が少なかったことを報告している。一方、レベル上位群では、視点表現の使用が増え、日本語母語話者の傾向に近づいたことから、視座を意識することで視点を統一することができるようになると言える。このことから、視点を意識しやすい状況で、視点表現を用いた視座の統一を導入、練習することで、定着する可能性が高いと考えられる。では、どのようなタスクを用いれば、効果的に視点の統一を指導することができるのだろうか。

　これまでの先行研究では、筆記による漫画描写を扱ったものが中心であるが、武村（2010）によると、口頭での漫画描写では、日本語母語話者においても、必ずしも視座が統一されないという。これは、自身とは関係のない第三者間の出来事を、筆記ではなく口頭で描写することに起因していると考えられる。したがって、ジャンルの違いや、トピック、話すのか書くのかによっても、視点表現の出現傾向や統一の有無が異なると考えられるが、具体的に何がどのように影響するのかは、未だ解明されていない。

　そこで、この章では、視座の統一の必然性が高いと考えられる作文データを対象に、ジャンルの違いが、視点表現の出現傾向や視座の統一の有無にどのように影響するのかを検討する。また、日本語母語話者、中国語母語話者、韓国語母語話者の日本語の作文を比較することで、日本語母語話者と日本語学習者の違いについても明らかにする。これらが明らかになることで、視座の統一に関して指導する際に、どのようなジャンルを用いて、どの視点表現を優先的に導入、練習すれば良いのかについて提示できると考える。

3. 分析の方法

　この章では、JCK 作文コーパスに見られる 4 つの視点表現を対象に、量的および質的に分析を行う。以下に分析の進め方について述べる。

3.1　視点表現の出現頻度の分析方法

　形態素解析器を用いて、180 本の作文データを形態素に分けた後、視点表現の出現頻度を母語別、ジャンル別、視点表現別に観察した。形態素解析には UniDic-2.1.2 を使用した。視点表現は、授受表現（（て）あげる・（て）もらう・（て）くれる）、受身表現（れる・られる）、移動表現（（て）いく・（て）くる）、使役表現（せる・させる）の 4 つの項目を対象にした。ただし、UniDic では、同一形態素の用法の違いまで判断できないため、受身表現については、文字列検索にて形式を拾った後、用法について観察した。

3.2　視座の統一の分析方法

　先行研究においては、人物間のやり取りを描写するタスクにおいて、視座の統一度の分析が行われているため、この章においても、人物が視座になりやすい授受表現が出現した作文を分析対象とする。授受表現（てあげる・（て）もらう・（て）くれる）の出現が認められた作文を抽出し、2,000 字程度の作文の中に出現する授受表現を含む視点表現から視座の判定を行った。3.1 で述べた視点表現の出現頻度に関しては、4 つの項目に含まれるすべての表現を対象としたが、視座の判定の際には、武村（2010）の分析方法に倣い、中立の視点を含む本動詞「あげる」「いく」は構文的手がかりから除外した。視座判定の構文的手がかりと使用例は、次ページの表 1 の通りである。

　表 1 に示した視点表現には、人称制限があり、構文上でウチの人物が配置される箇所が視座となる。授受表現を例に挙げると、「てあげる」「（て）もらう」は主語、「（て）くれる」では目的語の人物が視座となる。構文的手がかりを基に、視座の判定を行い、1 つの作文（談話）において何名の視座人物が観察されるかにより、視座の統一度を分析した。更に、視座が移動している場合は、どのような移動が見られるのか、質的に分析を行った。

第 10 章　流れがスムーズになる視点の選び方　| 183

表 1　視座判定の構文的手がかり

文法項目	構文的手がかり
	使用例【視座】
授受表現	てあげる／（て）もらう／（て）くれる
	例：多くの人が祝福してくれ【私】、応援してくれた【私】。
移動表現	ていく／（て）くる
	例：皆さんも是非私の故郷に来て【私】みてください。
受身表現	れる／られる
	例：（私は）様々な人に、「あなたはなぜ馬術部に入ったのか？」と聞かれる【私】。
使役表現	せる／させる
	例：（私は）自分以外の人にも作らせてみて【私】、＜後略＞。

4.　分析の結果

4.1　日本語母語話者のジャンル別の視点表現出現頻度

　日本語母語話者の視点表現の出現頻度は、説明文 357、意見文 317、歴史文 357 で、計 1,031 であった。ジャンル別では、説明文および歴史文の出現頻度が高かった。ジャンル別の 4 つの視点表現の出現頻度を表 2 に示す。

表 2　日本語母語話者のジャンル別の視点表現出現頻度

	授受表現			移動表現		受身表現	使役表現	合計
	あげる系	もらう系	くれる系	（て）いく	（て）くる			
説明	0	6	21	69	67	172	22	357
意見	1	1	3	92	69	142	9	317
歴史	1	22	22	126	52	105	29	357
合計	2	29	46	287	188	419	60	1031

　視点表現別に見ると、授受表現の「もらう系（もらう、てもらう、いただく、ていただく）」「くれる系（くれる、てくれる、くださる、てくださる）」は歴史文における出現頻度が最も高かった。一方で、全体的に意見文における出現頻度が低く、「あげる系（やる、てやる、あげる、てあげる、さしあげる、てさしあげる）」に関しては、どのジャンルにおいても出現頻度が極めて低かった。以下に、歴史文の「くれる系」の例を示す。

　（4）　一部の友人は、私がオセロを好きだと知ると、面白がって対戦し

てくれることは何度かありましたが、毎日相手をしてくれるような人はついぞ現れませんでした。 (j16-3)

「もらう系」「くれる系」が歴史文において多く出現する理由は、歴史文が自分自身（自分の趣味）について書くという特徴を持っていることと関係すると考えられる。（４）のように、自身に起こった恩恵性のある出来事について書く場合に、「くれる系」「もらう系」が使用されやすいと言える。

次に、移動表現について述べる。「（て）いく」は、授受表現同様に、歴史文における出現頻度が高かったが、「（て）くる」は、意見文および説明文において多く出現していた。以下の（５）は補助動詞「ていく」、（６）は本動詞「くる」の例である。

（５）　それから私は、このチームの勝利に貢献していきたいという気持ちがどんどん強くなっていった。 (j06-3)

（６）　首都圏からならどこも日帰り・一泊で行ける距離であるため、気軽に来てほしい。 (j01-1)

「（て）いく」については、空間的用法に加えて、（５）に見られるような時間的用法での使用が多かった。時間軸に沿って出来事を書いていく歴史文の特徴から、時間的用法での使用が増えた可能性がある。一方、「（て）くる」は、特に説明文において、（６）のような空間的用法での使用が多かった。これは、説明文の課題が「自分の故郷について」であることに起因していると考えられる。読み手に故郷を紹介したり、故郷に来ることを勧めたりする際に空間的用法の「（て）くる」が多用されたと言える。

続いて、受身表現について述べる。受身表現は、説明文での出現頻度が高かった。以下にその例を示す。

（７）　福島わらじ祭りは毎年暑い夏に二日間をかけて行われ、日本一大きいわらじを奉納し、またはっぴをきたたくさんの人々が踊ったり、街を練り歩いたり、食べ歩きをしたり。 (j02-1)

（７）のように、説明文において、自身の故郷の有名な物や行事について紹介する際に、無生物主語の受身が多く用いられていたため、説明文において出現頻度が高かったと考えられる。

最後に、使役表現について述べる。使役表現は、意見文における出現数が

9と少なく、歴史文および説明文において多く出現していた。歴史文における使役表現は、（8）に見られるように、「させてくれる／もらう」の形での出現が多く、自身の趣味の良い点を述べる時に用いられていた。

（8）　そして上述のように様々な経験をした。こうした単に楽しいの一言に収まらない経験は自分を一歩**成長させてくれる**。　　（j08-3）

　以上のように、日本語母語話者の作文においては、概ね歴史文および説明文において、視点表現の出現頻度が高いことが分かった。特に、授受表現および使役表現の出現頻度は、ジャンルの影響を大きく受けることが分かった。一方で、意見文において、全体的に視点表現の出現頻度が低かった理由は、意見文の作文テーマが「晩婚化の原因とその展望について」であるのに対し、歴史文および説明文は「自分の趣味について」「自分の故郷について」という自分自身に関するテーマであったことに起因すると言える。つまり、自分自身に関することを述べる際に、書き手の視点から出来事を描写する上で、視点表現が多く用いられたと考えられる。

4.2　日本語学習者のジャンル別の視点表現出現頻度

　中国語母語話者および韓国語母語話者の視点表現の出現頻度について述べる。中国語母語話者の視点表現出現頻度は、説明文310、意見文132、歴史文383で、合計825であった。韓国語母語話者については、説明文283、意見文224、歴史文237で、合計744であった。日本語母語話者同様に、日本語学習者においても、説明文および歴史文の出現頻度が高かった。中国語母語話者および韓国語母語話者のジャンル別の4つの視点表現の出現頻度を表3、表4に示す。

表3　中国語母語話者のジャンル別の視点表現出現頻度

	授受表現			移動表現		受身表現	使役表現	合計
	あげる系	もらう系	くれる系	（て）いく	（て）くる			
説明	6	6	6	56	64	155	17	310
意見	5	7	1	27	18	61	13	132
歴史	5	9	46	133	71	96	23	383
合計	16	22	53	216	153	312	53	825

表4　韓国語母語話者のジャンル別の視点表現出現頻度

	授受表現			移動表現		受身表現	使役表現	合計
	あげる系	もらう系	くれる系	（て）いく	（て）くる			
説明	0	2	6	65	49	145	16	283
意見	2	4	5	65	34	93	21	224
歴史	13	13	47	81	27	49	7	237
合計	15	19	58	211	110	287	44	744

　視点表現別に、出現頻度と誤用例を見ていく。まず、授受表現について
は、日本語母語話者同様、「くれる系」の出現頻度が歴史文において突出し
て高かった。しかし、日本語母語話者は「もらう系」についても同様の傾向
が見られたが、特に中国語母語話者においてはその傾向が見られなかった。
一方で、日本語母語話者において僅か2例しか観察されなかった「あげる
系」が、中国語母語話者および韓国語母語話者の作文においては、10例以
上見られ、その中には誤用もあった。以下は、韓国語母語話者の「あげる
系」の誤用例である。

（9）　もうこの自転車が私をどこまで連れて<u>てあげる（→てくれる）</u>の
　　　か、これからは私の何を変えてくれるのか想像するだけで楽しい
　　　です。　　　　　　　　　　　　　　　　　　　　　　　　（k06-3）

（9）では、「てあげる」が用いられたことで、視座が「私」ではなく「自
転車」になっているため、不自然に感じられる。

　次に、移動表現について述べる。移動表現の出現頻度は、全体的に日本語
母語話者より低いが、特に中国語母語話者の歴史文において「（て）いく」
の出現頻度が高い点は日本語母語話者の傾向に類似している。以下は、中国
語母語話者の「（て）いく」および「（て）くる」の誤用例である。

（10）　もし彼女があの風鈴が好きではなければどうしようと思って、<u>緊
　　　張していきました（→緊張してきました）</u>。　　　　　（c58-3）

（11）　中国に来れば、是非頤和園へ<u>来ましょう（→行ってください）</u>。

　　　　　　　　　　　　　　　　　　　　　　　　　　　　　　（c15-1）

（10）は、移動表現の時間的用法、（11）は空間的用法の誤りである。（11）
に関しては、「私」の視座から描写されているが、「中国」が書き手の縄張り

であるのに対して、「頤和園」は縄張りであるとは考えにくいため、不自然な文となっている。

　続いて、受身表現について述べる。日本語母語話者よりも、出現頻度は低いが、説明文における出現頻度が最も高い点では、共通している。説明文においては、故郷の有名な場所や物を紹介する際に、「〜と呼ばれ」や「〜と言われ」といった動詞と共に多く用いられていた。以下は、中国語母語話者の受身表現の誤用例である。

　　（12）　それに、私に（→私が）もっとも引き付けられる（→引き付けられた）のは頤和園のハスの花だった。　　　　　　　　　　　　　（c15-1）

　（12）では、受身表現は用いられているものの、助詞が間違っているため、「何が何に引き付けられる」のか不明瞭な文となっている。

　最後に、使役表現について述べる。日本語母語話者においては、歴史文および説明文で使役表現が多く出現していた。しかし、歴史文において、中国語母語話者では23出現しているのに対し、韓国語母語話者においては、出現数が7と少ないのが、特徴的であった。一方、韓国語母語話者は、意見文において21出現しており、日本語母語話者および中国語母語話者よりも出現頻度が高かった。以下の（13）は中国語母語話者、（14）は韓国語母語話者の誤用例である。

　　（13）　ある日、放課後、いつも通りに歩きながら小説を読んでいて私は緊要プロットを読み込んだところで、彼女は隠されたある所からあっと叫んで驚かされてくれた（→驚かされた）。大変にびっくりさせてくれた（→びっくりさせられた）。　　　　　　（c57-3）

　　（14）　文明の発展とともに、人間の人生の目的は、生存と種族保存を主目的とした人生から人生を楽しむための人生に変貌しつつ、結婚はもはや必要不可欠な人生の要素とはかんがえさせていない（→かんがえられていない）。　　　　　　　　　　　　　　　　（k20-2）

　（13）では、「使役表現＋てくれる」の形が用いられているが、恩恵性が感じられない場面であるため、不自然な文となっている。また、（14）は、受身表現を用いるべきところで、使役表現が使用された誤りである。

　以上のように、日本語学習者の視点表現の出現傾向は、授受表現の「くれ

る系」が歴史文において、受身表現が説明文において多く出現するなど、日本語母語話者と類似した傾向が見られた。しかしながら、それぞれの視点表現において、上記に示したような誤用が観察されたため、これらは視座の統一度に影響を与えていると考えられる。次節では、日本語母語話者および日本語学習者の作文における視座の統一度について分析した結果を述べる。

4.3　日本語母語話者および日本語学習者の作文における視座の統一度

　先行研究において分析されている人物間のやり取りにおける視座を観察するため、人物が視座となりやすい授受表現が観察された作文を対象に分析を行った。ジャンルおよび母語別の作文数の内訳を表5に示す。**4.1** および **4.2** でも述べた通り、意見文は、授受表現の出現数が少なく、人物間のやり取りを書き手の視点から描写した談話がごく僅かであったため、分析対象から除外した。

表 5　授受表現が観察された作文数

	日本語話者 (J)	中国語話者 (C)	韓国語話者 (K)
説明文	10	6	7
歴史文	12	18	17

　上記の作文に出現した授受表現（てあげる・(て)もらう・(て)くれる）、受身表現（れる・られる）、移動表現（ていく・(て)くる）、使役表現（せる・させる）を構文的手がかりとし、それぞれの作文において、何人の視座が観察されるのか分析を行った。ただし、移動表現の時間的用法や無生物主語の受身表現など、人物間の動作に用いられていないものは、分析対象から除外し、人物のみを視座として判定した。説明文および歴史文における視座人物数の比較を、図1、図2にそれぞれ示す。

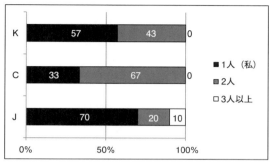

図1　説明文における母語別の視座人物数

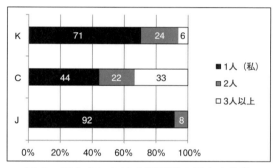

図2　歴史文における母語別の視座人物数

　図1および図2から分かるように、日本語母語話者は、「私」の視座から描写した作文の割合が最も高いことが分かった。説明文よりも、歴史文においては、その傾向が顕著であると言える。以下が、「私」1人の視座の作文の例である。

（15）　東南アジアでは大小様々な困難に直面した。アイフォンを<u>すられたり</u>【私】、タクシーに<u>ぼったくられたり</u>【私】、税関で賄賂を<u>請求されたり</u>【私】、猛烈な腹痛に<u>襲われたり</u>【私】、宿には水のシャワーしかなかったり、停電したりと挙げ始めればきりがない。　　　　　　　　　　　　　　　　　　　　　　　　　　　(j08-3)

　一方、中国語母語話者および韓国語母語話者は、「私」1人の視座の作文の割合が、日本語母語話者に比べ低かった。特に、中国語母語話者は、説明

文では 33%、歴史文では 44% と、韓国語母語話者よりも低い。2,000 字程度の長い作文であるため、段落ごとに、登場人物が変わることもあり、視座の移動があったとしても、必ずしも不自然な談話となるわけではない。しかしながら、段落内において、視座の移動が見られる不自然な談話が、学習者の作文においては観察された。

（16）　　小学校の時、先生がよく読書活動を行って<u>くれた</u>のおかげで【私】、私は本を読むことが好きになった。ある冬休みに、先生が私たちに「アンデルセンの童話」と「グリム童話」を<u>読ませて</u>【先生】、新学期で一番面白いストーリーをみんなに<u>話させて</u>【先生】、自分が何を納得したかを<u>発表させた</u>【先生】。　　　（c42-3）

　（16）では、自分自身に起こった出来事について、「先生」の視座から描写されているため、「私」から「先生」に視座が移動している。また、「読書活動を行ってくれた」という先生への恩恵性が感じられる文の後に、「先生が私たちに「アンデルセンの童話」と「グリム童話」を読ませて」という使役文が続いているため、意味的に齟齬が生じ、不自然に感じられる。

　一方で、段落において視座は統一されているが、自分自身ではなく、他者の視座に統一された例も観察された。以下にその例を示す。

（17）　　子供のころから、趣味を<u>養わせる</u>ために【親】、親からダンスレッスンや水泳レッスンなどの補習クラスに<u>行かせた</u>【親】ことがありますけれども、自分には運動の才能がありませんから、体の調和がなかなか上手に取れなくて、習うそばなら忘れてしまい、中途半端の結局でした。　　　　　　　　　　　　　（c59-3）

　（17）では、「親」に視座が統一されているが、自分自身が関与した出来事であるため、視座が「私」でない場合、不自然な談話となる。この他にも、**4.2** の用例（13）に示したように視座が「私」であっても、意味的に誤った視点表現を用いている場合や、視点表現の非用や誤用により、視座が判定できない文も観察された。

5.　視点表現および視座の統一に関する指導方法

　ここでは、これまでの議論を踏まえ「視点・立場シラバス」について検討

する。初中級レベル、中上級レベル、上級レベルの3つの段階に分け、それぞれ提案する。節の最後にすべてのレベルのシラバス案を一覧表にして提示する。

5.1　初中級レベルにおける「視点・立場シラバス」

まず、視点表現が導入される初中級レベルの日本語学習者に対して教える際に、教師が心がけるべきことを以下に述べる。

視点表現である授受表現（（て）あげる・（て）もらう・（て）くれる）、受身表現（れる・られる）、移動表現（（て）いく・（て）くる）、使役表現（せる・させる）は、初級レベルにおいて導入される。しかしながら、今回、上級レベルの学習者においても、「自転車が私をどこまで連れててあげる（→てくれる）のか」といった視点制約に違反する文が観察された。これは、ウチの人物（私）が、構文上のどこに配置されるかということが、初級レベルで導入された段階で十分に理解できていないことが原因であると考えられる。通常、視点表現は、他の文法項目同様、個々に導入されるため、書き手の視点を表す機能を持つ表現が複数あることが認識されにくいと言える。したがって、書き手の視点を表す表現であることを強調し、導入・練習の際に、単文レベルにおいて視点制約に違反しないよう注意させる必要がある。

また、今回の調査で、恩恵性が感じられない文脈で授受表現を用いた誤用や、被害の意味合いがあるにも関わらず受身表現が使用されていない文が観察された。それゆえ、どの視点表現がどのような意味・機能を持つのか、導入時に理解させる必要がある。

5.2　中上級レベルにおける「視点・立場シラバス」

次に、視点表現を用い、複文、談話レベルの作文を書くことが予想される中上級レベルの学習者への指導方法について提案する。

複文、談話においては、文と文の視座を統一する必要性が出てくる。統一される人物は、書き手が関与している出来事であれば、「書き手」であるが、関与していない場合は「ウチの人物」となり、先行研究において多く用いられている4コマ漫画などのストーリーを描写するタスクであれば、「主人

公」となる。これらを一度に導入すると混乱をきたすため、まずは、「書き手」への視座の統一から導入すべきである。漫画のストーリー描写の場合には、自身とは関係のない第三者間の出来事であるため、視座が何れの人物であっても単文レベルでは非文とはならない。しかしながら、書き手が関与する出来事については、「私は彼にケーキを作ってくれた」のように、書き手以外が視座となる文は非文となる。したがって、書き手への視座の統一のほうが指導の優先度が高いと考える。

　その際、作文のジャンルは、今回の分析結果から、書き手自身のことについて述べる歴史文および説明文が適していることが分かった。ただし、説明文の場合、今回の作文テーマの「自分の故郷について」では、故郷の有名な物を紹介する際に、無生物主語の受身が頻繁に用いられていたため、書き手自身に起こったことを描写するタイプのトピックのほうが、書き手が視座となる文を産出しやすいと考えられる。

　また、今回の調査で対象とした視点表現のうち、移動表現および受身表現は複数用法があるため、必ずしも、人物間のやり取りを表すわけではない。それゆえ、移動表現では空間的用法に、受身表現では人物間の直接受身に絞るなどして、練習を行うと、視座が意識されやすいと考えられる。更に、今回の調査結果から、歴史文においては、授受表現の「あげる系」よりも「くれる系」が、圧倒的に使用頻度が高いことが分かったため、「くれる系」を用いた視座の統一を優先的に指導していく必要があると言える。

5.3　上級レベルにおける「視点・立場シラバス」

　上級レベルにおいては、書き手だけではなく、様々な人物の視座への統一ができるようになる必要がある。具体的には、以下の指導方法を提案する。

　上級レベルにおいては、自身が関与しない出来事について、ウチの人物や主人公の視座に統一して、文章を書けるようになる指導が必要である。また、今回の調査では、人物への視座の統一に限定して分析したため、除外したが、説明文では、物や事象への視座の統一も観察された。それゆえ、話題として提出した物や事象に統一されることがあることも指導する必要がある。

　視座の統一に用いる視点表現に関しては、上級レベルでは、視点表現の組

み合わせや置き換えが可能であることについて、指導を行うべきである。今回の調査では、「使役表現＋授受表現」（例：させてもらう）や、「使役表現＋受身表現」（例：びっくりさせられた）などの組み合わせが出現していたが、視座となる人物や動作の方向性が誤っている例が観察された。それゆえ、視点表現を組み合わせた場合の視座について説明を行う必要がある。また、同じ出来事について「言ってきた」「言われた」「言ってくれた」のように、複数の言い方ができることについても導入する必要がある。その際、それぞれの視点表現が持つニュアンスの違いが分かるように、同じ動詞に複数の視点表現を接続し、どのような文脈で用いるのが適切か考えさせるようなタスクを行うと効果的であると考えられる。

表6　レベル別の視点・立場シラバス

初中級レベル
・個々の視点表現における単文レベルの視点制約（人称制限）の習得。 　授受表現の「あげる系」「もらう系」、「（て）いく」、受身表現、使役表現は、主語に、「くれる系」および「（て）くる」では、目的語にウチの人物が配置されることを習得する。 ・視点表現の意味・機能の習得。 　授受表現であれば、恩恵性のある場面で用いられ、受身表現であれば、被害の意味がある場面で用いられることを習得する。また、これらの表現が書き手の視点を表す機能を持つことを習得する。
中上級レベル
・複文、談話における文と文の視座の統一の習得。 　自分自身に関することについて述べる歴史文および説明文において、書き手に視座を統一することを習得する。 ・書き手自身の視座を表す際よく用いられる視点表現の習得。 　授受表現では「くれる系」、移動表現の空間的用法、人物間の直接受身など、人物の視座を表す表現や用法に限定して、書き手の視座に統一することを習得する。
上級レベル
・様々な人物への視座の統一の習得。 　自身が関与しない出来事についても、ウチの人物や物語の主人公などに視座を統一して文章を書くことを習得する。 ・視点表現の組み合わせや置き換えの習得。 　視点表現を組み合わせて用いる際の動作の方向性や視座となる人物を習得する。また、視点表現の置き換えが可能かどうか判断できるようになる。

6. おわりに

　この章では、コーパスデータの分析を通して、視点表現および視座の統一の指導について提案を行った。ジャンル別に、視点表現の出現頻度を分析することで、歴史文および説明文のように、自身のことを語るジャンルにおいて、視点表現が多用されることが分かった。また、作文における視座人物の判定を行い、視座の統一度を分析した結果、日本語母語話者が「私」1人の視座の作文が多いのに対して、日本語学習者の作文では、複数の視座が観察されることが示された。これらを踏まえ、初中級から上級までの視点・立場シラバスを提案した。

　この章では、先行研究で主に対象とされている4つの視点表現を取り上げたが、感情表現や主観表現など、視点表現と言われるものは他にもある。また、視座の統一度を分析する際、各作文における視座人物の数を量的に分析したが、段落ごとに登場人物が変わっている作文も多く、作文単位での分析では不十分であると言える。したがって、今後、表現を増やし、分析の単位を段落に変更し、更に検討する必要がある。しかしながら、明示的に指導されることが少ない視点表現および視座の統一について、コーパスデータに基づき、指導の指針を示した点で、意義があると考える。

引用文献

魏志珍 (2010)「台湾人日本語学習者の事態描写における視点の表し方 —— 日本語の熟達度との関連性 ——」『日本語教育』144, pp. 133–144.

魏志珍・玉岡賀津雄・大和祐子 (2010)「日本語のテキスト処理における視点の統一性の影響」『日本言語学会第140回大会予稿集』pp. 110–115.

坂本勝信・康鳳麗 (2008)「日本語母語話者の視点の実態について —— 「視座の統一度と文章のわかりやすさの関係」調査と共に ——」『常葉学園大学研究紀要（外国語学部）』24, pp. 205–217.

田窪行則 (1997)『視点と言語行動』くろしお出版.

武村美和 (2010)「日本語母語話者と中国人日本語学習者の談話に見られる視座 —— パーソナル・ナラティヴと漫画描写の比較 ——」『広島大学大学院教育学研究科紀要第二部（文化教育開発関連領域）』59, pp. 289–298.

田代ひとみ（1995）「中上級日本語学習者の文章表現の問題点 —— 不自然さ・わかりにくさの原因をさぐる —— 」『日本語教育』85，pp. 25-37.

松木正恵（1992）「『見ること』と文法研究」『日本語学』11(9)，pp. 57-71.

渡邊亜子（1996）『中・上級日本語学習者の談話展開』くろしお出版．

第三部
説得力のある日本語で書く

この第3部では、「説得力のある日本語で書く」ことを考える。第3部で扱うのは、学習者の作文に出現する内容面の問題であり、情報の示し方が首尾一貫する日本語を目指す指導法を検討する。

第11章「説得力のある段落構成の組み立て方」（宮澤太聡）では、学習者の作文に出現する段落を考える。段落の形式と機能を中心に、段落の組み立て方による話題のまとまりから生まれる説得力について検討する。

第12章「説得力のある全体構造の作り方」（石黒圭）では、学習者の作文に出現する視点の表現を考える。文章の項・節・章に当たるまとまりを中心に、予告文による文章の読みやすさから生まれる説得力について検討する。

第13章「説得力のある例・根拠・たとえの示し方」（新城直樹）では、学習者の作文に出現する視点の表現を考える。枚挙的帰納法・アブダクション・仮説演繹法を中心に、内容に合った思考法から生まれる説得力について検討する。

第11章

説得力のある
段落構成の組み立て方

宮澤太聡

1. はじめに

　一口に「段落」といっても、その用語をどのように理解し、実際の文章作成に運用しているかは、日本語学習者だけでなく、日本語母語話者においてもはっきりとは定まっていない。段落の「構成」とは、文章化する以前のイメージの段階を指すが、今回扱う作文データには、その構成を練る時点で問題が生じているものや、構成をもとに実際の文章を作成するさいに問題が生じているものが見られる。また、段落の改行についても、全く改行のない作文から、改行までが長過ぎるもの、逆に短過ぎるものなど、読みにくさを感じるものが散見される。これらの問題は、個人に帰する部分が大きいとはいえ、日本語学習者にある種の傾向が見られることも事実である。

　この章では、説得力のある段落構成の学習方法をシラバスのかたちで提案するために、作文のジャンルごとに日本語母語話者と日本語学習者がそれぞれどのような段落構成で文章を作成しているのかを分析することで、共通する段落構成の型、特有の段落構成上の問題点を明らかにすることを目指す。この章の課題として以下の三つを掲げる。

　　（1）　作文のジャンルごとに日本語母語話者に共通する段落構成の類型
　　　　　があるか

　　（2）　作文のジャンルごとに日本語母語話者と日本語学習者それぞれに

特有の段落構成の問題点があるか

（３）　日本語学習者特有の問題点を考慮した学習レベル別のシラバスを
どのように提案するか

　以下、**2.** では、まず、段落構成に関する先行研究を概観した上で、データに基づいた段落構成の学習の必要性を説明し、この研究の意義について論じる。**3.** で使用したデータと分析方法について説明し、**4.** でその結果を示す。**5.** では、その結果をもとに学習者の段落構成の問題点を考慮した学習レベル別のシラバスを提案し、**6.** でまとめを行う。

2.　作文シラバスにおける説得力のある段落構成指導の意義
2.1　日本語の文章における段落とパラグラフ

　日本語の作文指導（読解指導を含む）では、文と文章の中間的な単位として段落、および、パラグラフという用語が用いられているが、これらの用語の用いられ方は一義的ではない。村越（2015）は、一般読者向けの文章作成テキスト14編を資料とし、歴史的背景を含めて、それぞれのテキストの段落とパラグラフについての主張部分をとり上げ、その複雑さを述べるとともに、「段落」を「改行＋一字下げ」による形式的なもの、「パラグラフ」を「改行＋一字下げ」に加え「中心文と支持文による1トピック」という内容の面を含むものとして整理し、少なくとも論理的文章においては、現在パラグラフが重要視される傾向があることを指摘している。

　日本語学においては、塚原（1966）が、「節」を「段落」と称し、それらが連合して「段落連合」となるとし、「段落」を「修辞的段落」（改行一字下げの「段落」相当）と「論理的段落」（「パラグラフ」相当）に分類したうえで、それぞれが独立した論理で働いていること、また、論理的段落の優位を指摘している。いわゆる、筋の通った文章、まとまった文章、論理的な文章、明晰な文章などを成立させるためには、修辞的段落が、論理的段落から完全に自由になることはできないと主張している。これは、上記の村越（2015）の明らかにしたパラグラフの導入によって日本語の段落を改善しようとする一つの流れと軌を一にしていると考えられる。村越（2015）の主張は別にあるが、ここでは立ち入らない。

この研究の分析対象であるJCK作文コーパスの3種の作文の中で、厳密に論理的文章と呼べるものは作文2のみであるが、その他の2種も文学的な文章を志向したものではない。そのため、説得力のある段落構成のためには、過不足のない一まとまりの情報で構成された段落が必要になると考えられる。しかし、実際のコーパス内の作文には、段落全体で何を言いたいのか不明瞭なものも散見され、段落構成の能力が十分に習得されているとは言いがたい状況である。

2.2 段（文段・話段）による文章分析

日本語学においては、段落、パラグラフとは別に、文章・談話に共通する「段（文段・話段）」の研究が行われている。この「段」は、日本語の文章・談話を分析するための単位である。この研究の分析にもかかわるため、少し詳しく取り上げる。

まず、「文段」を提唱した市川（1978: 126）は、「改行によってではなく」「文段とは、一般的に、文章の内部の文集合（もしくは一文）が、内容上のまとまりとして、相対的に他と区分される部分である。」と規定している。文段の概念を発展的に継承した佐久間（2003: 95）は、「段」を文章・談話の成分とし、「統括」と「統括機能」を、以下のように定義する。

（4）　統括とは、文章・談話の基本的な構造と機能の原理である。統括機能とは、複数の文や発話の集合体が大小のまとまりを作り上げる働きにほかならず、話題の相対的なまとまりの度合いを有することを、その本質とするものである。

相対的な統括力によって、「段」が成立し、それが相互に関連しあって「連段」をなし、最終的に「文章・談話」に至るという「相対的統括」が明確に示されている。また、佐久間（編著）（2010: 17）は、「段」について、以下のように定義する。

（5）　「段」とは、複数の形態的指標を有する「中心文」と「中心発話」の統括機能により成立する、複数の話題のまとまりからなる多重構造を本質とする文章・談話の成分である。

上記の記述から、「段」は、中心文の統括領域であり、「段」の多重構造

は、中心文の相対的な統括力によって成立すると見ることができる。中心文について、佐久間（編著）（2010: 47）は、以下のようにまとめている。

（6）「中心文」≒「パラグラフ（paragraph）」の「トピック・センテンス（topic sentence）」文と文章・談話の中間に位置する「段」の中核となる文であり、同一の話題を表す他の文集合をまとめる「統括機能」を有する「統括文」として、新たに規定された文章論の概念である。

　その上で、佐久間（編著）（2010: 86）は、佐久間（1995: 101–106）の全4類17種を一部修正し、中心文を全7類16種に分類している。

（7）　中心文の段統括機能の分類（7類16種）
　　　①　話題文（段で主に取り上げる事実や問題について述べる文）
　　　　　〈a. 話題提示〉〈b. 課題導入〉〈c. 情報出典〉〈d. 場面設定〉〈e. 意図提示〉
　　　②　結論文（段で取り上げた話題に対する見解や要望などを述べる文）
　　　　　〈f. 結論表明〉〈g. 問題提起〉〈h. 提案要望〉
　　　　　〈i. 意見主張〉（〈i-1. 見解表明〉〈i-2. 概念規定〉〈i-3. 用例解説〉）
　　　　　〈j. 評価批評〉〈k. 解答説明〉
　　　③　概要文（文章や段で述べる内容全体の要約や引用の文）
　　　　　〈l. 概略要約〉〈m. 主題引用〉
　　　④　前提設定（段の前後や中間で前置きの役割を果たす文）
　　　⑤　補足追加（段の前後や中間で後付けの役割を果たす文）
　　　⑥　承前起後（段の前後や中間で話題移行の役割を果たす文）
　　　⑦　展開予告（段の前後や中間で展開予告の役割を果たす文）

　このように、中心文の分類を行い、相対的統括による「段」の多重構造によって文章が成立することを示している。

　説得力のある段落構成を分析するためには、書き手の裁量が大きい改行一字下げによる段落だけではなく、別の原理で文章を分析する必要がある。「文段」の観点に基づいた説得力のある作文について論じた石黒（2017: 6–9）は、段落分けを行う際に、一定の話題のレベルで区切るようにすること、細

かくしすぎないようにすることを述べ、段落の構成が文章の説得力と関係することを指摘している。この研究では、石黒（2017）が主な対象とした文章全体ではなく、その部分である段落構成について、日本語母語話者と日本語学習者のそれぞれの傾向を明らかにし、説得力のある段落構成の学習シラバスを提示し、現場の日本語教育へ貢献することを目指す。

3. 段落構成の分析方法

この章では、改行一字下げによる文章の区分を「段落」とし、中心文の統括による話題の相対的なまとまりを「文段」として、区別して分析を行う。以下、分析の進め方について説明する。

（1）JCK 作文コーパス 3 種のデータの段落と文、文字数をカウントし、それぞれ 20 編の作文データにおける平均値と標準偏差を分析し、段落構成の傾向を明らかにする。分析方法は、テキストデータを Excel で読み込み、改行コードを段落の認定基準、句点を文の認定基準として、1 セルに 1 文入力されるようにする。そのため、中国人日本語学習者に散見される読点を句点のように用いているものは、長大な 1 文として処理する。また、書きかけの文であっても、改行によって新たな段落が開始されていれば、句点がなくても文として処理する。そして、段落の区分に直接かかわらない引用部分は、文内の情報として処理する。分析結果を以下の表 1 にまとめる。

表 1　JCK 作文コーパスの段落構成の基本情報

基本情報 資料	総段落数		総文数		総文字数	
	平均	標準偏差	平均	標準偏差	平均	標準偏差
j1	6.8	2.0	46.2	9.6	2,041.6	62.6
j2	6.2	1.9	41.9	9.3	2,059.3	70.7
j3	6.6	2.8	45.6	12.2	2,068.0	72.5
k1	6.8	3.2	48.0	8.3	2,058.0	46.6
k2	7.6	3.1	46.6	6.5	2,067.7	30.8
k3	6.2	2.8	49.4	9.6	2,078.8	102.5
c1	9.4	3.2	70.0	16.9	1,967.6	122.0
c2	10.2	3.7	57.7	14.0	1,978.9	138.0
c3	8.0	3.3	62.9	11.7	2,056.6	80.1

表1を見ると、それぞれ総段落数、総文数、総文字数に偏りがあることから、母語別の特徴とともに、作文のジャンルごとに特徴があることが分かる。詳細は、**4.**で述べる。

(2) 改行一字下げの段落は、レイアウト上の問題や筆者のくせなど、論理的なまとまりとは異なった区分となる場合があることが指摘されている。そこで、JCK作文コーパスを佐久間（編著）(2010) の文段によって分析し、段落との区分箇所と一致するかどうかを見る。具体的には、作文ごとに「開始部」「展開部」「終了部」という3段構成の大文段を認定する。さらに、形態的指標をもとに、より細かい文段を認定し、認定箇所が段落の区分箇所と一致しているかを分析する。この分析により、文章のジャンル別、母語別の段落構成の傾向と問題点を形式面から明らかにできると考えられる。一方、文段を成立させる中心文を認定し、それぞれの作文の中心文を分析する。この分析により、ジャンルごと、母語ごとの段落構成の傾向と問題点を内容面から明らかにできると考えられる。

以上、2つの分析を通して、母語別、ジャンル別の段落構成の傾向と問題点を形式面と内容面の両面から明らかにすることで、説得力のある段落構成のシラバスを提案することを目指す。

4.　段落構成の分析の結果
4.1　日本語母語話者の作文は論理的な段落構成となっているか

表1を見ると、j1〜j3の作文の中でj3の文数と段落数にバラつきが多少目立つが、全体的に、総段落数が約6、総文数が約45、総文字数が約2,050と、すべてのジャンルの作文で類似した傾向を示している。しかし、文段を用いた分析を行うと、形式面、内容面のいずれにおいても、問題のある段落構成となっている作文も少なくない。まずは、それぞれのジャンルにおける典型的な段落構成を示し、その後、個別に問題点を指摘する。

初めに日本語母語話者の作文をジャンルごとに3段構成の大文段のレベルで認定し、それぞれの中心文の種類を集計すると表2のようになる。

表2　日本語母語話者の作文の大文段における中心文の出現傾向

中心文	j1				j2				j3			
	開始部	展開部	終了部	合計	開始部	展開部	終了部	合計	開始部	展開部	終了部	合計
	平均[標準偏差]	平均[標準偏差]	平均[標準偏差]	平均[標準偏差]	平均[標準偏差]	平均[標準偏差]	平均[標準偏差]	平均[標準偏差]	平均[標準偏差]	平均[標準偏差]	平均[標準偏差]	平均[標準偏差]
総段落数	1.4[0.7]	4.4[1.8]	1.0[0.4]	6.8[2.0]	1.0[0.5]	3.7[1.6]	1.6[1.0]	6.2[1.9]	1.0[0.2]	4.7[2.4]	0.8[0.5]	6.6[2.8]
総文数	6.1[4.4]	36.2[9.9]	3.9[2.6]	46.2[9.6]	3.8[3.5]	29.6[9.4]	8.5[5.3]	41.9[9.3]	3.7[2.0]	37.2[11.8]	4.8[2.1]	45.6[12.2]
総文字数	262.7[190.6]	1625.4[255.0]	153.5[95.8]	2041.6[62.6]	139.0[131.5]	1500.0[291.6]	420.2[254.2]	2059.3[70.7]	171.4[94.3]	1689.6[155.2]	207.1[90.3]	2068.0[72.5]
話題文 話題提示	0.9[0.4]	3.7[2.2]	0.0[0.0]	4.6[2.2]	0.2[0.5]	1.0[0.9]	0.3[0.7]	1.4[1.1]	0.8[0.4]	1.6[1.8]	0.2[0.4]	2.6[1.7]
話題文 課題導入	0.1[0.3]	0.0[0.2]	-	0.2[0.4]	0.4[0.7]	0.4[0.7]	0.2[0.4]	1.0[1.1]	0.1[0.3]	0.0[0.2]	-	0.2[0.4]
話題文 情報出典	-	-	-	-	-	-	-	-	-	-	-	-
話題文 場面設定	-	0.1[0.3]	-	0.1[0.3]	-	-	-	-	-	3.1[1.5]	0.0[0.2]	3.2[1.6]
話題文 意図提示	-	-	-	-	-	-	-	-	-	-	-	-
結論文 結論表明	-	-	0.4[0.5]	0.4[0.5]	-	0.0[0.2]	1.2[0.7]	1.2[0.7]	0.0[0.2]	-	1.1[0.9]	1.2[0.9]
結論文 問題提起	-	-	-	-	-	-	-	-	-	-	-	-
結論文 提案要望	-	0.2[0.4]	0.5[0.5]	0.7[0.6]	-	-	-	-	-	-	-	-
結論文 見解表明	0.1[0.3]	3.3[1.7]	0.6[0.7]	4.0[1.8]	0.0[0.2]	4.0[1.6]	1.3[1.0]	5.3[1.6]	0.0[0.2]	1.6[1.4]	0.6[0.6]	2.2[1.5]
結論文 概念規定	-	0.0[0.2]	-	0.0[0.2]	0.0[0.2]	-	-	0.2[0.4]	-	0.0[0.2]	-	0.2[0.4]
結論文 用例解説	-	-	-	-	-	-	-	-	-	-	-	-
結論文 評価批評	0.0[0.2]	0.8[1.0]	0.2[0.4]	1.0[1.1]	-	0.0[0.2]	-	0.0[0.2]	-	1.2[0.8]	-	1.2[0.8]
結論文 解答説明	0.0[0.2]	0.0[0.2]	-	0.1[0.3]	-	0.2[0.7]	0.1[0.3]	0.4[0.7]	-	0.0[0.2]	-	0.0[0.2]
概要文 概略要約	0.4[0.6]	3.4[1.6]	0.0[0.2]	3.8[1.6]	0.2[0.5]	4.1[1.4]	0.6[0.8]	5.0[1.5]	0.2[0.4]	2.4[1.7]	0.2[0.5]	2.7[1.6]
概要文 主題引用	-	-	-	-	-	-	-	-	-	0.2[0.5]	0.0[0.2]	0.2[0.5]
前提設定	-	-	-	-	-	0.0[0.2]	0.0[0.2]	0.1[0.4]	-	-	-	-
補足追加	-	-	-	-	-	-	-	-	-	-	-	-
承前起後	-	-	-	-	-	-	-	-	-	-	-	-
展開予告	0.8[0.7]	0.6[1.0]	0.0[0.2]	1.4[1.2]	0.4[0.5]	0.1[0.3]	-	0.6[0.6]	0.2[0.4]	0.2[0.5]	-	0.4[0.7]

　まず、j1の作文を取り上げる。3段構成について、大きくまとめると、図1のように、開始部が2パターンとなり、展開部は1パターン、終了部が2

パターンとなる。特に終了部で、「筆者の故郷への思いを述べる」のは、故郷の紹介という他者への情報提供を目的とした文章とはそぐわないと思われるが、6例見られ、一つのパターンをなしているといえる。

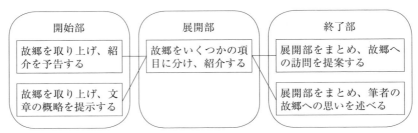

図1　日本語母語話者の作文1の3段構成の展開パターン

開始部は、（8）のように、話題提示と展開予告を含む傾向がある。

（8）　(1-1) 私の出身地は江東区の大島（おおじま）というところです。【話題提示】(1-2) 江東区というと、皆さんはどのようなイメージを思い浮かべるでしょうか。(1-3) この地で生まれ育った私には、客観的な印象はわかりかねるのですが、実際に暮らしている視点から、ぜひ18年間暮らしてきたこの地の魅力をご紹介させていただきたいと思います。【展開予告】　　　　　　　　　　(j04-1)

例文の表記について、(1-1) は、左の数字が段落番号、右の数字が文番号を表している。また、【　】は、中心文の種類を示している。いずれも私が付したものである。

j04-1の作文は、引用箇所で段落が区分されており、開始部としての大文段の認定と一致する。このように、開始部が文章全体の【話題提示】と【展開予告】の中心文で構成されているj04-1のような作文は11例見られ、典型的な開始部であるといえる。

次に、展開部は、複数の段落で構成されており、文段も多重に認定されるが、その多くは、話題となる土地の魅力を列挙するものとなっている。（9）のように新たな話題を提示し、詳細を述べ、見解や評価によって話題を締めくくるという文段で構成される傾向がある。

（9）　(3-8) 12世紀後半から始まった源平合戦は安徳天皇の入水をもっ

て源氏側の勝利となったが、その終焉の地壇ノ浦は下関にある。【背景説明】(3-9) そして、ここに沈んだ平家一門を祀るために建てられたのが赤間神宮である。【話題提示】〈中略〉(3-13) その物語はここでは割愛するが、下関というのは平家一門のゆかりの地であることは確かなのだ。【見解表明】　　　　　　(j17-1)

　j17-1 の作文は引用箇所で段落が区分されており、展開部を構成する文段の認定と一致する。
　そして、終了部は、展開部のまとめなど筆者の見解を述べ、読み手に紹介した土地を訪れるよう提案するという文段で構成される傾向がある。

（10）（5-45）上述のように、一見何もない、山でもない海でもないただ中途半端な土地にも、その実様々な魅力がある。【見解表明】(5-46) 是非一度、伊勢原を訪れてみて欲しい。【提案要望】
　　　　　　　　　　　　　　　　　　　　　　　　　　　(j08-1)

　（10）の文段の認定は、段落の区分箇所と一致している。終了部ではこのような文段が 10 例見られ、最も多い。
　次に、j2 の作文を取り上げる。まず、3 段構成は、図 2 のように、いくつかのパターンが見られる。

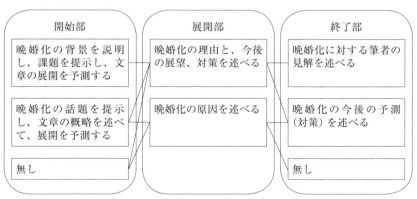

図 2　日本語母語話者の作文 2 の 3 段構成の展開パターン

　開始部は大きく 3 パターンあり、晩婚化の理由について「なぜ〜のだろ

うか」と課題を提示し、文章の展開を予告するもの、晩婚化の理由や今後の予測について、後続の文章の内容を概略的に述べて、文章の展開を予告するもの、そして、開始部のないものに分類される。開始部のないものは、晩婚化の理由から文章が開始するもので、3例見られた。

　次に展開部であるが、晩婚化の理由のみのものと、晩婚化の今後の予測（対策）まで述べているものがある。これは、終了部に晩婚化に対する筆者のまとめが述べられているかどうかがかかわっている。終了部に全体のまとめがなければ、晩婚化の今後の予測（対策）が終了部となる。

　終了部は、上記の晩婚化に対する筆者の見解、晩婚化の今後の予測（対策）の2つのほかに、終了部のないものの3パターンある。終了部のないものは、開始部に課題導入で文章の展開を予告し、展開部で晩婚化の理由をいくつか列挙して文章を終えており、1例のみ見られた。

　開始部は、大きく2つの文段のパターンが見られる。(11)は、晩婚化の現状を述べ、課題を取り上げ、文章全体の展開を予告するもの、(12)は、晩婚化の理由をまとめて概略的に提示するものである。

(11)　(1-1)近年、世界各国で晩婚化が進んでいる。(1-2)そして、これは日本でも例外ではない。(1-3)なぜ、人々はなかなか結婚しなくなってしまったのだろうか。【課題導入】(1-4)特に日本の事例について、晩婚化が進んだ理由を述べたい。【展開予告】　(j06-2)

(12)　(1-1)多くの国々で晩婚化が進んでいる原因は、結婚をしにくい社会のシステムが構築されているからだと考えられる。【概略要約】(1-2)それは、経済のシステムや社会的価値観の変化を表している。【概略要約】　(j09-2)

　(11)(12)は文段の認定と段落の区分が一致している。

　次に展開部は、複数の段落、文段で構成されているが、晩婚化の理由が列挙され、その後、晩婚化の今後の予測が列挙されるという展開となる傾向が見られる。また、その後に、晩婚化の対策が述べられるものもある。

　晩婚化の理由は、概略的に原因を述べ、詳述し、見解を述べるというかたちで文段が成立する傾向がある。

(13)　(2-3)まず晩婚化の理由として考えられるのは、社会の資本主義

化の進行による、個人の経済的な問題である。【概略要約】(2-4)
例えば、就職できずにアルバイトだけで生計を立てている人や、
あるいは就職できても収入の少ない人などは、結婚・出産・育児
に伴う家計への負担に耐えられるほどの経済力を持ち合わせてい
ない。〈中略〉(2-7) このような事情は、資本主義社会では共通で
あり、資本主義は今やほぼ世界共通と言って良いため、こうした
傾向は世界規模で見られるものと思われる。【見解表明】　(j13-2)
　晩婚化の今後の予測も類似しており、晩婚化の進行による問題点が挙げら
れる文段では、概略的に問題点を述べ、詳述するという傾向がある。
　また、(14) のように晩婚化の理由の文段ごとに解決策を述べるものがあ
るが、晩婚化の理由の統一感がそがれるため、文章全体としては読みにくく
なってしまう。

　(14)　(2-5) まず第一の理由として、女性の社会進出が増えた、という
　　　　ことが挙げられる。【概略要約】(2-6) 昔は女性は大学に行くこと
　　　　や、就職することもめずらしかった。〈中略〉(2-22) 海外には、
　　　　女性と男性が、等しく育児休暇を取らなければならないと定めら
　　　　れている国だってある。(2-23) 日本にもこの制度を導入し、育
　　　　児しながら働きやすい社会を作っていかなければならない。【見
　　　　解表明】
　　　　　　　　　　　　　　　　　　　　　　　　　　　　　　　(j06-2)

　文段としてはまとまりがあるが、原因の二つ目に話題が展開する際、解決
方法の文段が挟み込まれることになり、晩婚化の理由という大きな文段への
意識がそがれてしまうことになる。このような作文は 3 例見られた。
　そして、終了部は、晩婚化の今後の予測の文段と晩婚化に対する筆者の見
解の文段がある。今後の予測の文段は、12 例見られ、最も多いパターンと
なるが、(14) と同様なので、ここでは筆者の見解の文段を挙げる。

　(15)　(6-32) 私としては、晩婚化は少子化などにも影響するため、解
　　　　決されるべきではあると思います。【結論表明】(6-33) しかし、
　　　　そのためには社会全般が問題意識をもって、解決を図らなければ
　　　　不可能であることも感じ、すぐさま解決できる問題ではないこと
　　　　を感じました。【見解表明】
　　　　　　　　　　　　　　　　　　　　　　　　　　　　　　　(j17-2)

終了部に晩婚化に対する筆者の見解を述べる作文は 7 例見られた。

最後に、j3 の作文を取り上げる。まず、3 段構成について、図 3 のように、終了部のみ 2 パターンある。開始部は、自分の趣味を話題として取り上げ、簡単な説明を加える。展開部は、趣味と出合ったきっかけから始まり、時系列に沿って、いくつかの出来事が述べられる。終了部は、2 パターンあり、開始部と展開部を踏まえて、趣味について総括的に見解を述べるものと、展開部の延長として、趣味について現在の状況を述べるものがある。

図 3　日本語母語話者の作文 3 の 3 段構成の展開パターン

まず、開始部について、(16) のように自分の趣味を話題として提示するものが多い。

　　（16）　(1-1) 私は、体育会のフィールドホッケー部にマネージャーとして所属している。(1-2) そして、私の趣味は、フィールドホッケーというスポーツを観戦することである。【話題提示】　(j06-3)

(16) は文段の認定と段落の区分箇所が一致している。

次に、展開部は、時間軸に沿っていくつかのエピソードが述べられる。それぞれのエピソードが一つの文段として認定できる。(17) は、一つのエピソードが述べられ、最後に趣味への評価を述べて文段が成立している例である。

　　（17）　(2-5) きっかけは小学四年生の時でした。(2-6) 私の小学校では部活動のほかに週一回のクラブ活動というものがありました。(2-7) そこで私はなんとなく将棋クラブに入りましたが、初心者であった私は全くと言っていいほど勝てませんでした。〈中略〉(2-10) そこで私はオセロを見つけました。〈中略〉(2-12) すると

将棋と比べて断然勝つ確率が高く、勝てるからどんどん好きに
なっていきました。【評価批評】　　　　　　　　　　　　　　　　（j16-3）

　次に、終了部は、筆者が趣味について全体的な見解を述べるものと現在の
状況を述べるものとの2パターンある。（18）は、趣味の観劇について見解
を述べるもので、（19）は、趣味の一人旅について、現在の状況を述べるも
のである。

（18）　（7-47）舞台演劇の最も大きな特徴は、残らないということだ。
　　　　【見解表明】〈中略〉（7-50）一度観てしまったらもう二度と復元で
　　　　きない儚さと、一度観てしまったらもう二度と忘れられないほど
　　　　の力強さ。【結論表明】（7-51）その二つの相反する特徴の両立が、
　　　　演劇をこうも面白くしているのだと思う。【結論表明】　　（j13-3）

（19）　（7-38）次は、ネパールに行って、ゴーキョピークというところ
　　　　へ登山に行く計画がある。〈中略〉（7-41）そして自分はそうした
　　　　経験を通じて成長したと実感出来る。【結論表明】（7-42）これは
　　　　何よりも快感である。【結論表明】（7-43）これだから旅はやめら
　　　　れない。【結論表明】　　　　　　　　　　　　　　　　　（j08-3）

　（18）のような作文は15例見られ、（19）のような作文は5例見られた。
　以上、日本語母語話者の3種の作文の文段による分析から、それぞれの
作文の典型的な文段の構造と段落の区分箇所との関係が明らかになった。

　これまで、文段の認定箇所と段落の区分箇所とが一致する例を挙げてきた
が、その全てが一致しているわけではない。文段の観点から見ると、母語話
者の作文であっても、段落として区分すべき箇所が区分されておらず、要点
を捉えることが困難な例も見られる。問題点は次の2点にまとめられる。
これらの問題は、文段の多重構造への理解不足に起因すると考えられる。

　　①　区分すべき箇所で区分されていない

　　②　区分すべきではない箇所で区分している

　まず、「①区分すべき箇所で区分されていない」例を挙げる。これには個
人差があり、段落を区分しない傾向のある書き手のj05、j21は、3種すべて
の作文で段落区分数が少ない。特に、j3の作文は、いずれも段落区分を一
切していない。次の（20）は、j21-1の作文の第1段落である。37文1,380文

字と平均と比較しても非常に長い段落である。

(20)　(1-1)　あなたは三重県を訪れたことはありますか。〈中略〉(1-4)ここでは、三重県出身の私が実際に訪れたり食べたりした結果、自信を持ってお勧めできるものを挙げようと思います。【展開予告】(1-5) 有名なものですと、まずは伊勢神宮でしょう。【話題提示】(1-6) 江戸時代の資料によりますと、昔は一生に一度はお伊勢参りをしたいと考える人がたくさんいたそうです。〈中略〉(1-15) 美しく荘厳な雰囲気にきっと心まで洗われる様な気がすることと思います。【見解表明】(1-16) 内宮の説明ばかりしてしまいましたが、伊勢神宮は内宮と外宮から成っており、お伊勢参りをする際には両方とも回られることをお勧めします。【概略要約】〈中略〉(1-19) 外宮に参拝してから内宮に参拝するとよいでしょう。(1-20) しかし、お伊勢参りの楽しみは参拝することばかりではありません。(1-21) 内宮を出てすぐの所に、おかげ横丁というお食事処や土産物屋が立ち並ぶ一角があるのはご存知ですか。(1-22) おかげ横丁では様々な伊勢の名物を食べることができるのです。【概略要約】〈中略〉(1-32) あちこちから食べ物のよい香りが漂い、活気に溢れていて伊勢神宮での参拝とは違った趣を感じることができるでしょう。【見解表明】(1-33) また、2013年は伊勢神宮にとって節目の年でもありました。(1-34) 20年に一度、社殿を造り替える式年遷宮が行われたのです。【話題提示】〈中略〉(1-37) 古き良き日本の伝統と美しい自然を味わうのに伊勢神宮はぴったりであると言えます。【見解表明】　　　(j21-1)

(20) は、大きな文段の認定箇所である開始部と展開部が一つの段落内に混在している。**4.1** の分析から、(1-4) と (1-5) の間には、典型的な開始部と展開部の文段の認定箇所があるが、段落区分がなされていない。また、展開部は、項目ごとに段落を区分するという傾向があることから、少なくとも(1-15) と (1-16) の間、(1-19) と (1-20) の間、(1-32) と (1-33) の間で段落が区分されるべきだと考えられる。段落内部は、内容のまとまりである文段を意識して述べられているが、その結果が段落区分に反映されていない。

このような問題は、段落の区分の多重性を理解していないことに起因すると考えられる。

j21-1 は、「伊勢神宮」のほかに、故郷紹介の項目として「自然」（5文、210文字）、「鈴鹿サーキット」（3文、117文字）、「食」（7文215文字）を挙げており、それぞれ段落を区分している。つまり、故郷紹介の項目として、文段のレベルを揃えて段落を区分したために、「伊勢神宮」の項目だけ段落が膨らんでしまったのだと考えられる。しかし、先述の通り、伊勢神宮の中にもいくつかの文段が成立しているため、読みやすさという点では段落として区分すべきである。段落区分の表現方法は改行一字下げのみであるが、その区分する文段のレベルは一様ではないことを学習しておくべきだと考えられる。

次に「②区分すべきではない箇所で区分している」（21）は、文段の観点から見ると、（8-14）が中心文となり、その統括する範囲は（9-17）までであるが、（8-15）と（9-16）の間で段落を区分している。

（21）（8-14）その後すぐに同アイドルのライブがあるということで、初めてアイドルのライブに行ってみると、いわゆるシンガー系のアーティストとは全く別物であり、それを私はすごく楽しいと感じた。【概略要約】（8-15）シンガー系アーティストのライブは主に曲を聞きに行くものであるため、基本的にライブ中は静かに耳を傾け、アップテンポの曲を歌っている時も体を少し揺らす程度であり、思いっきり楽しむものというよりも聞き入るもの、という印象が私にはあった。

（9-16）しかしその日に行って気づいたことはアイドル系のライブはおもいっきり楽しむものだ、というのが私の率直な感想である。（9-17）アイドルを近くでみて曲の途中でもいわゆるコールを入れて羽目を外す感じは、それまでの私にはあまり縁のなかったことですごい新鮮で楽しいものだと感じた。【評価批評】　（j19-3）

（21）は、（8-14）で概略的に文段を統括しており、その範囲は（9-17）に及ぶ。そのため、引用した箇所全体を一つの文段として認定すべきであるが、実際には（8-15）と（9-16）の間で段落を区分している。前半の段落は、後半の段落の前提でしかなく、段落として独立させる根拠に乏しい。従って、

(9-16) までを一つの段落として示すほうが、内容のまとまりが明確になり、読者が理解しやすくなると考えられる。

　以上、日本語母語話者の作文の段落構成は、文段の観点から考察すると、いくつかの典型的なパターンに分類されるが、段落構成に問題のある例が見られることが明らかになった。

4.2　日本語学習者の段落構成の問題点

　当然、日本語学習者にも適切な段落区分を行っている例が見られるが、ここでは、母語別に見られる段落構成の典型的な問題点を検討する。まず、中国人日本語学習者の作文を見る。

　表3によると、3種の作文すべてに言えることであるが、総文字数が少ないにもかかわらず、総段落数、総文数が日本人の平均を上回っていることから、中国人日本語学習者は、1文が短く、段落が細かく区分される傾向があるといえる。今回の分析では、読点を句点のように使用しているものを長大な1文として扱っているが、それにもかかわらず、平均の総文数が多いということは、より1文が短い傾向があることを示している。

　中国人日本語学習者は、段落区分の問題点として、「①区分すべき箇所で区分されていない」例も見られるが、「②区分すべきではない箇所で区分している」例が多いことが指摘できる。つまり、過剰に段落を区分する傾向があるといえる。特に展開部において1文1段落として表現する傾向がある。日本語母語話者の作文には3例のみであったが、中国人日本語学習者には32例見られた。次の（22）は、晩婚化が進む原因の一つとして挙げられている箇所である。

　　　（22）（5-36）大都市の中で、クラブのようなところがたくさんあります。【話題提示】
　　　　　　　（6-37）独身者たちのために、家庭と仕事以外の生活空間を提供しています。（6-38）ここで、たくさんの人が集まって、将来の生活が多彩になってくることができて、仕事と家庭以外の情感も満足を獲得する同時に、インターネットの発達など、独身者たちのために、ある程度の寂しさも解決します。【見解表明】（c02-2）

表3 中国人日本語学習者の作文の大文段における中心文の出現傾向

資料 / 中心文		c1 開始部	c1 展開部	c1 終了部	c1 合計	c2 開始部	c2 展開部	c2 終了部	c2 合計	c3 開始部	c3 展開部	c3 終了部	c3 合計
		平均[標準偏差]	平均[標準偏差]	平均[標準偏差]	平均[標準偏差]	平均[標準偏差]	平均[標準偏差]	平均[標準偏差]	平均[標準偏差]	平均[標準偏差]	平均[標準偏差]	平均[標準偏差]	平均[標準偏差]
総段落数		1.5 [0.7]	4.6 [2.9]	0.7 [0.5]	6.8 [3.2]	1.4 [0.7]	5.0 [3.0]	1.2 [0.6]	7.6 [3.1]	1.0 [0.4]	4.4 [2.7]	0.8 [0.5]	6.2 [2.8]
総文数		7.9 [5.0]	36.4 [7.4]	3.6 [3.0]	48.0 [8.3]	6.6 [3.7]	33.5 [8.4]	6.5 [3.2]	46.6 [6.5]	5.3 [3.5]	38.8 [13.3]	5.4 [4.1]	49.4 [9.6]
総文字数		310.4 [181.0]	1606.4 [219.8]	141.2 [112.0]	2058.0 [46.6]	287.9 [189.3]	1480.6 [229.3]	299.2 [139.9]	2067.7 [30.8]	203.1 [175.2]	1622.9 [303.0]	252.8 [156.5]	2078.8 [102.5]
話題文	話題提示	1.1 [0.4]	4.0 [2.3]	-	5.1 [2.3]	0.4 [0.5]	1.2 [1.1]	0.2 [0.4]	1.6 [1.4]	0.8 [0.4]	1.4 [1.5]	-	2.3 [1.5]
	課題導入	-	-	-	-	0.2 [0.5]	0.2 [0.7]	-	0.4 [0.8]	-	0.0 [0.2]	-	0.0 [0.2]
	情報出典	-	-	-	-	-	-	-	-	-	-	-	-
	場面設定	-	-	-	-	-	-	-	-	0.2 [0.4]	2.2 [1.6]	0.0 [0.2]	2.4 [1.8]
	意図提示	-	-	-	-	-	-	-	-	-	-	-	-
結論文	結論表明	-	-	0.3 [0.5]	0.3 [0.5]	-	0.2 [0.5]	0.8 [0.4]	1.0 [0.4]	-	0.1 [0.4]	0.9 [0.4]	1.0 [0.4]
	問題提起	-	-	-	-	-	-	-	-	-	-	-	-
	提案要望	-	-	0.6 [0.5]	0.6 [0.5]	-	-	-	-	-	-	-	-
	見解表明	0.2 [0.5]	2.4 [1.5]	0.7 [0.8]	3.2 [2.1]	0.2 [0.5]	3.8 [1.4]	1.6 [1.1]	5.6 [1.6]	0.1 [0.3]	3.2 [2.0]	0.4 [0.6]	3.6 [1.9]
	概念規定	-	0.1 [0.3]	-	0.1 [0.3]	0.2 [0.0]	0.2 [0.0]	-	0.2 [0.0]	-	0.2 [0.0]	-	0.1 [0.3]
	用例解説	-	-	-	-	-	-	-	-	-	-	-	-
	評価批評	0.1 [0.3]	0.8 [1.2]	-	1.0 [1.2]	0.0 [0.2]	0.1 [0.3]	-	0.2 [0.4]	0.0 [0.2]	0.7 [0.8]	0.1 [0.3]	0.8 [0.8]
	解答説明	-	-	-	-	-	0.1 [0.4]	-	0.1 [0.4]	-	-	-	-
概要文	概略要約	0.4 [0.6]	3.0 [2.0]	0.0 [0.2]	3.4 [2.3]	0.1 [0.3]	4.6 [1.8]	0.2 [0.4]	5.0 [1.9]	-	2.4 [1.8]	0.2 [0.4]	2.6 [1.9]
	主題引用	-	0.0 [0.2]	-	0.0 [0.2]	-	-	-	-	-	0.1 [0.3]	0.1 [0.3]	0.2 [0.5]
前提設定		-	0.0 [0.2]	0.0 [0.2]	0.0 [0.2]	0.0 [0.2]	-	-	0.0 [0.2]	-	-	-	-
補足追加		-	0.2 [0.9]	-	0.2 [0.9]	-	-	-	-	-	-	-	-
承前起後		-	-	-	-	-	-	-	-	-	-	-	-
展開予告		0.5 [0.7]	0.8 [1.0]	-	1.3 [1.2]	0.4 [0.5]	0.0 [0.2]	0.0 [0.2]	0.4 [0.5]	0.1 [0.3]	0.2 [0.5]	-	0.2 [0.5]

(22) は (5-36) で「大都会のクラブのようなところ」を話題として取り上げ、段落を変えて (6-37)～(6-38) で詳述し、見解を述べているが、日本語

母語話者の例で見たように、話題を取りあげて、詳述し、見解を述べて文段が成立するという典型があることから、ここで段落を区分する必要はないと考えられる。

　また、晩婚化の理由を概略的に述べる文を一段落で示している作文も見られる。次の (23) は、晩婚化の理由を見出しのように一文一段落で示し、続く段落で詳述し見解を述べるという箇所である。

　　　(23)　(7-47) まず、もっと多く時間を仕事に使う【概略要約】
　　　　　　(8-48) 男の子にとっては結婚は幸せなことだ。(8-49) 母のむね
　　　　　　を離れた妻の世話に取り組むだ。〈後略〉　　　　　　(c11-2)

　(23) の (7-47) は、概略的に晩婚化の理由を述べているが、(8-48) 以降、その詳述となっており、日本語母語話者の典型から見ると、段落として特立させる必要はないと考えられる。このように、中国人日本語学習者は段落を区分し過ぎる傾向があると言える。

　逆に、韓国人日本語学習者は、段落を区分すべき箇所で区分しない傾向が認められる。表4によると、韓国人学習者の作文は、日本語母語話者の作文と似た傾向を示しているが、標準偏差から段落数にばらつきが目立つことが指摘できる。つまり、段落をあまり区切らない作文と段落を区切りすぎる作文が混在しているのである。特に、全く段落を区分しない作文が4例 (2例は同一筆者) あるなど、中国人学習者に比べ、「①区分すべき箇所で区分されていない」という問題点が目立つ。また、段落をまとめるという意識が低いのか、3段構成の大文段の分析においても、終了部を欠く作文が5例見られる。さらに、文章を読み進めるうちに、話題が本題からずれていく例も見られることから、韓国人学習者には、新たな文段を開始することへの意識は高いが、文段をとりまとめることへの意識が低いという傾向が認められる。

表 4　韓国人日本語学習者の作文の大文段における中心文の出現傾向

資料 / 中心文		k1 開始部 平均[標準偏差]	k1 展開部 平均[標準偏差]	k1 終了部 平均[標準偏差]	k1 合計 平均[標準偏差]	k2 開始部 平均[標準偏差]	k2 展開部 平均[標準偏差]	k2 終了部 平均[標準偏差]	k2 合計 平均[標準偏差]	k3 開始部 平均[標準偏差]	k3 展開部 平均[標準偏差]	k3 終了部 平均[標準偏差]	k3 合計 平均[標準偏差]
総段落数		1.5 [0.6]	6.6 [2.9]	1.3 [0.6]	9.4 [3.2]	1.7 [0.8]	6.3 [3.0]	2.2 [1.7]	10.2 [3.7]	1.3 [0.8]	5.2 [2.6]	1.4 [0.9]	8.0 [3.3]
総文数		7.5 [3.7]	57.2 [15.5]	5.3 [5.8]	70.0 [16.9]	7.2 [3.9]	40.0 [13.0]	10.5 [7.8]	57.7 [14.0]	6.1 [4.9]	47.6 [13.9]	9.2 [7.7]	62.9 [11.7]
総文字数		214.0 [91.1]	1624.6 [223.2]	129.0 [120.1]	1967.6 [122.0]	259.1 [167.1]	1386.6 [249.0]	333.2 [221.2]	1978.9 [138.0]	212.7 [151.8]	1554.1 [352.7]	289.8 [229.4]	2056.6 [80.1]
話題文	話題提示	0.9 [0.4]	5.2 [2.8]	0.2 [0.2]	6.1 [2.8]	0.4 [0.6]	2.1 [2.7]	0.4 [1.1]	2.8 [3.1]	1.0 [0.9]	1.4 [1.9]	0.0 [0.2]	2.4 [1.9]
話題文	課題導入	-	0.1 [0.3]	0.0 [0.2]	0.2 [0.4]	0.8 [0.7]	0.6 [1.0]	0.2 [0.4]	1.6 [1.1]	-	0.0 [0.2]	-	0.0 [0.2]
話題文	情報出典	-	-	-	-	-	-	-	-	-	-	-	-
話題文	場面設定	0.1 [0.3]	0.7 [1.4]	-	0.8 [1.4]	-	-	-	-	0.2 [0.5]	2.8 [1.6]	0.3 [0.6]	3.3 [1.8]
話題文	意図提示	-	0.0 [0.2]	-	0.0 [0.2]	0.0 [0.2]	-	-	0.0 [0.2]	-	-	-	-
結論文	結論表明	-	0.0 [0.2]	0.5 [0.5]	0.6 [0.6]	0.0 [0.2]	0.3 [0.6]	1.0 [0.5]	1.4 [0.7]	0.0 [0.2]	0.0 [0.2]	1.2 [0.7]	1.3 [0.7]
結論文	問題提起	-	-	-	-	-	-	-	-	-	-	-	-
結論文	提案要望	-	0.2 [0.8]	0.4 [0.5]	0.6 [0.8]	-	0.0 [0.2]	0.1 [0.3]	0.2 [0.4]	-	-	-	-
結論文	見解表明	0.2 [0.4]	3.5 [2.2]	0.8 [0.9]	4.4 [2.6]	0.4 [0.9]	3.9 [2.1]	1.2 [0.8]	5.4 [2.2]	0.3 [0.5]	3.0 [1.9]	0.7 [0.8]	4.0 [1.7]
結論文	概念規定	-	-	-	-	-	0.3 [0.5]	0.0 [0.2]	0.4 [0.6]	-	-	-	-
結論文	用例解説	-	-	-	-	-	-	-	-	-	-	-	-
結論文	評価批評	0.2 [0.4]	1.8 [1.6]	0.2 [0.7]	2.2 [1.7]	-	0.2 [0.4]	0.2 [0.4]	0.4 [0.7]	0.1 [0.3]	1.3 [1.1]	0.2 [0.5]	1.6 [1.6]
結論文	解答説明	-	0.1 [0.3]	0.0 [0.2]	0.2 [0.4]	0.0 [0.2]	0.4 [1.0]	0.0 [0.2]	0.5 [1.0]	0.0 [0.2]	0.0 [0.2]	0.0 [0.2]	0.2 [0.4]
概要文	概略要約	0.2 [0.4]	3.6 [2.2]	0.2 [0.7]	4.2 [2.2]	0.2 [0.5]	4.3 [2.0]	0.6 [0.9]	5.0 [2.4]	0.0 [0.2]	2.0 [1.7]	0.4 [0.7]	2.4 [1.8]
概要文	主題引用	-	0.3 [0.6]	-	0.3 [0.6]	-	0.0 [0.2]	-	0.0 [0.2]	-	0.1 [0.4]	-	0.1 [0.4]
前提設定		-	0.1 [0.3]	-	0.1 [0.3]	0.4 [0.6]	0.1 [0.4]	0.0 [0.2]	0.6 [0.8]	-	-	-	-
補足追加		-	-	-	-	-	-	-	-	-	-	-	-
承前起後		-	0.0 [0.2]	-	0.0 [0.2]	-	0.0 [0.2]	-	0.0 [0.2]	-	-	-	-
展開予告		0.4 [0.6]	0.6 [0.8]	0.3 [0.7]	1.3 [1.6]	0.3 [0.5]	0.4 [0.6]	0.3 [1.0]	1.0 [1.7]	-	-	-	-

次の (24) は、自分の趣味について「お金を貯めるためのノウハウ」を列挙している箇所を一部抜き出したものである。

(24) (1-38) 最後はクレジットカードを使用しないことです。【概略要約】(1-39) 最近信用カードの恩恵がとても多いです。(1-40) パンやコーヒーの値段の割引、映画のチケットの割引などが代表的な例です。(1-41) ここでクレジットカードの艦艇があります。(1-42) お金を存分に使えるようにしてくれるクレジットカードは活発な消費活動に良い友達です。。。(1-43) だから、クレジットカードよりはチェックカードを使用した方が良いです。【見解表明】

(1-44) 最後は、消費が少ない友達を付き合うことです。【概略要約】〈後略〉 (k17-3)

(24) は、段落区分が全くない作文であるが、(1-38) に「最後は、」と列挙の終わりであることを明示しているにもかかわらず、(1-44) に、もう一度「最後は、」と新たな「ノウハウ」が示されている。これも、段落の構成が十分に練れていないために生じた問題であると考えられる。韓国人日本語学習者は、話題をまとめるという文段意識に欠ける傾向が見られる。話題にまとまりを付けるという意識を高めるためにも、段落区分を行うことが求められる。

4.3 段落の表現方法の問題点

日本語母語話者の段落は、ほぼ、改行一字下げによって表現されているが、中国人学習者の作文には、(22)(23) のように、改行二字下げも見られる。また、電子媒体を用いて作文を行ったことが影響している可能性もあるが、日本語母語話者にも日本語学習者にも一行空けをともなう段落区分が見られる。すべての段落に対して一行空けを加える作文もあるが、次の (25) のように使い分けを行っているものもある。

(25) (5-37) 大体お店では揚げたてを買うことができ圧倒的に揚げたてがおいしいので、できれば買ってすぐ食べてもらいたい。【評価批評】(5-38) かなりこってりしているが、適度な甘さでおいしいので2,3 個は女性でもあっという間に食べられると思う。【評

第11章　説得力のある段落構成の組み立て方 | 219

価批評】

（6-39）以上が私の考える広島で是非行っていただきたい観光ス
ポットだ。（6-40）今回挙げなかった福山では映画の撮影などで使
われた観光スポットも多くあり、また広島市内でも原爆ドームや
広島城、そして忘れてはならない日本三景の安芸の宮島といった
まだまだ魅力的な場所はたくさんあるので、1回とは言わず2回
3回と何回来ていただけるとうれしく思う。【結論表明】　（j12-1）

　例（25）は、その他のすべての段落が改行一字下げで表現されるが、（6-
38）と（6-39）の間のみ、一行空けをともなった改行一字下げで表現してい
る。この箇所は、展開部と終了部の区分となる大きな文段の認定箇所である
ため、一行空けによって、相対的に大きな段落の区分箇所として表現した
かったのではないかと推測できる。段落構成の問題点として挙げた「①区分
すべき箇所で区分されていない」例と合わせて、改行一字下げの段落が多様
なレベルの文段の認定を含んでいるという事実を改めて提示する必要がある
と考えられる。

5.　学習者の段落区分の改善点と指導法

　ここでは、これまでの議論を踏まえ「説得力のある段落構成シラバス」に
ついて検討し、初中級レベル、中上級レベル、上級レベルの3つの段階に
分け、それぞれ提案する。節の最後にすべてのレベルのシラバス案を一覧表
にして提示する。

5.1　初中級レベルにおける「段落構成シラバス」

　まず、初級レベルの日本語学習者に対して教える際に、教師が心がけるべ
きことを以下に挙げる。

　このレベルは文の産出を初めて本格的に行うレベルである。そのため、ま
ずは改行一字下げという段落の表現方法を徹底すべきである。今回の作文で
は、中国人日本語学習者による改行二字下げの問題や、日本語母語話者、日
本語学習者に共通した一行空けの問題が見られた。2,000字程度の作文を書

く能力があるにもかかわらず、こうした表記の問題が見られるということは、段落の表現方法の指導が初期の段階で徹底されていない可能性がある。この段階で段落の表現方法をしっかりと身に付けておく必要があるだろう。

　また、改行一字下げの段落が文章の中でどのように機能しているかを意識させた読解指導も段落意識を高める機会となるだろう。その際、文段の観点を導入し、話題のまとまりの多重性を意識した読解指導を行うことによって、改行段落の話題のレベルが一様ではないことに気付かせる必要がある。

5.2　中上級レベルにおける「段落構成シラバス」

　ここでは、この研究で対象とした 2,000 字程度の長めの作文を書くことになる中上級レベルの学習方法を提案する。まず、長めの文章を作成する際に必要なのは、自分がどのような種類の作文を書いているのかを意識することである。今回分析した 3 種の作文がそれぞれ特徴を有しているように、文章の種類によって、段落構成は異なる。作文を通して最も述べたいことは何か、また、それを述べるためにはどのような情報が必要かという文段の多重構造を意識した構成を練る段階が必要である。

　学習方法としては、まず、教師側が準備した読解教材を用いて、段落区分に注目した読解を行い、文段の多重構造を理解する。次に、読解した作文の段落構成を参考に、与えられた課題作文の文章について、内容面を中心に構成を練り、文章全体として何を述べたいのか、部分的な段落では何を述べたいのかというまとまりを意識化した段落構成図を作成し、表現に注意しながら文章を作成する。

　ここで重要なのは、ひな型となる読解文章の準備である。教師は文段の分析によって、段落構成の適切な文章を選定、あるいは作成をしなければならない。読解教材としてだけではなく、学習者が作文する際に参照可能な典型的な文章である必要がある。学習者の作文は多様なものとなることが予想されるが、ひな型として参照する文章が同一であるため、その個別性は一定の範囲に止まるはずである。したがって、文章の構成、言語表現、パラフレーズの許容範囲等の添削は、教師のみで行うことができるだろう。

5.3 上級レベルにおける「段落構成シラバス」

　上級レベルでは、小論文やレポートを作成するための指導が主となり、このレベルの学習者には、自らの気持ちや考えを読み手に伝えるために書くという意識が必要だと考えられる。このような他者の視点を導入した読解・作文学習は、池田・舘岡（2007）などで提案されているピア・リーディングやピア・レスポンスといったピア・ラーニングが有効だと考えられる。

　深谷（2009）は、教育心理学の観点から、読解・作文スキルの向上にピアレビューを用いた共同推敲を提唱しているが、これは基本的に日本語母語話者を対象としたものである。そのため、日本語学習者に対しては、さらに、言語表現段階での共同推敲にも重きを置く必要があるだろう。ここでは、文章の構成段階、文章の表現段階と２つの段階で読み手とのインターアクションを目的としたピア学習を行うことを提案したい。

　まず、文章の設計図の段階として、段落構成図（中上級段階で学習済み）を作成し、クラス全体、あるいはグループで段落構成が適切であるかを検討し、修正する。検討する項目を以下にまとめる。

- ① 文章全体で何を伝えたいのかがわかる。（完成図が明示されているか）
- ② そのための話題が適切に取り上げられている。（部品が揃っているか）
- ③ 話題が適切に配列されている。（組み立て説明図が適切か）

　そして、文章の表現段階として、ピア学習を通じて修正した段落構成図をもとに、文章を作成し、クラス全体、あるいはグループでその文章が設計図である段落構成図を適切に反映できているかを検討し、修正する。検討する項目を以下にまとめる。

- ① 文章全体で伝えたいことが適切に表現されている。
- ② それぞれの段落で伝えたいことが適切に表現されている。
- ③ 段落の関係が捉えやすいように表現されている。

　可視化した段落構成資料は、教師やクラスメイトとの検討の際、文章化されていない段階の内容面の問題点を検討することができるという点、さらに、作成した文章を検討する際、「この内容を適切に表現するためには…」

という表現面に焦点化した議論ができるという点から、説得力のある段落構成を身に付けるための有効な教材となりうる。

　複数の他者の目を通すことで、自身の文章の客観視が容易になり、その結果、読み手を意識した修正が可能になると考えられる。今後、様々な文章にたいしても、説得力のある段落構成を意識した推敲が実践できるように、学習者には、ピア学習を通してより説得力のある文章に修正されたという実感を与えることが重要だと考えられる。

　このシラバスは、全ての学習者に対応するわけではなく、説得力のある段落構成を習得する唯一のものでもない。場合によっては順番を入れ換えたり、不要だと思われるものを除いたり、逆に足りないと思われる箇所を付け足したりするなど、学習者の状況によってアレンジが必要である。今回のシラバスは、JCK作文コーパスの分析結果を反映した一例として挙げたものである。

表5　レベル別による段落構成シラバス

初中級レベル
・段落の表記形式の習得。 ・段落を区分する際は改行1字下げで表現することを徹底する。 ・段落の機能を意識した短い文章の読解方法の習得。 ・段落構成の適切な教材を用いて、話題のまとまりを意識した読解練習を繰り返し、様々なジャンルの段落構成の型を習得する。
中上級レベル
・段落の機能を意識した比較的長い文章の読解方法の習得。 ・複雑な段落構成の教材を用いて、話題のまとまりを多重的に捉える読解練習を繰り返し、様々なジャンルの段落構成の型を習得する。 ・適切な段落構成の文章を作成する方法の習得。 ・読解教材をひな型とした段落構成の文章の作文練習を繰り返し、様々なジャンルの段落構成について、内容面だけでなく、表現面も習得する。 ・段落構成図の作成方法の習得。 ・文章で表現する前に、内容面に焦点を当てた文章の設計図として段落構成図を作成する。段落を単なる形式として捉えるのではなく、話題のまとまりを意識させるための道具立てとして活用する。

第 11 章　説得力のある段落構成の組み立て方 | 223

上級レベル

・読み手を意識した説得力のある段落構成の文章を作成する方法の習得。
・読み手を意識した説得力のある段落構成の内容面の学習。
・課題作文に合わせて、中上級レベルで学習した段落構成図を作成し、クラス全体、あるいはグループで検討、修正を行う。

> 説得力のある段落構成「内容面」の検討項目
> ① 文章全体で何を伝えたいのかがわかる。
> ② そのための話題が適切に取り上げられている。
> ③ 話題が適切に配列されている。

・読み手を意識した説得力のある段落構成の表現面の学習。
・ピア学習によって修正した段落構成図をもとに文章を作成し、クラス全体、あるいはグループで検討、修正を行う。

> 説得力のある段落構成「表現面」の検討項目
> ① 文章全体で伝えたいことが適切に表現されている。
> ② それぞれの段落で伝えたいことが適切に表現されている。
> ③ 段落の関係が捉えやすいように表現されている。

・中上級段階で段落構成の型を習得したので、上級では、それらを応用し、主体的に読み手を意識した段落構成の文章を作成する方法を習得させる。

6.　おわりに

　改行一字下げの段落は、厳密な規則はなく、書き手の裁量による部分が大きい。しかし、説得力のある段落構成という観点から見ると、段落は、内容のまとまりを読み手に明示する機能があるといえる。この章は、文段の認定と段落の区分の関係を分析することで、日本語母語話者の作文に見られる段落構成の類型を明らかにした。そして、少数ながらも段落構成に問題のある例があることを指摘し、それらが、母語別の日本語学習者の問題の傾向としても同様に指摘できることを示した。また、今回提示したシラバスは、あくまでも、読みやすい段落構成を目指すことが目的であり、その1ステップとして、日本語母語話者の段落構成の傾向を示したにすぎない。日本語学習者の作文を日本語母語話者の作文の類型に当てはめることが目的ではないこ

とを強調しておきたい。

　この研究では、主に内容面から、説得力のある段落構成を探ってきたが、言語表現の面からの分析は不十分である。特に今回の分析資料において、中国人日本語学習者の作文には、段落を通して何を伝えたいのかがかなり分かりにくい、表現面に問題のあるものも散見される。これは、段落構成以前の、文を構成する際の問題とも思われるが、作文教育を、習得した文型の実践練習の場として活用するためにも、今後は、段落構成と表現形式の関係を分析していく必要がある。文章の段落構成は、文章のジャンルや書き手の個性など複数の変数により唯一の型に決まるものではない。しかし、いくつかの典型を習得すること、文段の観点を導入した段落区分によってまとまりのある作文への意識付けを行うことは、その後のピア学習の効果を高めることにもつながり、説得力のある段落構成の習得を促進させるものだと考えられる。

引用文献

池田玲子・舘岡洋子 (2007)『ピア・ラーニング入門』ひつじ書房.

石黒圭 (2017)「日本語学習者の作文における文章構成と説得力の関係」『一橋大学国際教育センター紀要』8, pp. 3–14.

市川孝 (1978)『国語教育のための文章論概説』教育出版.

佐久間まゆみ (1995)「中心文の『段』統括機能」『日本女子大学紀要 文学部』44, pp. 93–109, 日本女子大学.

佐久間まゆみ (2003)「文章・談話における『段』の統括機能」佐久間まゆみ (編)『朝倉日本語講座7　文章・談話』pp. 91–119, 朝倉書店.

佐久間まゆみ (編著)(2010)『講義の談話の表現と理解』くろしお出版.

塚原鉄雄 (1966)「論理的段落と修辞的段落」『表現研究』4, pp. 1–9, 表現学会.

深谷優子 (2009)「読解および作文スキルを向上させるピアレビューを用いた共同推敲」『東北大学大学院教育学研究科研究年報』57, pp. 121–132.

村越行雄 (2015)「段落とパラグラフの構造と方法について」『コミュニケーション文化』9, pp. 1–27, 跡見学園女子大学.

第12章

説得力のある
全体構造の作り方

石黒　圭

1.　はじめに

　長い文章が書けるというのは、いわば特殊技能である。日本語母語話者で
あれば、誰でも流ちょうに日本語を話すことができるが、日本語母語話者で
あっても、長い文章を書けない人は一定数存在する。

　ましてや、日本語学習者の場合、長い文章を書くのは困難を極める。そこ
にはさまざまな問題があるが、最大の問題は、長い文章を書くための文章構
成の枠を、頭のなかにぼんやりとしか持っていないことにある。

　そこで、この章では、文章全体の構造を決定する、冒頭部に出現する全体
構造予告文（以下「予告文」とする）に着目し、日本語母語話者と日本語学
習者がそれぞれどのような予告文を使って文章の全体構造を組み立てている
か、分析を行い、それを指導法に還元することを目指す。具体的には、以下
の2点を明らかにすることを目的として分析と考察を行う。

　　（1）　説明文、意見文、歴史文の三つのジャンルにおいて、日本語母語
　　　　　話者と日本語学習者が、どのような予告文を用いているか。
　　（2）　日本語学習者の予告文の使用に問題があるとすれば、それはどの
　　　　　ような問題か。

　その後、学習者のレベル別にどのような指導を行えば、より適切な予告文
が示せるようになるかについて、提案を行いたい。

この章の構成は次のとおりである。2. では、先行研究を紹介しながら、作文教育における全体構造の指導の必要性を解説する。3. では、使用したデータと分析方法について説明し、4. では、その分析結果について示す。5. では、その結果をもとに、学習者のレベル別の文章構造指導法の提案を行う。6. はまとめである。

2. 全体構造の指導がなぜ作文シラバスに必要なのか

全体構造の指導がなぜ作文シラバスに必要なのかという問いに答えるのは比較的容易である。作文を学ぼうとする日本語学習者は長い文章を書く必要を感じており、長い文章を書くという特殊技能をみがくには適切な指導が不可欠だからである。

一般に、作文を学ぶ学習者の意識は高い。「聞く」「話す」「読む」「書く」の四技能のなかで、「書く」はもっとも高度であり、そうした高度な技能を本格的に身につけようとする学習者は、日本社会のなかで日本語母語話者と伍してやっていくことを目指していることが多いからである。

そうした意識の高い学習者を相手にする以上、作文教育では長い文章を書ける教育を目指してシラバスを設計しなければならない。E メールや SNS が最終的な目標ならばともかく、日本社会のなかで本格的に通用するアカデミックな文章やビジネスの文書は総じて長いものだからである。

ところが、日本語教育における学習者の作文分析は、学習者の負担や分析の容易さを考えて比較的短いものを扱うことが多く、文章構成を論じる場合でも 800 字程度の作文が対象にされる傾向があった。しかし、800 字前後の長さで多様な文章構成を扱えるかどうか、疑問がある。800 字というのは複数の段落を含む構造にはなるが、複数といっても数段落にしかならず、その組み合わせのパターンは限られてしまうからである。

アカデミックな文章を例に考えると、日本語のレベル、文字数、文章の単位との関係は、次ページの表 1 のようになると考えられる。こうして見ると、これまでの学習者の作文研究の多くが中級後半レベルまでを想定しており、相対的に上級が手薄になっていることがわかる。本書が扱う JCK 作文コーパスは、上級前半の穴を埋めることを想定して設計されたものである。

第 12 章　説得力のある全体構造の作り方　| 227

表 1　日本語のレベルと想定される作文の文字数の関係

日本語のレベル	作文の文字数	単位
初級前半	20 字前後	単文
初級後半	80 字前後	複文・連文
中級前半	200 字前後	段落
中級後半	800 字前後	項（複段落）
上級前半	2,000 字前後	節（1 本のレポート相当）
上級後半	8,000 字以上	章（1 本の論文相当）
超級	40,000 字以上	学位論文（卒論・修論）

　表 1 を見ると、日本語のレベルが上がるほど、文字数が増え、作文の分量が増していくことがわかる。

　しかし、ここで注意しなければならないことは、単位という欄からもわかるように、単に分量が足し算のように増えるだけではなく、そこに質的な変化が見られるということである（田中・阿部（2014）の Good writing の評価基準も参照）。

　たとえば、単文を複文にする場合、複文を構成する文法的な知識が必要になる。この知識は単文を構成する文法的な知識とは異なるものである。単文から連文を構成する場合も、接続詞や指示詞、反復や省略といった結束性に関わる知識が必要になる。段落の場合、段落を構成する中心文（topic sentence）、支持文（supporting sentences）、結論文（concluding sentence）といった構造の知識が必要であろうし、複段落の場合も、各段落に、序論（introduction）、本論（body）、結論（conclusion）という構造上の役割を持たせるという知識が必要になる。

　また、節になると、複数の段落がまとまって複段落を構成し、その複段落がまとまって節を構成するわけで、そこには最低でも 2 段階の階層構造が認められる。そのため、その階層構造を的確に記述するのに必要なメタ言語的な知識（西條 1999）が求められる。さらに、章になると、一定の書式に従って書くことになる。アカデミックな文章であれば、「研究の目的」→「先行研究と本研究の位置づけ」→「分析の方法と資料」→「分析の結果」→「分析の考察」→「まとめ」のような項目にそって書くことが求められ

る。そして、それぞれの項目が節となり、全体が1章をなすわけである。

このように、文章の分量が増えると、求められる操作が増えてくる。こうした操作の複雑さこそが作文の難しさであり、特殊技能と呼ぶゆえんである。しかし、特殊技能であっても、技能である以上、一定の手順を踏めば学べるはずのものである。

脇田（2015）は、「段階的アカデミック・ライティング」という指導法を創案し、1,000字前後の長さのもの、2,000字前後の長さのもの、4,000字以上の長さのものと、段階的に長くしていき、最終的にまとまった「問題解決型」レポートが書けるようにすることを提案している。こうした指導法は、日本語学習者が一段ずつ確実にステップを上っていくのに必要なことであり、作文教育の指導で重要な観点である。

また、上級学習者向けの長文を書くための研究も、アカデミック・ジャパニーズの研究を中心に、近年は増加傾向にある。文配列課題による母語話者と学習者の論理構成の傾向の違いを扱った杉田（1994）、日本語母語話者と韓国人日本語学習者の要約文の文章型の異同を明らかにした佐久間編著（1994）、意見文の文章構造に見られる母語話者と学習者の論理展開の違いを論じた二通（2001）、意見文の主張の位置やタイプに着目して日本語母語話者・韓国人日本語学習者・台湾人日本語学習者の3者を比較した伊集院・髙橋（2012）、理工系の文章の序論と結論の文章型を段（佐久間 1995）によって分析した村上（2005a、2005b）、留学生による15編のレポートの巧拙を19の構成要素によって分析した脇田（2012）、列挙の接続表現に着目し、文章構造との関連を論じた木戸（1999、2001、2002）や黄（2013）などがある。

3. 全体構造の分析の方法

文章の全体構造を分析する場合、脇田（2012: 88）が指摘するように、文章論の「段」のような、大きな単位を設定して、その多重構造や展開構造を論じるもの（佐久間編著（1994）、村上（2005a、2005b）など）と、ジャンルを指定してそのジャンル特有の「構成要素」に着眼して全体構造を論じるもの（杉田（1997）、脇田（2012）など）と、大きく分けて2通りのアプローチに分けて考えるとわかりやすい。

第 12 章　説得力のある全体構造の作り方 ｜ 229

　この章で採用するアプローチは後者であるが、私自身は前者と後者の融合が理想だと考えている。文章の全体構造に関わる「構成要素」を選択する場合、そこには、目に見えるまとまりとしては表 1 の単位（段落、項、節、章）、目に見えないまとまりとしては「段」が想定されていると考えるからである。つまり、「構成要素」の選択をする場合、「段」が意識されているのであり、その意味で「構成要素」と「段」は連動するものである。

　この章では、文章の全体構造に関わる「構成要素」として、文章の冒頭部に現れる予告文を取りあげる。予告文はこれから述べる論点を示すもので、読み手は論点の内容を満たすように後続の文章を読んでいく。認知心理学で文章理解がしばしば問題解決過程として捉えられるように（内田 1982）、冒頭部で問いが示されると、読み手はその問いの答えを求めて読むことになるのである（長田 1998）。

　人工知能の草創期に、人間の持つネットワーク化された知識をどのように表現するかをめぐり、スキーマやスクリプトと並んで考えられたものにフレームというものがある。フレームは、表 2 のように多数のスロット（属性）からなり、そのスロットに値が埋まるようになっている。

表 2　フレームの基本構造（例：「少女」フレーム）

フレーム名（少女）	
スロット 1（上位）	スロット値 1（人間）
スロット 2（性別）	スロット値 2（女性）
スロット 3（年齢）	スロット値 3（7 〜 18 歳）
……	……
スロット n	スロット値 n

　しかし、「少女」フレームを例に取ると、実際に「少女とは何か」という文章を書く場合、「人間」「女性」「7 〜 18 歳」のような、「少女」であればかならず当てはまるスロット値で文章を書くとはかぎらない。

　たとえば、「好み」というスロットを考えた場合、「スイーツ」「キャラクターグッズ」「アイドル」などの値が考えられそうであるが、これらはステレオタイプであって、すべての少女が「スイーツ」「キャラクターグッズ」

「アイドル」を好きだとはかぎらない。また、「性格」というスロットを考えた場合、「おしゃべり好き」「一人だとシャイ」「群れると手強い」といった値が思い浮かぶが、これらもまたステレオタイプであって、すべての少女が「おしゃべり好き」「一人だとシャイ」「群れると手強い」という性格を備えているわけではない。

　文章を書く楽しみは、こうしたスロットをいかに埋めて相手を説得していくかにあることを考えると、当たり前すぎるスロット値を示しても読み手に響かない。したがって、状況や文脈によって左右されるスロット値でも、読み手に「あるある」と思ってもらえれば、説得力のある文章になりうる。その意味で、予想外で面白いスロット値を考えるところに書き手が創意工夫を発揮する余地が生まれ、書き手の書き甲斐にもつながると思われる。

　今回資料にしている JCK 作文コーパスの場合、説明文では、自分の故郷というフレームのもとで、魅力的なスロットをいくつか準備して書くことになる。また、意見文では、晩婚化というフレームのもとで、晩婚化の理由というスロットを、説得力のあるスロット値で埋めることが求められる。さらに、歴史文では、自分の趣味というフレームのもとで、その趣味と出会ったきっかけ、その趣味に深入りした転機、その趣味の現在といったフレームで書くことになろう。興味深いことに、故郷について説明するうちに故郷愛に目覚める説明文の書き手、結婚を自分に引きつけて語るうちに内容が深刻になる意見文の書き手、趣味とのつきあいを回想するうちに趣味の意義を再発見する歴史文の書き手などが散見された。フレームをめぐってスロットを設定し、そこに値を入れるという作業を執筆プロセスで繰り返すうちに、思考が徐々に深まりを見せたのであろう。

　さて、このようなフレームとスロットが冒頭部でどのような予告文で示されるのか、それを分析するのがこの章の目的である。日本語母語話者と日本語学習者の予告文を比較・分析したものとしては、石黒（2015）が挙げられる。しかし、そこで示された予告文は、列挙を予告する予告文（列挙予告文）だけであり、この章で示す予告文（全体構造予告文）のほうがカバーする範囲が広い。むしろ、石黒（2002）で示した論点表示文に近いものとして考えたほうがより正確であろう。

この章で示す予告文は、次の５種である。

（３）　疑問による予告文

　　　なぜ各国で晩婚化が進んでいるのでしょうか。　　　　　　　（j05-2）

　疑問による予告文は、疑問詞を含む疑問文で文章の全体構造を予告するもので、疑問詞の部分がスロットになる。「なぜ」という理由を問う疑問詞がおもに使われる。

（４）　宣言による予告文

　　　今からテグの魅力的なところを紹介したいと思います。　（k21-1）

　宣言による予告文は、「したい」「しよう」といった希望や意思を表す文末を取る文で、「する」という無標のこともある。「と思います」を伴うこともしばしばである。動詞は「紹介する」がおもに使われ、ヲ格の要素、上掲の例文でいえば「テグの魅力的なところ」がスロットになる。

（５）　列挙による予告文（数字）

　　　理由は三つがあると思います。　　　　　　　　　　　　　（c30-2）

　列挙による予告文（数字）は、スロットの存在だけでなく、スロットの数を示すところに特徴がある。「ある」のような存在を表す述語の場合は主語がスロットとなり、「二つ」「三つ」といった数字がスロット数を示す。「いくつか」のように数を明確にしない場合は、次に示す「列挙による予告文（多様）」に接近するが、とりあえず、この列挙による予告文（数字）に入れて考える。

（６）　列挙による予告文（多様）

　　　このように人々は早く結婚しない理由はいろいろあります。

　　　　　　　　　　　　　　　　　　　　　　　　　　　　　　（k25-2）

　列挙による予告文（多様）は、「いろいろ」「さまざま」のような表現によって、スロットが多数あることが表されるものである。「たくさん」のようなものもここに含めて考える。

（７）　結論による予告文

　　　私は晩婚化が進んでいるという現代の状況は、女性の社会進出や
　　　経済的困難、そして結婚に興味を持たない人々が増えてきたせい
　　　ではないかと思います。　　　　　　　　　　　　　　　　（j16-2）

結論による予告文は、スロットがスロット値で満たされた形で示される予告文である。石黒（2002）で言うところの結論表示文が冒頭に示されるタイプである。結論があらかじめ示される点で読み手にとって理解しやすいが、半面、読む過程で読み手がスロットを埋める楽しみが奪われてしまうという点で読む楽しみが半減してしまううらみがある。

以降では、「執筆項目」としてこの五つのタイプの予告文が、日本語母語話者、中国人日本語学習者、韓国人日本語学習者の作文に出現するのか、その傾向と特徴を分析することにしたい。

なお、それぞれのタイプの予告文が含まれるかどうかの判断基準であるが、本論が始まるまえの冒頭部に出てくるもので、文章の全体構造に影響を及ぼしていると考えられるものにかぎって選定した。したがって、本論が始まってから、該当する表現が出てきても、予告文として機能しているとは考えない。

また、当然のことながら、予告文は一人の調査対象者が複数の予告文を使っているケースもあり、その場合はそれぞれの数を数えた。一つの予告文がまれに複数の機能を担っている場合もあり、その場合もそれぞれ別に数えることにした。

4. 全体構造の分析の結果

4.1 全体の傾向

疑問による予告文、宣言による予告文、列挙による予告文（数字）、列挙による予告文（多様）、結論による予告文の五つの予告文が、日本語母語話者、中国人日本語学習者、韓国人日本語学習者でどのような分布になっているのか、量的な偏りを見てみたい。

分析の結果は次ページの表3のとおりである。

第 12 章 説得力のある全体構造の作り方 | 233

表3 フレームの基本構造

		疑問	宣言	数字	多様	結論	合計
説明文	日本人	4	13	1	0	1	19
	中国人	1	8	0	1	3	13
	韓国人	0	8	1	1	1	11
意見文	日本人	9	8	4	1	3	25
	中国人	11	5	4	2	0	22
	韓国人	8	5	5	4	3	25
歴史文	日本人	2	5	0	0	1	8
	中国人	0	0	0	0	0	0
	韓国人	0	1	5	0	0	6

　疑問による予告文は、全体としては意見文でよく使われ、とくに中国人学習者が意見文で好んで使うものの、説明文や歴史文も合わせてみると、日本語母語話者が好んでいることがわかる。

　宣言による予告文は、全体としては説明文や意見文でよく使われている。歴史文では、日本語母語話者が好んで用いている。

　列挙による予告文（数字）は、全体としては意見文で好まれるものの、韓国人学習者にかぎっては歴史文で用いているのが特徴的である。

　列挙による予告文（多様）は意見文で用いられ、韓国人学習者が若干多めに使っている。また、結論による予告文は全体として数が少ないが、意見文では日本語母語話者が、説明文では中国人学習者の使用が目立つ。

4.2　疑問による予告文の使用実態

　疑問による予告文を意見文で見ると、日中韓、いずれも同じように「なぜ」「どうして」を中心とした疑問語の疑問文を用いている。

　（8）　なぜこういった晩婚化が進んでいるのだろうか。　　　　　（j11-2）

　（9）　なぜ、人はなかなか結婚しないのでしょうか。また、今後はどうなるでしょうか。　　　　　　　　　　　　　　　　　　　　（c25-2）

　（10）　人はなぜ結婚しないのでしょうか。　　　　　　　　　　（k11-2）

疑問文の数が多いのも、疑問文使用のミスが目立つのも、中国人日本語学

習者の説明文であるが、後者は単に（11）のような日本語力の問題であって、発想が不自然、わかりにくいなどの問題は存在しないように見受けられる。

（11）　この現象の形成の原因は一体<u>なん</u>ですが。

　説明文では、日本語母語話者の疑問文の使用が目立つ。読み手に語りかける、観光ガイド風の導入が好まれる。

（12）　江東区というと、皆さんは<u>どのような</u>イメージを思い浮かべる<u>でしょうか</u>。　　　　　　　　　　　　　　　　　　　（j04-1）

（13）　南の島と言えば<u>なに</u>を想像する<u>だろうか</u>。　　　　　（j15-1）

（14）　あなたは三重県を訪れたことはありますか。三重県というと、<u>なに</u>が思い浮かぶ<u>でしょうか</u>。　　　　　　　　　　　　（j21-1）

　このような書き出しは読み手におもねるようで、賛否は分かれるだろうが、「～について紹介します」などのような書き手の一方的な宣言で始めるものにくらべて、自分の紹介する故郷についての読み手の知識を意識して、読み手の存在を前提に書かれていることがわかる。こうした書き出しは、読み手を巻きこんで読ませる力に長けている。学習者では、中国人学習者に1例見られただけであった。

（15）　皆さんは鶏西というところを<u>ご存知ですか</u>、　　　　（c29-1）

4.3　宣言による予告文の使用実態

　自分の故郷を紹介するという説明文において、宣言による予告文が多いのは容易に想像がつく。「～について紹介したい」という書き出しがもっとも単純でわかりやすいからである。そうした書き出しが多かったのが日本語母語話者であった。しかし、母語話者の書き出しが単純かというと、けっしてそうではない。母語話者は情報に付加価値をつけて提示するからである。

　学習者の場合、次の例のような比較的単純な構造の、宣言による予告文を使うことが多い。

（16）　これから私が私の出身地を<u>紹介しましょう</u>。　　　　（c15-1）

（17）　それではブチョンの紹介を<u>始めましょう</u>。　　　　　（k02-1）

ところが、母語話者の場合、自分の故郷を詳しく形容し、後続文脈に期待感を持たせる手法を採ることが多い。

(18) 横浜の名所にも触れつつ神奈川県の名所・見所を<u>余すことなく紹介していきたい。</u>　　　　　　　　　　　　　　　　　　　　　　　（j01-1）

(19) 私の郷愁とともに、<u>この素晴らしき大地、福島</u>を少しでも<u>伝えようと思う。</u>　　　　　　　　　　　　　　　　　　　　　　（j02-1）

(20) だから私は、<u>昔からよく遊びに行き、受験期には1年間、ほぼ毎日そこにある塾に通い一日を過ごした渋谷という町</u>について<u>語ろうと思う。</u>　　　　　　　　　　　　　　　　　　　　　　（j06-1）

(21) ここでは、<u>三重県出身の私が実際に訪れたり食べたりした結果、自信を持ってお勧めできるものを挙げようと思います。</u>　（j21-1）

(22) なので、私は私が感じる、<u>故郷としての石垣島</u>について<u>書きたいと思う。</u>私の故郷は有名な観光地でなく、素敵な島なのだということを。　　　　　　　　　　　　　　　　　　　　　　（j15-1）

　こうした例では、(18)「名所・見所を余すことなく」、(19)「この素晴らしき大地、福島」、(20)「自信を持ってお勧めできるもの」といったあおるような表現で読み手の興味を駆りたてようとしていることがわかる。

　また、(20)「昔からよく遊びに行き、受験期には1年間、ほぼ毎日そこにある塾に通い一日を過ごした渋谷という町」、(21)「三重県出身の私が実際に訪れたり食べたりした」、(22)「私が感じる、故郷としての石垣島」のように、その土地と書き手との強いつながりを表現することで、地元民ならではの紹介を後続文脈に期待させる効果も有している。

　もちろん、淡泊な母語話者もいるし、次の(23)のように、宣言＋数字を用いて後続文脈に期待させる術を持っている学習者もいる。しかし、用例を一通り眺めてみると、母語話者のほうが、読み手が自分の文章をどう読むかということに思いを馳せ、後続文脈への期待感を持って読みすすめられるような書き出しを選択していることが見えてくる。

(23) では、これからいくつか例をあげて<u>ソウルの魅力的なところ「ベスト5」</u>を<u>紹介いたします。</u>　　　　　　　　　　　（k12-1）

　一方、意見文では、宣言による予告は母語話者に目立ち、歴史文ではほぼ母語話者だけが使っている。

　意見文の場合、宣言による予告文は、疑問文とセットになることが多く、

それによって後続文脈の展開をより厳密に規定することができる。(24)
(25)のように1文に入る場合と、(26)(27)のように2文に分かれる場合がある。(25)(27)のように、手慣れた学習者も使いこなすことができる。

(24) 今回は、それについて考えられる原因と、今後どうなっていくのかについての展望を記したい。 (j13-2)

(25) なぜ人々がなかなか結婚しないのか今から説明してみます。 (k07-2)

(26) なぜ人々はなかなか結婚しないのでしょう。自分の見解を述べさせていただきます。 (c30-2)

(27) なぜ、人々はなかなか結婚しないのだろうか。また、今後はどうなるのだろうか。以下に私個人の考えを書いていきたい。 (j01-2)

なお、韓国人日本語学習者で気になるのは、(25)のような「てみる」の使用である。他にも4例あり、それらはいずれも「てみた」「てみました」という過去時制であった。日本語として誤りではないが、私的な考えとして軽く考える感じがし、読み手と一緒に検討しようという気持ちが伝わってこない。そのため、読み手を引きこむ表現にはならないように思われ、韓国人日本語学習者を指導するさいの留意点になると考えられる。

(28) それで、どうして人たちが結婚をしないか、または結婚を遅くするのかについて考えてみました。 (k18-2)

また、日本語母語話者に見られる、歴史文における宣言による予告文であるが、これまで見てきた例と同様、読み手を引きつけるためにかなり詳しく書かれる傾向がある。

(29) 私がもっとも精力的に活動している趣味はラーメンの食べ歩きである。食べ歩きを始めたきっかけから夢中になっていく様子、そして現在の状況に至るまで、その経過がわかるように詳しく書いていきたい。 (j01-1)

(30) 私の趣味は馬術である。始めたきっかけは大学で馬術部に入部したことで、入部した五月以来、ほとんど毎日馬と顔を突き合わせて過ごす毎日で、およそ趣味の範疇をやや超えているといっても過言ではないが、しかし今回語るにはこのトピックが一番適切で

あると思うので馬術と私のかかわりについて<u>述べようと思う。</u>

(j07-1)

(31) 本を読んで人生が変わった経験はありますか。<u>私の場合は読書に</u><u>よって完全に人生が変わったと言えるでしょう。</u>その体験談をこれからお話したいと思います。 (j21-1)

学習者のものは、（32）の韓国人日本語学習者の１例のみであった。

(32) <u>私の趣味がこうなっているしかなかっだと言われる私の歴史を一</u><u>生に見てみましょう。</u> (k02-3)

　中国人日本語学習者の場合、歴史文では宣言による予告文のみならず、他のタイプの予告文も含めていっさい使われていなかった。その結果、「私の趣味は～である」という書き出しばかりになっており、確実な書き出しではあるが、面白みに欠く結果となっている。日本語母語話者のように、宣言による予告文をうまく使いながら、読み手の興味を惹くような始め方を教育する必要もあろう。

4.4　列挙による予告文（数字）の使用実態

　「理由が○つある」のように数字を挙げてスロットの数を示し、それを埋めていく予告文も、説明のさいに強力な機能を果たす。意見文で理由を列挙するときによく使われる。

　意見文の数字の表し方は、日本語母語話者の場合は「二つ」（j01-2、j15-2、j21-2）、「２点」（j12-2）であり、中国人日本語学習者の場合は「三つ」（c30-2）、「いくつ（か）」（c10-2、c25-2、c31-2）、韓国人日本語学習者の場合は「いくつか」（k03-2、k04-2、k11-2）、「四つぐらい」（k01-2）、「10つ」（k23-2）である。

　ここで興味深いのは、日本語母語話者が４名とも、数字が「2」である点である。与えられた内容をこの分量でしっかり書こうと思ったら、挙げられるのは通常「2」か「3」だろうと思われる。中国人日本語学習者の１名は「3」であるが、残りは「四つぐらい」と「ぐらい」が付いたり、「10つ」としてみたものの、結局10挙げられなくて挫折したり、「いくつか」として正確な数字が挙げられなかったりしている。つまり、母語話者は書くまえ

に、ある程度書く内容の分量と具体的なイメージを持って書きはじめているのにたいし、学習者は書いてみないとわからないなかで書きだしていることが映しだされているのであろう。こうした書き方は読み手にとって読みにくいことが予想され、アウトラインをきちんと整えてから書きだすという指導が必要なように思われる。

　なお、韓国人日本語学習者の作文では、歴史文で列挙による予告文（数字）が目立った。その多くは複数の趣味があることを予告するもので、調査対象者の誤解や曲解があったものと思われる。本来は一つの趣味の変遷を書くべきなのであるが、その指示を的確に理解できなかったか、理解はできていたのだが、一つの趣味で 2,000 字を埋めるのが困難と判断し、あえて複数の趣味を提示するようにしたのかもしれない。日本語母語話者も中国人日本語学習者もそうした誤りは見られなかった。

　　（33）　私の趣味は<u>三つ</u>あります。　　　　　　　　　　　　（k08-3）

　　（34）　私は<u>二つ</u>の趣味を持っています。　　　　　　　　　（k24-3）

4.5　列挙による予告文（多様）の使用実態

　列挙による予告文（多様）は、「いろいろ」「さまざま」などの表現を含み、列挙による予告文（数字）につながるものがあるが、書きだすまえに列挙する項目の内容と分量がイメージできていないと考えられる。したがって、列挙による予告文（多様）は、避けるように指導するほうがよいと考える。

　ただし、（35）や（36）のような例は、「いろいろ」「さまざま」のあとで限定を加えるので、かならずしもわかりにくくはならない。

　　（35）　世界的傾向として晩婚化している原因として<u>様々な</u>ものが挙げられるが、私が主な理由として 2 点挙げたい。　　　　　　（j12-2）

　　（36）　<u>いろいろ</u>理由がありますが結婚を避ける理由の中で一番重要な理由は金銭的な負担のせいかもしれません。　　　　　　　　（k08-2）

　大切なことは、予告文として「いろいろ」「さまざま」とだけ示すと読み手に漠然としてしか伝わらないので、いくつのスロットを提供するのか、数字を明示することが読み手のために重要であるということである。

4.6　結論による予告文の使用実態

　これまで見てきた予告文は、冒頭部で空のスロットがあらかじめ示され、読み手はそのスロットを埋めるように読んでいくが、結論による予告文は、冒頭部でスロットがスロット値で満たされている。いわば、結論先取り型の予告文である。結論があらかじめ示される点で読み手にとって理解しやすいが、内容の全体像が事前にわかってしまうため、後続文脈に期待をさせて読ませるのに高い技術が必要な文章になる。

　結論による予告文は、説明文では中国人日本語学習者の、意見文では日本語母語話者の使用が若干目立つ程度である。(37)(38) が中国人学習者の説明文の例、(39)(40) が母語話者の意見文の例である。

(37)　ハルビンに、名所もたくさんある。たとえば、松花江、太陽の
　　　島、動物園、竜の塔などいろいろな名所がある。　　　　　　(c07-1)

(38)　私の故郷はその自身の位置で景色のいい観光地もである。たとえ
　　　ば、名山島、望峰山スキーの場、太平溝古鎮など。では、私の故
　　　郷を簡単に紹介している。　　　　　　　　　　　　　　　　(c12-1)

(39)　晩婚化の原因としてあげられるのは主に、女性の社会進出、収入
　　　の不安定化、そして何より価値観の変容である。これらを順を
　　　追って説明しよう。　　　　　　　　　　　　　　　　　　　(j02-2)

(40)　私は晩婚化が進んでいるという現代の状況は、女性の社会進出や
　　　経済的困難、そして結婚に興味を持たない人々が増えてきたせい
　　　ではないかと思います。　　　　　　　　　　　　　　　　　(j16-2)

　韓国人日本語学習者の意見文でも若干目立つが、(37)〜(40) のような、複数のスロット値をあらかじめ示すタイプではなく、(41)(42) のように一つの大きなスロットを示し、後続文脈に枠をはめるものである。

(41)　こういう風に晩婚化があっという間に進んでしまったのは社会の
　　　変化に理由があると思います。　　　　　　　　　　　　　　(k05-2)

(42)　韓国で晩婚化が進む原因も複雑、といっても良いほどさまざまな
　　　ことが挙げられるでしょうが、私はやはり、金銭的な問題が、今
　　　の韓国では一番大きな原因だと思います。　　　　　　　　　(k22-2)

　いずれも、結論が先に示されるため、読み手にとって読みやすい書き出し

となっている。

5. 学習者の全体構造の改善点と指導法

4. の議論や石黒（2015）を踏まえ、日本語学習者のレベル別の全体構造シラバスを考えてみたい。

5.1 初中級レベルにおける「全体構造シラバス」

初中級レベルでは、200字程度の文章を書けることを目標にするので、基本的な書き出しさえきちんと習得すればよいことになる。もっとも単純なのは宣言による予告で、「～を紹介する」や「～について述べたい」のような文型を使い、書きはじめられればよいだろう。

つぎに考えたいのが、疑問による予告で、問いと答えというセットで書けるようになることが目標である。疑問による予告で難しいのは、最後に問いにたいする答えの文で終わることである。問いと答えが対応していないと、読んでいて説得力が下がるので、問いに対応する明確な答えの文を書き、その文末のモダリティを「～と思う」「～のである」などと表現し、結論であることを明示する手法を身につけさせることが必要であろう。

5.2 中上級レベルにおける「全体構造シラバス」

中上級レベルでは、800字程度の文章が書けることを目標にするので、数字と存在文の組み合わせ「～が○つある」というパターンを示す必要があろう。そのさい、「いくつか」「いろいろな」「さまざまな」のような漠然とした表現は避け、800字という字数を意識しながら、明確にいくつ挙げるか、アウトラインを整えてから文章を書く習慣をつけるとよいだろう。

次のステップとしては、列挙による予告文（数字）に慣れてきた段階で、スロットの値を埋めて、あらかじめ結論を示すような展開に挑戦させるのも、文章構成法の引き出しが増え、表現力の向上につながるだろう。

5.3 上級レベルにおける「全体構造シラバス」

上級レベルになると、日本語の表現で誤りがないというレベルで留まるだ

けでは不十分で、自分の書いた文章を読み手がどう読むか、読み手の理解を
トレースしながら書くという習慣をつける必要があるだろう。

表4　レベル別による「全体構造シラバス」

初中級レベル
・200字程度の文章（項のレベル）を書く（一つのスロットを扱う） 　例）「〜を紹介する」のような宣言による予告を学ぶ。 　例）疑問文を用いた疑問による予告で問いを立て、それに対応する答えを後続文脈で示すことを学ぶ。
中上級レベル
・800字程度の文章（節のレベル）を書く（複数のスロットを扱う） 　例）「〜が○つある」のような列挙による予告文（数字）を用い、明確なアウトラインにしたがって書く。また、「いくつか」や「いろいろ」「さまざま」のような列挙による予告文（多様）の使用は控えるように指導する。 　例）列挙による予告文（数字）に慣れてきたら、あらかじめ結論を示す結論による予告文にも挑戦させる。
上級レベル
・2,000字程度の文章（章のレベル）を書く（スロットに付加価値を与える） 　例）スロットの内容に読み手が関心を持てるように、予告文のスロットを修飾する周囲の表現を工夫する。 　例）スロットに至る伏線を整え、予告文の論点に読み手の注意が集中するようにする。

　宣言による予告文を使うにしても、「〜を紹介する」という短い文で示す
のではなく、「〜」の部分を修飾する表現を補強するなどして、読み手が続
きを読みたくなるような付加価値のある情報を加える必要があろう。

　疑問による予告文を使うにしても、いきなり問いを示すのではなく、その
問いがいかに重要なものかがわかるように伏線を張り、読み手が問いを読む
段階で知りたくて仕方がなくなるような展開に持ちこむのが理想であろう。
また、通常は疑問による予告文を使わないようなタイプの文章でも、あえて
疑問による予告文を用い、読み手に語りかけるという手法を取り入れること
を検討してもよいだろう。

　上級レベルでは、読み手の理解に配慮しながら、読み手の興味を引くよう

にすることを最大限工夫させる練習を、ピア・レスポンスなどの協働学習で試みるとよいだろう。

6. おわりに

以上、この章で論じてきたことを以下にまとめる。

① 予告文の重要性：文章の全体構造を考える場合、冒頭部に出現し、後続文脈の展開を規定する予告文をどう表現するかが重要である。

② フレームとスロット：予告文は文章全体の論点であるフレームにつながるスロットを示し、読み手はスロットを埋めるように読んでいく。

③ 5種の予告文：この章で示す予告文は、疑問による予告文、宣言による予告文、列挙による予告文（数字）、列挙による予告文（多様）、結論による予告文の五つがある。

④ 疑問による予告文：意見文でよく使われるが、日本語母語話者はジャンルを問わずよく使い、読み手を自分の文章に巻きこむのに用いる。

⑤ 宣言による予告文：説明文を中心によく使われるが、日本語母語話者は説明文に付加価値をつけ、読み手の興味を引く工夫をする。

⑥ 列挙による予告文（数字）：意見文でよく使われ、学習者が使う場合は、アウトラインにそって、スロットの数を明示するように指導する。

⑦ 列挙による予告文（多様）：論点がぼけてしまうので、学習者ができるだけ使用を控えるように指導する。

⑧ 結論による予告文：結論がさきにわかって読みやすい半面、興ざめにもなるため、読者に続きを期待させる工夫が必要になる。

文章を書くという行為はプロセスなので、書いているうちに論旨がおかしくなることがしばしば起こる。脳内のリソースを内容ではなく表現に割かなければならない第二言語の場合はなおさらである。

そこで、文章のアウトラインを事前に十分に練り、それを書き出しの予告文で明確にすることを学習者に徹底して指導することで、文章を書く負担が

軽減すると同時に、読み手によっても読みやすい文章となると思われる。

引用文献

石黒圭 (2002)「説明文読解の方法 ── たどり読みによる文章構造の把握 ──」『一橋大学留学生センター紀要』5, pp. 17–37.

石黒圭 (2015)「日本語学習者の意見文に見られる列挙の文章構造の問題点 ── 中国語母語話者と日本語学習者の予告文を比較して ──」阿部二郎・庵功雄・佐藤琢三 (編)『文法・談話研究と日本語教育の接点』pp. 223–242, くろしお出版.

伊集院郁子・髙橋圭子 (2012)「日本・韓国・台湾の大学生による日本語意見文の構造的特徴 ──『主張』に着目して ──」『東京外国語大学国際日本研究センター日本語・日本学研究』2, pp. 1–16.

内田伸子 (1982)「文章理解と知識」佐伯胖 (編)『認知心理学講座 3 推論と理解』pp. 158–179, 東京大学出版会.

木戸光子 (1999)「接続表現と列挙の文章構造の関係 (1)」『文藝言語研究言語篇』36, pp. 69–87.

木戸光子 (2001)「接続表現と列挙の文章構造の関係 (2)」『文藝言語研究言語篇』40, pp. 41–55.

木戸光子 (2002)「接続表現と列挙の文章構造の関係 (3)」『文藝言語研究言語篇』42, pp. 51–62.

黄明侠 (2013)『「序列の接続表現」に関する実証的研究 ── 日中両言語話者による日本語作文の比較から ──』ココ出版.

西條美紀 (1999)『談話におけるメタ言語の役割』風間書房.

佐久間まゆみ (1995)「中心文の『段』統括機能」『日本女子大学紀要 文学部』44, pp. 93–109.

佐久間まゆみ編著 (1994)『要約文の表現類型 ── 日本語教育と国語教育のために ──』ひつじ書房.

杉田くに子 (1994)「日本語母語話者と日本語学習者の文章構造の特徴 ── 文配列課題に現れた話題の展開 ──」『日本語教育』84, pp. 14–26.

杉田くに子 (1997)「上級日本語教育のための文章構造の分析 ── 社会人文科学系研究論文の語彙調査 ──」『日本語教育』95, pp. 49–60.

田中真理・阿部新 (2014)『Good Writing へのパスポート ── 読み手と構成を意識した日本語ライティング ──』くろしお出版.

長田久男 (1998)『文章を読む行為の研究』渓水社.

二通信子（2001）「アカデミック・ライティング教育の課題 —— 日本人学生及び日本語学習者の意見文の文章構造の分析から ——」『北海学園大学学園論集』100，pp. 61–77.

村上康代（2005a）「理工系学部生の課題レポートにおける序論の文章構造」『早稲田大学日本語教育研究』7，pp. 109–122.

村上康代（2005b）「理工系日本人学部生による課題レポートの『結論』の文章構造」『専門日本語教育研究』7，pp. 53–58.

脇田里子（2012）「学部留学生の課題レポートの文章構造の分析」『コミュニカーレ』創刊号，pp. 87–123.

脇田里子（2015）「学部留学生を対象にした『段階的アカデミック・ライティング』の導入」『コミュニカーレ』4，pp. 35–61.

第13章

説得力のある例・根拠・たとえの示し方

新城直樹

1. はじめに

　レポート・作文、口頭発表の原稿作成の指導における「例・根拠・たとえ」について、この章ではこれらを以下のように位置づける。

表1　この章での「例・根拠・たとえ」の位置づけ

「例」とは？	ある主張を裏付ける、通時的ではなく共時的な事実。
「根拠」とは？	ある主張を裏付ける、共時的ではなく通時的な主張または事実。
「たとえ」とは？	ある主張や事実を、それらと類似する別の主張や事実と対比させること。

　「例」はある主張を裏付ける共時的な事実とするが、「共時的」とは、同じ時間・時期・時代の中での共通点に基づくものであり、時間や歴史の流れの中での相違点に基づくものではないという意味である。たとえば、「私が生まれた市は、辺鄙な田舎の市なのだろう、と思う方もいるかもしれない」という主張があるとして、それを裏付ける共時的な事実として「私が生まれた町は人口10万人に満たない」、などである。ここで「共通点」の意味するところは、複数の具体的な例同士の「共通点」から一般的・普遍的な概念を導き出すということ、つまり「人口10万人に満たない」「小さな田畑や林がたくさんある」「都市部から離れている」などの例に共通する概念として

「辺鄙な田舎の市」が導き出されているということである。これらの「例」は「事実」であって「主張」ではない。「主張」とは書き手の評価や判断が入るもの、たとえば「私が生まれた町は人口が少ないが、少ないからこそ魅力的なのである」といったものが「主張」であり、「私の生まれた町は人口が10万人に満たない」といったものが「具体的な事実」ということである。

「根拠」は、ある主張や事実を裏付ける通時的な主張または事実とし、「通時的」とは時間や歴史の流れの中での変化に基づくものであり、起こった事実についてなぜそれが起こったのかをもっともうまく説明できる「仮説」が「根拠」であるとする。たとえば、（1）は「私が最近趣味としてはまっているもの、それは旅である。」という文で始まる歴史文で、なぜ旅が趣味になったのかという「根拠」の箇所である。

（1）　その経験が自分の中の何かを変えるきっかけになった。ヒッチハイクで出会う様々な人たち、車を捕まえる苦労、行ったこともない土地。単純に「世界って広いんだ」と思った。　　　　　(j11-2)

ヒッチハイクの経験を通して得た「世界って広いんだ」という感覚が、その後の旅にはまるきっかけになっており、ここに時間や歴史の流れの中での変化が感じられる。「根拠」が通時的である所以である。

ただし、この「根拠」にあたる箇所が「思った」ことであるため、これが「事実」であるか「主張」であるかについて、厳密な区別は難しい。ここで、石黒（2004）に従い、「真偽的判断」に関わるものを「事実」、筆者の意思が介在し「態度的判断」に関わるものを「主張」として考えてみる。そうすると、「思った」こととは「態度的判断」というよりは「真偽的判断」、すなわち、そのとき考えた過去の事実を表すもの、つまり「主張」より「事実」という方がふさわしいと考えることができる。

「例」と「根拠」は、両者とも「ある主張を裏付けるもの」という部分で同じであるが、「たとえ」に関してはこれがなく、何かを裏付けるためではなく、互いに違うもの同士の間での類似性を発見するための思考、発想法と位置づける。（2）では、晩婚化についての意見文において、日本社会全体での男女間のコミュニケーションの問題と、男女別学制における女子校や男

子校に通う学生のコミュニケーションの問題を対比し、「日本社会全体」と「女子校・男子校の学生」の両者間に類似性を浮かび上がらせ、論じている。この例のなかに述べられているように「関係のありそうな事柄」を探してくるのが「たとえ」である。もちろん、そこに因果関係が認められれば、「根拠」になりうるが、単に「似ている」に留まり、そこに直接の関係性が認められなければ、それは「たとえ」に過ぎない。

（２）　晩婚化と関係のありそうな事柄とは、男女別学制です。私は中学高校と、女子校に通いました。（中略）女子しかいない環境で長年過ごしている影響として、恋愛や交際の経験が少なくなりがちで、それに関係して異性とのコミュニケーションが苦手になってしまう人も大勢出てくるからでしょう。　　　　　　　　　　（j05-3）

　このような例・根拠・たとえの示し方について、日本語教育での作文指導においては大きく２つの視点がある。１つ目は、初級での指導、中級での指導、上級での指導といった能力別の視点、２つ目はその各レベルにおいて、歴史文、説明文、意見文といったジャンルごとの指導という視点である。例・根拠・たとえの示し方においては、書き手側が、読み手に対して説得力を持つ前に、「なぜ、どういう理由でこのような示し方をするべきなのか」を自分自身で理解、納得した上で執筆に向かい合うように持って行くことが求められる。

　以降では、日本語母語話者と日本語学習者が歴史文・説明文・意見文のそれぞれでどのような例・根拠・たとえを提示しているのかをまとめ、分析を行い、それを指導法に還元することを目指す。具体的には以下の３点を明らかにすることを目的とする。

（３）　歴史文・説明文・意見文それぞれにおいて、日本語母語話者と日本語学習者がどのように例・根拠・たとえを示しているのか

（４）　例・根拠・たとえの中で、より説得力のあるものはどのようなものか

（５）　学習者のレベル別にどのような指導を行えば、説得力のある例・根拠・たとえの示し方ができるようになるか

2. 例・根拠・たとえの示し方がなぜ作文シラバスに必要なのか

この本の第3部の主題である発想や内容に関しては、「高等教育レベル」のリテラシーとしてどのようなシラバス、すなわち体系的なシステムがあり得るかという方向性が重要となる。

当然、日本語母語話者と非母語話者との間で作文指導には違いがあり、非母語話者に対しては能力によって段階的に最初は簡単なタスクから始めていくが、最終的な目標として「高等教育レベル」のレポート・作文があることを想定している。「高等教育レベル」においては斬新な視点、ユニークな視点による発想の重要性も唱えられているが、その基盤となるのは、きちんとしたデータや論理的推論に基づいた確実性であり、「高等教育レベル」のレポート・作文にもっとも求められるものである。この斬新さ・ユニークさと、確実性をどのようにバランスよく配合し、身につけていくかがポイントといえる。

たとえば、確実性には「情報量が増えない」場合があるというデメリットがあり、斬新さ・ユニークさには「情報量が増える」面がある一方で正しさについての保証がないというデメリットもあり、だからこそ両者のバランスが重要となる。

「情報量を増やせるか」に関して、戸田山(2005: 51)では「演繹(deduction)」は「前提に暗に含まれていた情報をとり出す」こと、すなわち「情報量は増えない」と説明している。一方で、「広い意味の帰納(induction)」では、前提に含まれていなかった情報が結論に加わる、すなわち「情報量が増える」としている。

「演繹」や「帰納」といった概念は、作文指導の現場ではこれまで一般的ではなかったと思われる。しかしこれは「演繹」や「帰納」といった概念が語学教育において抽象的すぎたからなのではなく、語学教育の場に即した形での用語の定義、運用、ルーブリックの作成などが整備されてこなかったことが大きかっただろうと思われる。そしてこのルーブリックの作成こそがこの本でいうところの書き言葉シラバスの一環であるといえる。

第13章 説得力のある例・根拠・たとえの示し方 | 249

3. 例・根拠・たとえの分析の方法

　この章では考察の対象を、例・根拠・たとえとして「何を選ぶか」を中心とし、その選ぶ過程における推論方式として「枚挙的帰納法」「アブダクション（abduction）」「アナロジー（analogy）」「仮説演繹法」の4つを取り上げる。これらは、「演繹」とは異なり、すべて「情報量が増える」推論である。そこには完全な論理的な妥当性はなく、例外が存在する余地が残るものの、科学的思考を進める上で十分検討に値する「高等教育レベル」の斬新さ・ユニークさを生み出しうる推論方式である。

　例・根拠・たとえとの対応としては、「例→枚挙的帰納法」、「根拠→アブダクション」、「たとえ→アナロジー」であり、また、作文の3ジャンルでは、「説明文で『例』の示し方を学ぶことによって枚挙的帰納法を身につける」、「歴史文で『根拠』の示し方を学ぶことによってアブダクションを身につける」、「意見文で『たとえ』の示し方を学ぶことによってアナロジーを身につけ、さらに枚挙的帰納法とアブダクションの組み合わせによって仮説演繹法を身につける」となる。

表2　「推論方式」と「JCK作文コーパスのジャンル」の対応

推論方式		作文のジャンル
枚挙的帰納法	複数の具体的な事例を挙げ、そこに見られる共通点から結論を推論する	説明文
アブダクション（abduction）	結論を導く根拠として、もっとも説得力が高いものを推論する	歴史文
アナロジー（analogy）	異なる事柄を「似ている」という観点で結びつけ、斬新な仮説を推論する	意見文
仮説演繹法	アブダクションによって推論されたある根拠（仮説）について、枚挙的帰納法によってそれに確実性を与えていく	

　ここで、3つの作文ジャンルごとに求められる基準をまとめてみる。

　説明文では、複数の例（客観的な事実）を列挙し、それらに共通するものを見つけ出し、洗い出して、ある結論を推論するという枚挙的帰納法が取られることが多い。たとえば、「私の故郷には全国的に有名ではないがこのような美しい風景がある」、「マスコミには取り上げられたことがないおいしい

店がある」、など複数の例を挙げ、「私の故郷は隠れた名所がたくさんある」という結論を推論する、等である。ここで重要なのは、単に故郷についての例を列挙するだけでは不十分であり、観光名所、歴史的文化遺産、地域の特産品などといった複数の例に共通するテーマを見つけ出し、読者にとって魅力あると感じられる結論を推論し導くという型を取っているかどうか、ということである。

　歴史文では、結論を導く根拠として、もっとも説得力が高い根拠を推論するアブダクションが選択される。たとえば、「私の趣味は読書である」、「なぜ私は読書が趣味なのか、それは『…』という小説に感動した経験がもっとも大きな理由であろう」、といった推論である。当然ながら、理由が複数ある場合もあるが、その中でも相対的に、もっとも影響力の大きなものはどれかを推論しているかどうかが重要である。アブダクションとは、もともと科学的発見法、発想法の一つであるが、初中級レベルの非母語話者が日本語を段階的に学びながら、説得力のある根拠を考えるというアブダクションを負担や混乱がないように導入するためには、今回の作文の課題である「自分の趣味の歴史」といった身近なトピックが適切であろう。そして、その後、中級、上級と上がるにつれて、より科学的発見法に即したトピックに変更していくべきである。

　意見文では、「アナロジーによって斬新な仮説を立てている」か、または「ある仮説が成り立つとして、そこから演繹される主張を検証する」かが基準となる。実際に自分自身の考えが、いわゆる常識的な考え、ありきたりの考えと同じであることは当然ありうる。しかし、その場合であっても、あえて新しい視点や柔軟な発想で自分自身の考えを見直すということはできるし、重要なトレーニングであるともいえる。「常識的な、ありきたりの考え」は文字通り多くの人が共有している「常識」に相当するものであり、「意見」とはそれとは異なる特有の特徴を持つものであると考えるべきであろう。ただし、その「意見」があまりに主観的なものになり過ぎた場合もそれは「意見」とは言えなくなってしまうということから、もう1つの基準である「仮説演繹法」でその確からしさについて検証する、という流れである。この「仮説演繹法」は、「自分の意見が正しいとするならば、どのようなこと

が他に成り立っていなければならないか」という観点からの検証方法である。

表3　JCK作文コーパスのジャンルとトピック

説明文	要件：客観的な主張であって、主観的にならないように書く。 JCK作文コーパスのトピック：「自分の故郷」 学習の目的：『例』の示し方を学ぶことによって枚挙的帰納法を身につける。 ※枚挙的帰納法とは、複数の具体的な事例を挙げ、そこに見られる共通点から結論を推論すること
歴史文	要件：時間軸に沿って、ある出来事や経緯を書く。 JCK作文コーパスのトピック：「趣味」 学習の目的：『根拠』の示し方を学ぶことによってアブダクションを身につける。 ※アブダクションとは、結論を導く根拠として、もっとも説得力が高い根拠を推論すること。
意見文	要件：説明ではなく、根拠とともに自分の主張を書く。 JCK作文コーパスにおけるトピック：「晩婚化」 学習の目的：『たとえ』の示し方を学ぶことでアナロジーを身につけ、さらに枚挙的帰納法とアブダクションの組み合わせによって仮説演繹法を身につける。 ※アナロジーとは、異なる事柄を「似ている」という観点で結びつけ、斬新な仮説を推論すること。 ※仮説演繹法とは、ある仮説が成り立つとして、そこから演繹される主張を検証すること。

4.　例・根拠・たとえの分析の結果

4.1　日本語母語話者の意見文における「暗黙の前提」

　日本語母語話者の意見文において、非母語話者と比べて、推論や検証の過程の中で同じ内容の繰り返しを省略する傾向、つまり「暗黙の前提」の傾向が見られた。山路・因（2011）では、日本人大学生の調査において、作文の課題として論理的推論が求められている場合であっても、省略しなければ「くどい」と思われる部分は省略する傾向があると述べられている。

　　　この例は、日常的な判断における推測と厳密な論理的推論との間にある違いを意識することの難しさを示していると言えるであろう。上で述

べた利便性についての判断は多くの人に直感的に共有されることであり、日常的な説明においては推測可能なものとして省略することができる。むしろ、省略しなければ「くどい」と否定的な評価を受けることすらあるであろう。しかし、論証においては、記述された内容から意味論的含意として推論されることでなければ、読み手がこちらと同様の推測を行うと期待して省略することはできない。　　　山路・因（2011: 69）

　非母語話者と比べれば母語話者は明らかに作文執筆の能力において優位性を持っており、逆にそうであるからこそレトリカルな視点から「くどい」表現を避ける傾向があると推測される。
　JCK作文コーパスにおいては、「仮説演繹法：ある仮説が成り立つとして、そこから演繹される主張を検証する」の基準を満たしているものは、中国語母語話者と韓国語母語話者の意見文はそれぞれ20本中3本であるのに対し、日本語母語話者は20本中1本のみであった。

表4　意見文の「ルーブリック基準」を満たすもの

日本語母語話者	仮説演繹法	j21（1本）
	アナロジー	j05（1本）
中国語母語話者	仮説演繹法	c01、c14、c18（3本）
	アナロジー	0本
韓国語母語話者	仮説演繹法	k01、k05、k10（3本）
	アナロジー	0本

　論理的推論が求められる場（意見文等）では、日常的な推論と違い、たとえ冗長に感じられても文章として明示しなければならないという指示は母語話者であるからこそ強調が必要なものであろう。
　もう1つの基準である「アナロジー」、つまり「アナロジーによって発想された斬新な仮説（アイディア）」であるが、これは日本語母語話者において「女子校や男子校といった男女別学制度は、晩婚化の原因といえる」という斬新な仮説を提示した1本のみ（j05）であった。これはアブダクションにより「晩婚化」の蓋然性の高い根拠として「異性と接する機会が少ない社会

システム」を推論し、「『女子校・男子校という男女別学制度』は、『異性と接する機会が少ない社会システム』である」という演繹の結果から「『女子校・男子校という男女別学制度』は、晩婚化の原因」を予言として導き出しているということである。このアナロジーの作業が「たとえ」となるが、j05 においては「社会システム」を「男女別学制度」にたとえる解説箇所がなく、これも「暗黙の前提」として省略されている。厳密な論理的推論（意見文等）では、日常的推論と違い、たとえ冗長に感じられても文章として明示しなければならないという指示は母語話者であるからこそ強調が必要なものであろう。

4.2 中国人母語話者の説明文における「故郷の歴史面の説明」

JCK 作文コーパスにおいて、中国人母語話者の説明文では「歴史面での説明」が多い傾向が認められた。「歴史面での説明」とは歴史的記述、経緯を説明した箇所であるが、日本語母語話者が 4 本、韓国語母語話者が 6 本であるのに対し、中国語母語話者は 11 本であった。

表 5　説明文の「歴史面での説明」

	JCK 作文コーパス ID と本数	用例
日本語母語話者	j07、j09、j14、j17（4 本）	1853 年ペリーが浦賀に来航し、横浜が開港し貿易の中心へとなっていったのは周知の事実だろう。(j14)
中国語母語話者	c02、c06、c10、c11、c15、c16、c19、c25、c26、c29、c31（11 本）	万里の長城は中国の歴代王朝が北方辺境防衛のために造った大城堡だった。戦国時代の趙、燕などが築いたものを、…(c15)
韓国語母語話者	k07、k10、k11、k19、k20、k22（6 本）	江華島は、我が民族の歴史が白白明けから人が住み始めた韓半島の黎明期の地です。(k07)

実際は韓国語母語話者 6 本のうち 3 本は一文ほどで、軽く触れる程度の記述であったが、中国語母語話者では 11 本すべてが文量的にも質的にも歴史面が強いと感じられるものである。説明文の課題内容は「自分の故郷について、客観的な主張であって、主観的にならないように書く」であるが、中

国語母語話者にとって「客観的な主張」と指示された場合、個人的に見聞きし体験したことより、たとえば歴史的事実のことと受け止める傾向があるようである。逆に、日本語母語話者と韓国語母語話者では個人的に見聞きし、体験したことも「客観的な主張」に入ると認識されていると思われる。

　また、たとえばc15の歴史文においては「万里の長城は中国の歴代王朝が北方辺境防衛のために造った大城堡だった。戦国時代の趙、燕などが築いたものを、…」という歴史面での説明がありながら、まとめの部分において「私は自分の出身地が好きだ。そして、誇りに思っている。なぜならば、北京は中国の首都で、経済、政治、文化の中心からだ。私は北京の気候と生活習慣が好きだ。」とあり、歴史についての言及がない。ここでは歴史面の例から何かしらの結論を導き出すことがルーブリックの基準であり、評価の際に求められる。説明文とそのルーブリック基準である「枚挙的帰納法」の習得は、説得力のある「例」の示し方の習得の一環であり、「例」とは客観的事実であり、その確からしさは「根拠」と「たとえ」に比べて高いものである。その「例」を出すのであれば、しっかりとそれを推論に結びつけることを意識させることが、指導上、重要なポイントである。

4.3　韓国人日本語学習者の歴史文における「固有名」

　韓国人日本語学習者の歴史文では、趣味として現在の映像作品（映画・ドラマ）、音楽作品を固有名で紹介しているものが9本あるが、同じ固有名による紹介でも、「広く知れ渡っている文学作品」を除くと、日本語母語話者と中国語母語話者はそれぞれ4本であった。

表6　歴史文における「作品の固有名による紹介」

	広く知れ渡っている文学作品を除いたもの
日本語母語話者	j01、j04、j18、j19（4 本）
中国語母語話者	c41、c47、c51、c57（4 本）
韓国語母語話者	k02、k03、k04、k05、k08、k11、k14、k18、k19（9 本）

ここで「広く知れ渡っている文学作品」とは、たとえば国を越えて広く知れ渡っているグリム童話や「鶴の恩返し」などの昔話、各国語に翻訳されて長く読まれてきている「西遊記」「水滸伝」、近年のものでは「ハリー・ポッター」等である。これは老若男女問わずアクセス可能性（accessibility）が高いこと、すなわち、多くの人が小さい頃から知っていたり、または知らなくてもその名前や概要だけは知っていたり、読もうと思えば図書館や書店で手に入れやすいもの、という基準によっている。この結果として、韓国語母語話者においては趣味について何かを述べる際に、現在または近年流行している作品の「固有名」が特徴の一つとして挙げられそうである。

「歴史文」のルーブリック基準は「アブダクション：ある事実の根拠としてもっとも説得力が高い根拠を推論すること」であり、作文のトピックが「自分の趣味について、時間軸に沿って出来事や経緯を書く」であることから、「自分がなぜこの趣味を持つにいたったか、時間軸に沿ってもっとも説得力が高い理由を述べる」という型をなしているかどうかが重要である。だが「固有名」の場合、その説明に分量をどうしてもさかざるを得ないことから、ルーブリック基準の「なぜこれが私の趣味なのか」のもっとも説得力の高い根拠の推論部分が相対的に少なくなってしまう。たとえば、k05 では、『拝啓、父上様』というドラマについて「東京の神楽坂にある料亭を中心に起こる様々な日常的なことを舞台になっているドラマです。とても穏やかなドラマだという印象を受けました。ドラマの舞台になっている料亭『坂下』が実際に存在していると思うくらいこのドラマに夢中になりました。」と書かれているが、ここで「なぜドラマという趣味を持ったのか」の根拠とされる部分は「穏やかなドラマである」、それで「私は夢中になった」だけである。本来はここで複数のシーンを挙げ、それらから「なぜ夢中になった」のかについて推論することが求められる。

5. 学習者の読点の改善点と指導法

ここでは、今までの論をもとに、「『例・根拠・たとえの示し方』についてのシラバス」について検討する。シラバスは、初中級レベルと中上級レベル、上級レベルの３つの段階に分け、それぞれ提案する。節の最後には全

てのレベルの指導案を一覧表にして提示する（表7）。

5.1 初中級レベルにおける「『例・根拠・たとえの示し方』のシラバス」

　まず、初中級レベルの日本語学習者に対して教える際に、教師が心がけるべきことを以下に挙げる。

　ジャンルは、1. 説明文（枚挙的帰納法）、2. 歴史文（アブダクション）、3. 意見文（仮説演繹法）の順を学習順とし、初中級レベルにおいて基本的に1. 説明文（枚挙的帰納法）をしっかりと身につけさせることを目標とする。学習順として1番目となっているのは、「枚挙的帰納法」において「例」を挙げさせる際、「例」は「主張」ではなく「事実」であることと関係している。この章の1. において、「事実」はモダリティ形式がない表現形式が用いられると述べたが、初中級レベルにおいてはモダリティの文型の定着の学習と、何が「事実」であるか選ぶことを分離することで学習者の負担や混乱を避ける目的から、説明文（枚挙的帰納法）を1番目においている。学習者個々の進度によっては2. 歴史文（アブダクション）へ、さらには3. 意見文（仮説演繹法）へ進むことも視野に入れておく。

　1. 説明文（枚挙的帰納法）では「故郷について客観的に説明してください」という課題の内容指示ではなく、シンプルに「故郷について、例を複数あげてください」、「その中の共通点を探してください」と指示し、そしてこれが「枚挙的帰納法」であること、この推論方式を満たしているかどうかがルーブリックの基準、すなわち評価の基準となっていることを明確に示す。

　2. 歴史文（アブダクション）でも同じくシンプルに「自分の趣味について、なぜこの趣味を持つようになったかを書いてください」、「この趣味がなぜ好きなのか、なぜ面白いのかを書いてください」と指示し、これが「アブダクション」という科学的発見法のトレーニングの一環であること、そして評価基準であることを明確に示す。

5.2 中上級レベルにおける「『例・根拠・たとえの示し方』のシラバス」

　学習者が初級レベル時点での作文指導において、このシラバスが取られていない場合は、中上級レベルにおいても1. 説明文（枚挙的帰納法）、2. 歴史文

（アブダクション）、3.意見文（仮説演繹法）の学習順に基づき 1.説明文（枚挙的帰納法）から指導を始めるが、2.歴史文（アブダクション）に特に力を入れて指導したい。

　2.歴史文（アブダクション）では、初中級の時よりさらに「アブダクション」の理論面の理解をしっかりと身につけさせることを重視する。「アブダクション」については、これまでわかっていることでは説明がつかない新奇なことがらに関しての発見法である（戸田山 2005）と説明、指導する。中上級レベルからは、歴史文の課題トピックは「趣味」ではなく、「人には言えない趣味」、「変わった趣味」などの制約をつけたトピックを課題とし、その上で「ある事実の根拠としてもっとも説得力が高い根拠を推論」し、「これまでわかっていることでは説明のつかない新奇なことがら」を「説明する有力な仮説」を探るといったタイプの課題を行っていく。

　3.意見文（仮説演繹法）では、妥当な推論と、妥当ではない推論との違いを明確にする。たとえば、「JCK 作文コーパス」では、意見文の課題トピックは「晩婚化」であるが、妥当ではない推論の例として以下が挙げられる。

> 「女性の社会進出増加によって晩婚化が起きる」ならば、「社会進出した女性は、結婚は遅い」（根拠 1）
> じっさいは「社会進出した女性は、結婚は遅い」（根拠 2）
>
> ∴たぶん、「女性の社会進出増加によって晩婚化が起きる」は正しい（主張）

　この推論自体は明らかに妥当ではない推論である。「根拠 2」の「社会進出した女性は、結婚は遅い」の是非は別にしても、下記と同じ推論形式である以上まったく妥当ではないということである。

　雨が降ったなら地面が濡れている（根拠 1）
　地面が濡れている（根拠 2）

　∴雨が降った（主張）

戸田山（2012: 153）

258 ｜ 新城直樹

　最後の主張の「雨が降った」根拠は、ホースで水撒きをした、水道管が破裂した等、さまざまな可能性がありえる。仮説自体が文字通り仮説であり、客観的な事例より弱い根拠であるのに加え、推論も妥当ではないことが重なればさらに根拠として弱いものとなる。中上級レベルでは、このような説明などを用いて、何が、なぜ妥当ではない推論となるのかを説明し、指導を行う。

5.3　上級レベルにおける「『例・根拠・たとえの示し方』のシラバス」

　学習者が初中級〜中上級レベル時点での作文指導において、このシラバスが取られていない場合は、上級レベルにおいても 1. 説明文（枚挙的帰納法）、2. 歴史文（アブダクション）、3. 意見文（仮説演繹法）の学習順に基づき 1. 説明文（枚挙的帰納法）から指導を始める。上級レベルでは、トータルな推論力が求められる 3. 意見文（仮説演繹法）の指導に特に重点を置きたい。

　3. 意見文（仮説演繹法）においては、ユニークな組み合わせや新しい視点から生まれる柔軟な発想法のトレーニングを学習目的とし、この発想法を「アナロジーによる発想法」と位置づける。JCK 作文コーパスでは j05 の「女子校・男子校の男女別学システム」と「異性と接する機会の少ない社会」とのアナロジーだけであった。このアナロジーの発想法は、「例」と「根拠」と比べてさらに確からしさが弱いものである。しかしその弱さとの引き換えに新規性の高いアイディアが得られる可能性も高まる。「説得力のある例・根拠・たとえ」の「たとえ」とは、より思考法の根本に関わるものであると位置付けられる。

　実際に私が作文指導の中で行った例として、以下がある。

> 「晩婚化」は重要な点で「女性の社会進出」と似ている（根拠 1）
> 「女性の社会進出」については「歓迎されるべき、さらに推進すべき」ということが成り立っている（根拠 2）
>
> ∴たぶん、「晩婚化」についても「歓迎されるべき、さらに推進すべき」ということが成り立つ（主張）

　もちろん、このアナロジーの推論は、推論形式こそ妥当であるが、「似て

第13章 説得力のある例・根拠・たとえの示し方 | 259

いる」という述語の持つ曖昧性によって「妥当ではない推論」、かなり弱い
推論となっている。この章の章題にある「例・根拠・たとえ」は、その確か
らしさの度合いは「例＞根拠＞たとえ」となり、それぞれの違いを認識し、
メリットとデメリットを上手く使いこなすためのトレーニングこそが上級レ
ベルで求められるものである。

　また、この章の範疇を超えるものであるが、説明文（枚挙的帰納法）の学
習上の最終目標は統計的推定を用いた論証である。「枚挙的」という語が示
すように、実際の事例の数量面の計測結果をもって有意性を主張できる能力
は、高等教育レベルのリテラシーの最終目標、論文や記事の執筆能力の条件
でもある。初中級の段階でも、日本語で、あるいは英語等の媒介言語でこの
最終目標地点への道標を示すことができれば学習者のモチベーションの向上
に益するであろう。研究における検証の作業は、意見文の仮説演繹法に相当
し、その検証には統計的推定という数量的な手法が用いられることが多い。
しかし、すべての調査・研究で対象を数量的に扱うことは現実的に困難なこ
とも多く、だからこそ、どのような仮説であれば多くの人に受け入れられる
かという視点は重要である。

表7　レベル別による例・根拠・たとえの示し方シラバス

初中級レベル
説明文（枚挙的帰納法）のトレーニング。 執筆においては、客観的な例を複数挙げ、それらに共通するものを推論し、まとめとして述べる。そしてこれがルーブリックの基準として指導する。

中上級レベル
歴史文（アブダクション）のトレーニング。ただし、必要であれば説明文（枚挙的帰納法）から段階的に始める。 ある事実の根拠としてもっとも説得力が高い根拠を推論することをルーブリックの基準として指導する。

上級レベル
意見文（アナロジー・仮説演繹法）のトレーニング。ただし、必要であれば説明文（枚挙的帰納法）から段階的に始める。 妥当な推論形式と妥当ではない推論形式の違いを教え、妥当な推論を行えることがルーブリックの基準であることを示し、その上でアナロジーによる発想法の指導を行う。

6. おわりに

　藤村・金子・伊丹 (1995) では、「文型定着の手段としての作文」から「思考過程としての作文」へ、また「言語獲得過程における、表現上の error は学習者の積極的な言語運用実験の結果として評価すべき場合もある」と述べられているが、これは例・根拠・たとえについて特に言えるものであると考えられる。なぜなら、例・根拠・たとえの示し方においては、どのようにそれを表現するかの前に、何を選ぶかといったことが前段階としてあるからである。しかし、これは表現面の指導をおろそかにしてもよいという意味では当然ない。表現と論理的推論、両者は車の両輪のようなものであり、それらのバランスを取りながら指導していくことが重要であるということである。

引用文献

石黒圭 (2004)『よくわかる文章表現の技術 I 表現・表記編』明治書院.

戸田山和久 (2005)『科学哲学の冒険 ── サイエンスの目的と方法をさぐる ──』NHK 出版.

戸田山和久 (2012)『新版　論文の教室　レポートから卒論まで』NHK 出版.

藤村知子・金子比呂子・伊丹千恵 (1995)「橋渡しの中級作文教育 ── 初級作文からレポート・論文へ ──」『東京外国語大学留学生日本語教育センター論集』21, pp. 97–126, 東京外国語大学.

山路奈保子・因京子 (2011)「論証の「厳密さ」に対する大学新入生の意識を向上させるには」『北海道言語文化研究』9, pp. 63–74, 北海道言語研究会.

あとがき

山内博之

　この本は、「第1部　正確で自然な日本語で書く」「第2部　流れがスムーズな日本語で書く」「第3部　説得力のある日本語で書く」という3部構成で成り立っている。第1部は5つの章で成り立っており、そして、第2部は5つの章、第3部は3つの章で成り立っている。それぞれの章は、いずれも独立した論文であるので、他の章を読まずに、ある1章だけを読んでも、特に理解が妨げられるということはない。

　しかし、この本に収められている13編の論文は、いずれも、その論文が扱うテーマのシラバスで締めくくられているという共通点がある。しかも、それらは、抽象的に記述されているのではなく、初中級レベル、中上級レベル、上級レベルという3つのレベルごとに明確に学習内容が記述され、各論文の末尾に、それぞれ1つの表としてまとめられている。この「あとがき」においては、それら13のシラバスの表を横断的に眺めてみたいと思う。

　まず、第1部の5つの論文によって示されたシラバスは、それぞれ、「ボイスシラバス」「テンス・アスペクトシラバス」「判断の表し方シラバス」「複文シラバス」「句読点シラバス」である。この中の「テンス・アスペクトシラバス」を、まず、ここで見てみることにする。次の表1は、この本の第2章の表11（34ページ）を、やや簡略化して示したものである。

表1　レベル別によるテンス・アスペクトシラバス

初中級レベル	中上級レベル	上級レベル
①日本語では各文において テンスを明示的に表す必要があることに注意させる。	②「ている」の結果残存用法、「ている／ていた」の完了用法を正確に理解させる。 ③「てきた」と「ていた」との異同を理解させる。 ④「受身＋ている」などを使えるようにする。	⑤「た」と「ていた」の違いを正確に把握できるような練習を行う。 ⑥非制限的修飾節を用いて、長い文章を構成する練習を行う。

　表1の初中級レベルの①の項目は、助動詞「た」の基本的な用法に関するものであり、このようなことは、『みんなの日本語』（スリーエーネットワーク）等の、いわゆる初級日本語教科書でも扱われ得ることである。したがって、①は【当該項目の基礎的学習】であると考えることができる。

　次に、中上級レベルの②は、「『ている』の結果残存用法」「『ている／ていた』の完了用法」というような、対象となる文法項目の、ある特定の用法に関するものである。したがって、【個別用法の学習】と名づけることができる。これについては、必ずしも、『みんなの日本語』等の日本語教科書が扱っているとは限らない。

　中上級レベルの③は、「『てきた』と『ていた』の異同を理解させる」とのことであるので、【類義的要素との相違】と名づけることができるだろう。上級レベルの⑤も、これと同様、【類義的要素との相違】であると考えることができる。

　中上級レベルの④は、「『受身＋ている』などを使えるようにする」とのことであるので、【他要素との複合的使用】と名づけることができる。上級レベルの⑥も、これと同様に【他要素との複合的使用】であると考えられる。【類義的要素との相違】と【他要素との複合的使用】については、『みんなの日本語』等の日本語教科書が対象とするものではなく、教師が特別な努力をしない限り、教えられることのない事柄であると考えられる。

　本書第2章が扱うテンス・アスペクトシラバスを、【当該項目の基礎的学習】【個別用法の学習】【類義的要素との相違】【他要素との複合的使用】という抽象的なカテゴリーを用いて示すと、次の（1）のようになる。

（１）　【当該項目の基礎的学習】⇒【個別用法の学習】

　　　　　　　　　　　　　　　【類義的要素との相違】

　　　　　　　　　　　　　　　【他要素との複合的使用】

　つまり、「正確で自然な日本語で書く」という観点からテンス・アスペクトというカテゴリーを眺めた場合には、そのシラバスとして、【当該項目の基礎的学習】を最初に扱い、その後に、【個別用法の学習】【類義的要素との相違】【他要素との複合的使用】を扱うということである。なお、本書第１章が扱う「ボイスシラバス」においても、16 ページの表 11 を見ると、概ね（１）と同様の順序で、ボイスの教育が行われることが想定されていることがわかる。

　本書の第３章と第４章では、「判断の表し方シラバス」と「複文シラバス」が扱われており、それぞれ 54 ページの表 10 と 72 ページの表 11 を見ると、その概要をつかむことができる。この２つの表を見ると、「判断の表し方シラバス」と「複文シラバス」においては、「ボイスシラバス」「テンス・アスペクトシラバス」とは異なり、【当該項目の基礎的学習】及び【他要素との複合的使用】に該当する事柄がなく、概ね、すべて【類義的要素との相違】と【個別用法の学習】に該当する事柄となっている。その提出順を大雑把に示すと、【類義的要素との相違】が先で【個別用法の学習】が後となっている。これを図式化したものが、次の（２）である。

　（２）　【類義的要素との相違】⇒【個別用法の学習】

　「判断の表し方シラバス」では、「思う」「思っている」「だろう」「だろうか」「のではないだろうか」などが扱われる。日本語には、このような話者の判断を表す形式が数多くあるため、まずは【類義的要素との相違】が重要になり、次に、さらに詳しく書き手の心的態度を書き表すために【個別用法の学習】が必要になってくるのであろう。

　「複文シラバス」においては、主に接続助詞が扱われるが、日本語には、話者の判断を表す形式と同様、接続助詞も数多く存在する。そのため、「複文シラバス」においても、「判断の表し方シラバス」と同様、（２）のような図式のシラバスになっているのであろう。

　第１部の最終章である第５章では、「句読点シラバス」が扱われている。94 ページの表８を見ると「句読点シラバス」の概要がわかるが、まず、初

中級では、句読点の打ち方のごく基本的なことを学び、次に、中上級では、どんな時に句読点を打たないかといった、やや個別の事例に踏み込んだような事柄を学ぶ。（1）及び（2）で用いたカテゴリーを用いて述べるなら、初中級で【当該項目の基礎的学習】を扱い、中上級で【個別用法の学習】を扱うと言えるだろう。そして上級では、学習者同士で書いた文章を交換して添削し合うという内容が登場する。表8によれば、このような活動によって「読み手を意識した作文を書くという意識を醸成」するとのことである。これを【読み手への配慮】と名づけ、「句読点シラバス」を図式化すると、次の（3）のようになる。

（3）【当該項目の基礎的学習】⇒【個別用法の学習】⇒【読み手への配慮】

「第2部　流れがスムーズな日本語で書く」の5つの論文によって示されたシラバスは、それぞれ、「指示詞シラバス」「情報構造シラバス」「接続詞シラバス」「序列の接続表現シラバス」「視点・立場シラバス」である。次の表2は、「指示詞シラバス」を示した117ページの表9を、やや簡略化して示したものである。

表2　レベル別による指示詞シラバス

初中級レベル	中上級レベル	上級レベル
①前方照応のソ系が適切に使える。 ②トピックを指すコ系が適切に使える。	③テキスト的意味を付与するソ系が適切に使える。 ④共有知識でない過去を指すソ系が適切に使える。	⑤疑似的な共有知識や有名な対象を指すア系が適切に使える。

表2の①②③と④を比べると、①②③はテキスト内の対象を指示する用法であり、④はテキスト外の対象を指示する用法であることがわかる。そこで、①②③を【テキスト内指示】、④を【テキスト外指示】と名づけることにする。そして⑤は、④と同じくテキスト外の対象を指示しているのではあるが、それだけではなく、読み手の知識までをも考慮に入れ、より効果的に「書く」ことをねらっている。そこで、⑤は【読み手への配慮】というカテゴリーに属するものであると考えることにする。よって、指示詞シラバスを（1）～（3）のように概念的に示すと、次の（4）のようになる。

（4）【テキスト内指示】⇒【テキスト外指示】⇒【読み手への配慮】

あとがき | 265

　第2部においては、「指示詞シラバス」の他に、「情報構造シラバス」「接続詞シラバス」「序列の接続表現シラバス」「視点・立場シラバス」が示されているが、いずれも、上級においては【読み手への配慮】に焦点を当てている。「情報構造シラバス」と「序列の接続表現シラバス」においては、学習者同士で書いたものを読み合うことによって読み手を意識することが目論まれている。「接続詞シラバス」では、内容をより効果的に伝えたり、魅力的に見せたりするための接続詞の使用が学習項目として挙げられている。「視点・立場シラバス」においては、読み手のことに特に言及があるわけではないが、「様々な人物への視座の統一の習得」が学習すべき項目として挙げられており、書き手以外への配慮を行えるようになることを上級の課題であるととらえている。

　以下に、「情報構造シラバス」「接続詞シラバス」「序列の接続表現シラバス」「視点・立場シラバス」のそれぞれの流れを図式化して示す。「情報構造シラバス」を図式化したものが（5）、「接続詞シラバス」が（6）、「序列の接続表現シラバス」が（7）、「視点・立場シラバス」が（8）である。「情報構造シラバス」については138ページの表10、「接続詞シラバス」については156ページの表6、「序列の接続表現シラバス」については175ページの表5、「視点・立場シラバス」については193ページの表6を、それぞれ参考にした。

（5）　【個々の文が持つ情報への注目】⇒【文と文の情報のつながりへの注目】⇒【読み手への配慮】

（6）　【意味理解を妨げない接続詞の使用】⇒【文章の構成やモードを意識した接続詞の使用】⇒【読み手への配慮】

（7）　【序列の接続表現の基礎的学習】⇒【序列の接続表現のジャンルによる相違の理解】【文章内での序列の接続表現の統一】⇒【読み手への配慮】

（8）　【視点表現の基礎的学習】⇒【文と文との間の視座の統一】⇒【読み手への配慮】

　（4）と（5）～（8）を見ると、個々の文から文章全体へ、というように、学習者がコントロールできる幅を広げていくことを目指すシラバスが多いように思われる。このことは、第2部のねらいが「流れがスムーズな日本語

で書く」ことであることと関係があるだろう。

「第3部　説得力のある日本語で書く」の3つの論文によって示されたシラバスは、それぞれ、「段落構成シラバス」「全体構造シラバス」「例・根拠・たとえの示し方シラバス」である。

「段落構成シラバス」については、222ページの表5を、次の（9）のように図式化できるだろう。

（9）　【段落の形式と機能に関する基礎的学習】⇒【話題のまとまりを意識した段落構成】【ジャンルによる段落構成のタイプの相違】⇒【読み手への配慮】

「段落シラバス」が扱われている第11章にも書かれているように、段落構成には、文法のような厳密なルールがあるわけではない。だから、他の章よりも、「読み手がどう思うか」ということがより強く意識されるのであろう。そのためか、「段落シラバス」の上級レベルでは、段落構成図と、それを基にして書いた文章を学習者同士が読み合うピア学習の重要性が強調されていた。

「全体構造シラバス」については241ページの表4を、「例・根拠・たとえの示し方シラバス」については259ページの表7を、それぞれ図式化すると、次の（10）（11）のようになるだろう。

（10）　【200字程度の作文とそれにふさわしい予告文の学習】⇒【800字程度の作文とそれにふさわしい予告文の学習】⇒【2000字程度の作文とそれにふさわしい予告文の学習】

（11）　【説明文（枚挙的帰納法）のトレーニング】⇒【歴史文（アブダクション）のトレーニング】⇒【意見文（アナロジー・仮説演繹法）のトレーニング】

特に「全体構造シラバス」においては、はっきりと示されているが、初中級から中上級、上級へと進むにつれ、書く文章の長さが長くなる。そして、その分、説得力を持たせるための工夫がその文章の中でできるようになり、それに見合った方法を学ぶ、というシラバスになっている。

以上、甚だ大雑把ではあるが、この本で扱われている13種類のシラバスを横断的に眺め、図式化してみた。ここで示した図式には簡略化しすぎているものもあり、この本の著者たちが示したシラバスは実際にはより多様であ

あとがき | 267

る。しかし、このような簡略化した図式からでも、「正確で自然な日本語で書く」「流れがスムーズな日本語で書く」「説得力のある日本語で書く」という観点からシラバスを作成すると、このような広い範囲の事柄を扱ったシラバスになるということがわかる。この本で示されたシラバスが、多少なりとも現場の日本語教育に影響を与えるものであるなら、心からうれしく思う。

　なお、この本における研究は、領域指定型共同研究プロジェクト「学習者コーパスから見た日本語習得の難易度に基づく語彙・文法シラバスの構築」、及び、日本語教育研究領域プロジェクト「日本語学習者のコミュニケーションの多角的解明」という、人間文化研究機構国立国語研究所の2つのプロジェクトの成果の一部である。このような研究の機会を与えてくださったことに対し、記して感謝の意を表したい。

執筆者紹介

*は編者、#はシリーズ監修

庵　功雄 （いおり　いさお）

　大阪大学大学院文学研究科博士後期課程修了。博士（文学）。一橋大学留学生センター講師、同准教授を経て、現在、一橋大学国際教育センター教授。主著に、『日本語におけるテキストの結束性の研究』（くろしお出版、2007）、『新しい日本語学入門（第2版）』（スリーエーネットワーク、2012）、『やさしい日本語―多文化共生社会へ』（岩波書店、2016）がある。

張　志剛 （ちょう　しこう）

　一橋大学大学院言語社会研究科博士後期課程修了。博士（学術）。広東外語外貿大学日本語科講師を経て、現在、広東外語外貿大学日本語科副教授。著書に、『現代日本語の二字漢語動詞の自他』（くろしお出版、2014）、主要論文に、「変化の程度を表す「大きく」「激しく」について」（『日本語／日本語教育研究[1]』、2010）、「和語複合動詞と対応する漢語動詞の意味と自他」（『一橋大学国際教育センター紀要』5、2014）がある。

宮部真由美 （みやべ　まゆみ）

　一橋大学大学院言語社会研究科博士後期課程修了。博士（学術）。現在、一橋大学大学教育研究開発センター非常勤講師。著書に『現代日本語の条件を表わす複文の研究』（晃洋書房、2017）、主要論文に「望ましくないものをさしだすシナイト節の従属複文―従属節が「仮定条件」を表わす従属複文を中心に―」（『日本語文法』14-1、2014）、「手順テクストにあらわれる時間関係と条件関係の接続形式」（『一橋日本語教育研究』2、2014）がある。

永谷直子 （ながたに　なおこ）

　一橋大学大学院言語社会研究科博士後期課程修了。博士（学術）。現在、相模女子大学学芸学部講師。主要論文に「話し手・聞き手の「領域」から見た「わけだ」」（『東京大学留学生センター教育研究論集』16、2010）、「「上手さ」を表す文についての考察―属性叙述における構文の選択―」（『日本語文法』14-2、2014）、「「動作主認識の副詞的成分」を再考する」（『日本語文法』15-1、2015）がある。

岩崎拓也 （いわさき　たくや）

　一橋大学大学院言語社会研究科修士課程修了。修士（学術）。現在、一橋大学大学院言語社会研究科博士後期課程在籍。主要論文に「中国人・韓国人日本語学習者の作文に見られる句読点の多寡」（『一橋日本語教育研究』4、2016）、「日本語学習者の作文コーパスから見た読点と助詞の関係性」（『一橋大学国際教育センター紀要』8、2017）がある。

金井勇人 (かない はやと)

早稲田大学大学院文学研究科博士後期課程修了。博士 (学術：埼玉大学)。埼玉大学国際交流センター助教を経て、現在、埼玉大学大学院人文社会科学研究科准教授。主著に、『なにげにてごわい日本語』(共著、すばる舎、2011)、『日本語教師のための実践・作文指導』(共著、くろしお出版、2014) がある。

劉 洋 (りゅう よう)

一橋大学大学院言語社会研究科博士後期課程修了。博士 (学術)。中国・黒龍江大学東語学院講師を経て、現在、黒龍江大学東語学院副教授。主要論文に「中国語"A 的是 B"構文の使用に関する一考察—日本語の「A のは B だ」分裂文と対照しながら—」(『中国語学』257、2010)、「論述文における"(是)……的"構文と「ノダ」文の機能」(『一橋日本語教育研究』創刊号、2012) などがある。

俵山雄司 (たわらやま ゆうじ)

筑波大学大学院人文社会科学研究科博士後期課程修了。博士 (言語学)。群馬大学国際教育・研究センター講師を経て、現在、名古屋大学国際機構国際言語センター准教授。主著に、「談話終結部における文のタイプ」『文章・談話研究と日本語教育の接点』(共著、くろしお出版、2015)、「講義における一般語の語義説明に対する日本語学習者の評価—理工系専門講義における「わかりやすい日本語」を探る—」『評価を持って街に出よう—「教えたこと・学んだことの評価」という発想を超えて—』(共著、くろしお出版、2016) がある。

黄 明侠 (こう めいきょう)

一橋大学大学院言語社会研究科博士後期課程修了。博士 (学術)。現在、哈爾浜師範大学東語学院副教授。著書に、『「序列の接続表現」に関する実証的研究—日中両言語話者による日本語作文の比較から』(ココ出版、2013)、主要論文に、「意見文における中国人日本語学習者の序列の接続表現の選択—日本語母語話者との比較を通じて—」(『専門日本語教育研究』13、2011)、「中国人日本語学習者の作文に見られる序列の接続表現使用の問題点—日本語母語話者の評価から—」(『留学生教育』17、2012) がある。

末繁美和 (すえしげ みわ)

広島大学大学院教育学研究科博士後期課程修了。博士 (教育学)。北見工業大学国際交流センター特任講師を経て、現在、岡山大学全学教育・学生支援機構基幹教育センター准教授。主要論文に、「中国人日本語学習者の授受動詞文理解に及ぼす要因—視点制約と方向性に着目して—」(『日本語教育』148、2011)、「複文における視点の統一が日本語学習者の文理解に及ぼす影響—授受補助動詞による注視点の統一に着目して—」(『留学生教育』19、2014) がある。

宮澤太聡（みやざわ　たかあき）

　早稲田大学大学院日本語教育研究科博士後期課程修了。博士（日本語教育学）。大阪観光大学国際交流学部講師を経て、現在、中京大学文学部准教授。主要論文に、「ノダを中心とした文末表現の『文段』統括機能」（『日語日文学研究』76-1、2011）、「講義の談話の『話段』におけるノダの統括機能と展開的構造」（『文体論研究』57、2011）、「統括機能から見た文末叙述表現『のダ』・『んダ』の異同」（『大阪観光大学紀要』14、2014）がある。

石黒　圭（いしぐろ　けい）*

　早稲田大学大学院文学研究科博士後期課程修了。博士（文学）。一橋大学留学生センター講師、同准教授、一橋大学国際教育センター教授を経て、国立国語研究所日本語教育研究領域教授、一橋大学言語社会研究科連携教授。主著に、『よくわかる文章表現の技術（全5巻）』（明治書院、2004-07）、『この1冊できちんと書ける！ 論文・レポートの基本』（日本実業出版社、2012）、『大人のための言い換え力』（NHK出版、2017）がある。

新城直樹（あらしろ　なおき）

　早稲田大学大学院文学研究科博士後期課程修了。修士（文学）。現在、琉球大学国際教育センター講師。主著に、『なにげにてごわい日本語』（共著、すばる舎、2011）、『会話の授業を楽しくするコミュニケーションのためのクラス活動40』（共著、スリーエーネットワーク、2011）がある。

山内博之（やまうち　ひろゆき）*

　筑波大学大学院修士課程経営・政策科学研究科修了。経済学修士。岡山大学文学部講師、実践女子大学文学部助教授を経て、現在、実践女子大学文学部教授。著書に『[新版]ロールプレイで学ぶ中級から上級への日本語会話』（凡人社、2014）、『プロフィシェンシーから見た日本語教育文法』（ひつじ書房、2009）、『ＯＰＩの考え方に基づいた日本語教授法―話す能力を高めるために―』（ひつじ書房、2005）などがある。

現場に役立つ日本語教育研究 3

わかりやすく書ける作文シラバス

2017 年 12 月 13 日　第 1 刷発行

編者　石黒　圭
監修　山内博之

発行　株式会社　くろしお出版
　　　〒113-0033　東京都文京区本郷 3-21-10
　　　TEL 03-5684-3389　FAX 03-5684-4762
　　　http://www.9640.jp　kurosio@9640.jp

印刷　藤原印刷株式会社
装丁・本文デザイン　工藤亜矢子（OKAPPA DESIGN）

©2017 Kei ISHIGURO, Printed in Japan
ISBN 978-4-87424-752-5 C3081

乱丁・落丁はおとりかえいたします。本書の無断転載・複製を禁じます。